팬데믹 인권

팬데믹 인권

백재중 지음

건강
미디어
협동조합

차례

"여러분의 참여로 이 책이 태어납니다.
씨앗과 햇살이 되어주신 분들, 참 고맙습니다."

—

강경숙 강유식 고경심 김기태 김나연 김미금 김미정 김봉구
김세진 김애진 김정은 김지현 김철환 김태현 김희정 남명희
목성규 박경남 박목우 박소은 박왕용 박재원 박정인 박찬호
박혜경(고양시) 박혜경(서울시) 반은기 백한주 성창기 송현석
송홍석 신동호 심재식 안소정 안화영 양동석 양주희 엄문희
유기훈 유진경 유원섭 이미지 이보라 이상윤 이재호 이종국
이화영 임성미 임정은 장창현 전진한 정여진 조원경 조한진희
조혜영 채윤태 최규진 최 민 최인순 최정화 하경희 홍수연
황자혜 황지원 보건의료노조 신천연합병원지부(65명)

인권을 잣대로
팬데믹 진단하고
대안 찾기

이 화 영 (사단법인 인권의학연구소)

코로나19 팬데믹은 개인과 공동체의 일상을 모두 새롭게 쓰게 합니다. 코로나19 팬데믹 최전선에서 환자 치료와 방역에 고군분투하고 있는 의료인에게도 매일의 경험은 낯설기만 합니다. 아무도 2년이 넘는 이 공중보건 위기를 이전에 경험하지 못했고 또한 교육받거나 훈련받지 않았기 때문입니다. 신종플루와 메르스의 경험조차 코로나 팬데믹의 위기와 장기화 상황에서 큰 교훈을 주지 못하였습니다.

『팬데믹 인권』이라는 제목에 나타나듯이 이 책은 인권이라는 잣대를 가지고 팬데믹 과정을 되돌아봅니다. 그래서 코로나 방역 과정에서 개인에 대한 제약이 공중보건을 위해 반드시 필요한지 그 적절성에 대한 의문으로 시작합니다. 공중보건 위기에서 생명을 구하고자 취했던 국가의 강력한 방역 조치 과정에서 수많은 인권 침해와 차별 문제가 발생했기 때문입니다.

반복되는 코로나19 재확산으로 의료 현장에서 자칫 인권 감수성이 무디어질 수 있겠으나, 저자는 인권의 시각을 놓치지 않습니다. 오히려 신종플루와 메르스 확산 상황에서 인지하지 못했던 광범위한 인권 문제를 조목조목 나열합니다. 팬데믹 자체가 생명권 건강권의 위기인데, 그 대응 방식에서도 심각한 인권 위기를 드러냄을 지적합니다.

이 책에서 저자는 우리 사회의 취약한 단면이 코로나19 팬데믹 과정에서 여지없이 드러났고, 방역의 이름으로 인권 침해가 정당화되었으며, 혐오와 차별이 득세하였다고 말합니다. 의료 현장에서 침해당하는 환자 인권을 비롯해 코로나19로 사망한 환자의 인권 문제도 놓치지 않습니다. 또한, 코로나19 팬데믹에서 불평등으로 위협받는 사회 약자와 취약 계층의 건강권 같은 국내 인권 문제부터 백신 배분과 접종을 두고 드러나는 국제 사회의 인권 문제까지 집대성하고 있습니다.

저자인 백재중 선생님은 코로나 팬데믹이 한창이던 2020년 여름, 취약 계층을 위한 민간 공익병원인 신천연합병원의 초심을 다시 세우고자 20여 년간 근무하던 녹색병원을 떠났습니다. 자발적 고난의 길을 걸어가는 그의 뜻을 누구도 꺾을 수 없었고, 다만 그 과정에서 다치거나 지치지 않도록 도울 방법을 찾을 뿐이었습니다.

지금 저자는 지역민 중심의 민간 공익병원의 틀을 하나하나 세워가는 관리자 역할과 더불어, 호흡기내과 의사로서 코로나 환자를 포함해 외래와 입원환자들을 진료합니다. 코로나19 팬데믹 상황에서 지역사회 환자들과 지역민의 건강을 지키면서 이 책을 집필하였습니다.

한 치 앞을 예측하기 어렵게 급변하는 요즘 같은 위기 상황에서 그의 인권 감수성은 더욱 소중합니다. 또한, 의료 현장에서 인지한 바를 주저 않고 실천하는 그의 부지런함에 감탄하게 됩니다.

이 책은 저자의 의료 경험과 인권에 관한 식견을 통해 코로나 치료 현장에서의 인권 문제를 낱낱이 잘 드러냅니다. 비코로나 환자와 응급 의료의 공백 문제 역시 지적합니다. 저자는 생활 치료 센터의 경증 환자부터 전담 병원의 중증 환자 사례들을 통해 환자가 돌봄 대상이 됨이 마땅함에도 낙인과 혐오 대상이 되는 현실을 보여줍니다.

또한, 이 책은 코로나19 환자 개인의 인권 문제뿐 아니라, 코로나19 팬데믹을 겪는 우리 사회와 전 세계의 인권 문제를 동시에 다뤄 줍니다. 팬데믹은 국내와 마찬가지로 국가 사이 불평등도 확인하게 합니다. 방역과 의료 인프라가 갖춰진 국가와 그렇지 못한 국가 사이 불평등, 백신을 확보한 국가와 그렇지 못한 국가 사이 불평등입니다.

그러나 한 국가에서 백신 접종을 완성해도 세계적 감염을 낮추지 않은 결과, 변이 바이러스 등장으로 코로나 감염은 재확산되었습니다. 최근 델타 변이나 오미크론 변이 바이러스가 전 세계로 급속히 전파되면서 다시 감염자가 증가하는 것처럼 개별 국가 차원의 방역만으로는 팬데믹의 위기를 해결하지 못함을 보여줍니다. 국제 사회의 백신 배분 불평등이 낳은 결과입니다.

저자는 코로나19 팬데믹 위기가 나만의 문제가 아니고 우리 문제이며 전 세계인의 문제라고 진단합니다. 따라서 '차별을 두지 않고 관심과 자원을 어떻게 공유하는가' 하는 인권적 접근만이 코로나19 팬데믹을 극복해 나가는 해법임을 제시합니다.

그동안 국가의 방역 조치는 사람을 중심에 두는 데서 실패했고, 국내외 인권 단체들은 인권에 중심을 둔 팬데믹 대응과 회복의 필요성을 강하게 요구하는 실정에서 이 책이 제시하는 해법은 시의적절합니다.

방역 과정에서 인권 침해를 최소화하는 지침의 마련, 감염자에 대한 낙인과 혐오 중지, 소수자와 취약 계층의 불평등 해결, 저소득 국가에 대한 인도적 지원 등 이 모든 것이 저자가 코로나 팬데믹의 방역과 회복을 위해 제시하는 인권적 접근입니다.

그리고 국가는 공중보건 위기 극복을 위해 인권적 접근을 취해야 할 책임과 의무를 가집니다.

2022년 2월

마지막 버림목인 인권으로
팬데믹 상처 돌아보기

인권은, 강제를 수반하는 방역과 혐오, 불평등으로 점철된 팬데믹 시대를 살아가는 마지막 버림목이다. 인권은, 사람으로서 가지는 자존심과 존엄을 지켜준다.

정말 엄청난 태풍이다. 누구도 이 정도 강한 태풍일지 몰랐다. 지구촌 전체가 혼란에 휩싸였고 많은 희생을 치러야 했다. 코로나 팬데믹은 그만큼 우리의 일상을 뒤흔들어 놓았다. 태풍이 지나갈 때 어디에 있었는지, 무엇을 하고 있었는지에 따라 태풍에 대한 경험이 다르듯, 팬데믹의 의미는 개인마다, 또 사회와 국가마다 달라진다.

코로나 팬데믹은 세계 현대사에서 가장 큰 공중보건 위기다. 또한 공중보건에만 한정되지 않고 사회 모든 영역에 지대한 영향을 미치며 우리 삶을 통째로 흔들어 놓았다. 인류는 새로운 위기에 직면해 갈팡질팡했다. 과연 팬데믹이라는 태풍이 지나고 만나게 될 세상은 어떨지 여전히 혼란스럽다.

애당초 팬데믹의 온전한 실체 파악은 가능하지 않겠다. 팬데믹의 경험과 감상이 각자 다르기 때문이다. 팬데믹에는 수많은 서사가 담긴다. 그래서 팬데믹의 서사를 얘기할 때 화자가 누구인지가 중요해진다. 많은 이야기가 모여야 전체 그림이 그려진다.

어떤 사람은 팬데믹이 경제에 미친 영향에 관심이 많고 또 어떤 사람은 방역과 의료 자체에 더 관심을 갖는다. 팬데믹 제목을 단 책들을 보면 투자 관련서가 꽤 많다. 이 와중 투자에 몰두하는 이들도 있다. 실체를 명확히 파악하기 어렵지만 흩어진 조각들을 모아 팬데믹의 온전한 모습을 그려보려는 시도는 필요하다.

이 책에서는 인권을 잣대로 팬데믹 과정을 돌아본다. 팬데믹 기간에 가장 강력한 주제는 공중보건이다. '공공의 건강과 생명을 지킨다'는 공중보건의 과제를 실현하기 위해 강력한 방역 지침이 집행되었다. 공중보건을 위한 노력은 그동안 우리가 이해하던 인권의 의미와 충돌하는 광경들을 종종 빚었다. 팬데믹은 잠복했던 인권 문제들을 들춰내기도 하고 곳곳에서 불평등을 심화시키면서 새로운 과제를 던진다.

공중보건을 위한 다양한 방역 지침들은 그동안 당연하게 여기던 개인의 자유들과 충돌하면서 많은 논란을 일으켰다. 왜 우리는 마스크를 반드시 착용해야 하는가? 나의 며칠간 행적이 이처럼 무차별하게 털리고 대중에게 공개되어야 하는가? 감염자는 왜 꼭 강제로 격리되고 치료받아야 하는가? 요양 시설에 근무한다는 이유로 백신을 반드시 맞아야 하는가?

개인의 권리는 공중보건을 위해 제한되기 일쑤였다. 한편으로 공중보건의 명분에 동의하지만 개인에 대한 제약이 공중보건을 위해 반드시 필요한지 그 적절성에 대한 의문도 제기되었다.

팬데믹이 휩쓸고 지나간 자리에 차별과 혐오라는 상처가 남았다. 소수자와 사회 약자들이 희생양이 되었다. 코로나[1]는 누구보다 먼저 그들을 덮쳤다. 바이러스는 사람을 구분하지 않으나 바이러스의 전파는 불평등했다. 취약한 곳으로 파고들었고 감염자가 드러날 때마다 개인 또는 환자를 둘러싼 집단이 비난받았다.

처음 중국인이 대상이었고, 다음은 신천지 교인, 대구 사람, 성 소수자 등이 대상이었다. 집단 감염이 발생할 때마다 그 집단은 낙인찍히고 혐오, 차별이 뒤따랐다. 코로나는 낙인과 혐오를 촉발하는 방아쇠 기능을 하였다. 코로나라는 태풍이 휩쓸고 지나가면서 하나씩 뿌리 뽑혀 날아가는 느낌이다.

무엇보다 코로나 진단받은 확진자 자체가 혐오 대상이 되었다. 확진자는 어떤 취약 집단에 속했을 가능성이 크고, 최소한 개인 부주의로 전염되었을 가능성이 있기 때문이다. 다른 사람에게 피해를 주지 않기 위해 마스크를 쓰고 극도로 주의하면서 거리 두기를 유지하는 사람들에게 확진자는 비난의 대상이었다. 부주의함에 대한 비난은 내재했던 차별, 혐오 감정과 결합하기도 한다.

코로나 방역과 진료 일선에서 묵묵히 자리를 지킨 의료진들은 팬데믹의 무게를 두 어깨로 떠받쳤다. 찬사가 쏟아지는 한편, 코로나 업무 이행자라는 이유로 본인과 가족들은 기피 대상이 되기도 한다. 취약한 공공의료로 팬데믹의 압력을 다 감당하기에는 역부족이었다. 보건소와 공공병원은 팬데믹 태풍 속에 우리를 지켜준 대피소였다.

---

1 '코로나19'가 정식 명칭이나 이 책에서는 정확한 표기가 필요한 경우 말고는 대부분 '코로나'라고 씀

팬데믹은 사회 다양한 분야에서 불평등을 고조시켰다. 재택 근무가 가능한 노동과 그렇지 않은 노동으로 분화되면서 노동의 불평등을 가시화하고, 돌봄의 붕괴로 누가 돌봄 노동을 수행할 것인가를 놓고 젠더 불평등 문제가 대두한다. 농촌 노인들은 이중으로 고립한다. 개인 보호 장비, 진단 장비, 백신 등이 절대 부족한 가난한 나라에서 국제연대는 너무도 멀다. 노동, 젠더, 지역 그리고 국가 간 불평등 심화는 팬데믹의 또 다른 단면이다.

코로나 팬데믹은 기후 위기의 서막일 뿐이라는 비관론이 제기된다. 야생에 존재하던 코로나바이러스coronavirus가 인간에게 넘어와 팬데믹을 유발하는 과정은 인류의 탐욕에서 비롯되었다. 근본적인 성찰과 대전환이 이루어지지 않으면 지금의 위기는 계속 반복되리라.

이런 두려움을 품고 인권 관점으로 팬데믹을 살펴본다. 팬데믹이 드러내는 우리 사회의 적나라한 속살을 들춰봄으로써 태풍이 할퀴고 간 자리를 어떻게 메꾸고 단단히 다질지 생각해보겠다.

1부

코로나 팬데믹과 인권

1장 시작과 끝

불확실성과 공포 불안으로 계속된 코로나바이러스 여정이 2년을 넘겼다. 국경이 막히고 지역이 봉쇄되었다. 마스크와 거리 두기는 일상이 되었다. 구세주로 믿었던 백신이 개발되고 접종률이 70%를 넘자 팬데믹 종식을 준비했으나 한낱 꿈이었다. 델타, 오미크론 등 강력한 변이 바이러스는 더 큰 태풍을 몰고 왔다. 바이러스로 인해 세상은 급격하게 변했다. 달라진 직장 학교 가정 안에서 바이러스와 공생은 어떤 모습이 될까.

코로나바이러스의 정체

지구상에 없던 바이러스가 갑자기 나타난 것은 아니다. 코로나바이러스 감염증은 인수 공통 감염증[1]으로 박쥐가 숙주다. 모든

---

1 동물과 사람 사이에 서로 전파되는 병원체에 의한 전염병을 지칭

바이러스가 그렇듯 이 바이러스에도 다양한 변종이 존재한다. 지금까지 확인된 코로나바이러스는 모두 일곱 가지[2]다. 인간과 무관하게 그냥 야생에 존재하던 이 바이러스들이 인간에게 전파된 것은 20세기 들어서라고 추정된다. 처음 인간에게 전파될 때는 감기 정도 약한 증상을 일으켰기에 그냥 감기 바이러스 일종으로만 여겨졌다. 이 코로나바이러스들은 네 가지 변종이었고 감기 바이러스[3]의 10-30%를 차지한다.

21세기 들어 사스SARS, 메르스MERS 등 고병원성 코로나바이러스가 인간계에 등장한다. 2003년 사스, 2015년 메르스는 우리에게도 익숙하다. 그 다음이 팬데믹 주인공인 코로나바이러스다.[4] 21세기에 등장한 이 바이러스들은 모두 인간에게 큰 피해를 끼칠 정도의 전염력과 치명률을 지녔다.

1918년 스페인독감 팬데믹을 시작으로 인플루엔자바이러스가 20세기를 흔들었다면 21세기 초는 정녕 코로나바이러스 시대다.

생태계 변화와
인수 공통 전염병

코로나 감염증은 생태계의 교란과 위기 속에 등장한 인수 공통 전염병이다. 사스 메르스 신종 인플루엔자 들도 마찬가지다. 1980년 이후 등장하는 신종 감염병의 75% 이상이 인수 공통 전염병이라 한다. 전에는 인간과 접촉하지 않았거나 접촉했어도 크게 유행하지 않아 몰랐겠으나 어떤 계기를 만나 대유행으로 진행하기도 한다.

---

2 감기 바이러스 일종으로 취급된 20세기 네 가지 변종과 21세기의 사스, 메르스, 코로나19
3 리노바이러스, 아데노바이러스, 코로나바이러스가 3대 감기 바이러스
4 코로나바이러스는 사스바이러스와 79.5%의 유전 일치율을 보이고 메르스바이러스와 50% 일치율을 보여 SARS-CoV-2라고도 부름

앞으로 이런 전염병이 증가하리라고 본다. 전염병에 따라 전파력이나 치명률이 다를 텐데 코로나와 같이 상당한 전파력으로 팬데믹을 유발하는 전염병 발생이 전보다 빈번해지리라고 예상한다.

신종 감염병이 발생하더라도 특정 지역에 고립되었다면 국소적인 현상으로 끝날 수도 있다. 그러나 세계화로 인구 이동이 급격히 증가했고 교통과 교역의 발달은 이를 부채질했다. 새로운 감염병은 인구 이동에 따라 짧은 시간 안에 전 세계로 퍼져 나간다.

도시화에 따른 인구 밀집은 전염병 확산에 중요한 토양으로 작용한다. 한국도 대부분 대도시와 수도권 중심으로 환자 발생이 이어졌다. 코로나가 처음 확인된 우한도 인구 밀집 대도시로 세계적 산업 생산 기지이자 교통 요지다.

신종 감염병을 일으키는 미생물은 오래전부터 존재했다. 최근 들어 신종 감염병이 부쩍 늘어남은 인간과 동물의 접촉 증가 때문이다. 숙주 기능을 하는 동물들과 접촉이 늘면서 동물에 기생하던 병원체가 인간에게 넘어와 감염을 일으킨다. 인수 공통 감염병은 인간이 자연을 공격적으로 파괴해 들어가면서 발생한다.

인간이 자연 속으로 깊숙이 침범해 들어가 생태계 교란이 심해졌다. 대규모 축산과 생태계 파괴로 인해 야생 동물의 서식지가 축소되고 사람들의 발길은 더 깊고 넓어졌다. 급속한 개발 여파로 생태계가 파괴되고 인간과 동물의 접촉이 증가하면서 동물을 숙주로 하던 바이러스 같은 미생물이 인간에게 번져오는 빈도는 빠른 속도로 늘었다.

기후 변화와도 밀접하게 연동된다.[5] 특정 지역에 국한되었던 미생물

---

5 주윤정 「재난이 열어주는 새로운 길 : 코로나19 팬데믹과 인권-생태」 『JPI Peacenet: 2002-19』 제주 평화연구원, 2020

들이 기후 변화로 활동 무대를 넓힌다. 열대 지방에만 서식하던 감염병 매개체가 지구 온난화로 인해 점차 온대 지방으로 확산되는 추세다.[6] 극지방 얼음 속에 묻혀 있던 미생물체가 얼음이 녹으면서 다시 활동을 시작해 인간에 영향을 미칠 가능성도 생각해 볼 수 있다.

당장의 전염병 팬데믹에 신속하고 적절하게 대응함도 중요하나 보다 더 근본적인 팬데믹 예방책 모색이 절실하다. 자연과 인간의 균형 잡힌 공생을 모색하여 인수 공통 감염병 발생을 억제하고 예방함이 과제로 떠오른다. 인간이 지구 생태계 보존을 위해 의식적으로 노력해야 하고 기후 위기에도 적극적으로 대응해야 한다. 최대한 자연을 건드리지 않고 친환경 삶을 확대해 나가는 것이 코로나 이후 뉴노멀의 전형이 되어야 한다.

코로나 팬데믹의
시작

팬데믹 기간 우리는 한국의 유행 상황을 따라가기도 바빴다. 다른 나라에서 대유행으로 참혹한 상황이 벌어져도 관심 갖지 못했다. 그러나 코로나 팬데믹은 한 나라만 떼어내 따로 구분해 평가하거나 분석하기가 어렵게 서로 연결되었다. 이미 세상은 하나로 묶여 지구 반대편 상황도 내일이면 우리 앞에 펼쳐진다. 한 나라 방역이 성공적으로 이루어져도 다른 나라 유행이 잡히지 않으면 언제 유행이 그 나라를 덮칠지 모르는 긴장의 연속이다.

중국 우한에 신종 전염병 유행 상황이 보고되자 우리나라 방역 당국

---

6 뎅기열 바이러스가 대만까지 북상, 조만간 한국에도 넘어오리라고 전망

의 발걸음이 빨라진다. 첫 환자가 확인된 것은 2020년 1월 20일, 메르스 유행 이후 정리된 지침대로 환자는 국가 지정 격리 병상에 입원해 치료받고 무사히 퇴원하였다.

세계보건기구는 2020년 1월 31일 코로나19 유행을 '국제 공중보건 위기 상황'이라고 선포한다. 위기 상황 선포는 2009년 신종 인플루엔자 유행, 2014년 야생 폴리오, 2014년 서아프리카 에볼라, 2016년 자카바이러스, 2018년 에볼라까지 다섯 번 있었고 코로나19는 여섯 번째다.[7] 코로나 유행이 유럽과 중동 등으로 퍼져 환자가 대규모로 발생하자 이윽고 3월 11일 '팬데믹'을 선포하기에 이른다.

우리나라 1차 유행은 대구 경북 지역 중심으로 퍼진다. 2월 18일 대구에서 확인된 31번 환자가 신천지 신도로 확인된다. 이후 검사가 확대되면서 신천지 교인 중심으로 환자가 급증한다. 신천지 대구 교회 확진 환자만 5천 명이 넘었다. 동시에 정신병원인 청도 대남병원에서 집단 감염이 발생하고 2월 19일 조현병 환자 한 명이 사망한다. 코로나로 인한 첫 사망자였다.

환자가 폭증하면서 대구와 경북 지역은 혼란에 빠진다. 확진 받고 입원 대기 중 사망하는 환자가 발생했다. 준비되지 않은 의료 시스템은 결국 과부하로 무너지며 독자적으로 상황을 정리하기 어려워진다. 전국에서 자원봉사가 몰려들었다. 드라이브 스루와 생활 지원 센터도 이때 처음 적용되었다.

중국 우한의 코로나 유행이 안정세를 되찾을 무렵 중국 밖에서 발생한 유행이어서 세계의 관심이 집중되었다. 1차 유행이 더 이상 확산되

---

7 기모란 외 『멀티플 팬데믹』 이매진, 2020

지 않고 정리되면서 우리나라의 방역 방식이 다른 나라의 관심을 끄는 계기가 되면서, K방역이라는 용어가 등장한다.

이어 관심 무대는 유럽을 향한다. 제일 먼저 이탈리아 북부 지역을 중심으로 코로나 환자가 폭발적으로 증가하면서 의료 붕괴에 직면하고, 고령 환자를 중심으로 사망자가 급증한다. 대유행은 이탈리아에 그치지 않고 유럽 국가 전체로 퍼져 나갔다. 코로나바이러스에 속절없이 무너지면서 유럽 국가들이 강력한 방역 조치를 취하기 시작한다.

팬데믹이라는
재앙

영국은 극단적인 방역 조치 대신 자연적인 집단 면역을 추구하겠다는 방침을 밝히기도 한다. 보리스 존슨Boris Johnson 총리는 "많은 이들이, 사랑하는 사람이 떠나는 것을 지켜봐야 한다"는 언급까지 하는데, 비판이 거세자 3일 만에 철회한다. 그리고 결국 총리 자신이 코로나에 감염된다. 스웨덴도 집단 면역 모델을 내세웠다. 고위험군 취약 집단은 보호하고 면역력 높은 집단은 바이러스에 노출해 집단 면역을 획득한다는 전략이었다.[8]

다음 표적은 미국이었다. 도널드 트럼프Donald Trump 대통령부터 공공연하게 마스크를 기피하면서 덩달아 많은 미국 시민이 마스크에 대해 우호적이지 않았다. 미국은 자유 방임 의료 체계를 고수하는 유일한 선진국이자 의료비가 비싼 대표적인 나라다. 코로나 검사비도 비싸지만 입원 치료를 받을 경우 수만에서 수십만 달러나 하는 의료비는

---

8 안치용 『코로나 인문』 김영사, 2021

코로나 대응에 가장 큰 걸림돌이었다. 코로나로 직장을 잃으면 직장 의료보험을 상실한다. 이들은 곧바로 코로나에 무방비 상태가 된다.

남미에도 코로나 대유행이 불어닥친다. 브라질이 그 선두 주자로 비과학적 방역으로 화를 자초한다. 2021년 4월 초 브라질의 코로나 감염 상황은 최악이었다. 이 무렵 전 세계 확진자의 11%, 전 세계 사망자의 27%가 브라질에서 나온다. 브라질의 방역은 철저히 실패했고 그 피해는 고스란히 국민에게 돌아갔다.

하루에도 수천 명씩 사망자가 발생했다. 브라질의 방역이 정치적 이념에 좌우되고 증거 기반한 과학적이고 종합적인 공중보건 지침 도입을 거부하면서 비극을 부른다. 자이르 보우소나루Jair Bolsonaro 대통령은 처음부터 코로나바이러스의 심각성을 인식하지 못했다. 본인부터 마스크 쓰기를 거부하고 사회적 거리 두기 같은 방역 대책 실시도 거부했다. "예방접종은 개나 하는 것"이라는 발언이 모든 걸 설명하고도 남는다.

여기에 더해 가짜 뉴스가 횡행하면서 마스크 착용, 물리적 거리 두기, 불필요한 이동 금지 등의 예방 조치를 기피하고 정치화하는 경우가 많았다.[9] 브라질의 방역 실패로 정치 혼란은 가중되고 대통령은 탄핵을 주장하는 반정부 시위대와 마주서야 했다.[10]

전 세계에서 계속 증가하는 확진자 수가 4월 초에 100만 명에 달하고, 9월에는 코로나 사망자가 100만 명에 이른다.

우리나라는 대구 경북 지역이 소강 상태에 놓인 반면 수도권 중심으로 산발적인 집단 감염이 이어진다. 구로 콜센터, 쿠팡 물류센터 등

---

9 국경없는의사회
10 보우소나루 대통령은 코로나 백신 효과를 의심, 백신 접종이 에이즈 감염 위험을 높인다고도 주장. "코로나에 걸렸던 사람은 항체가 형성돼 백신 접종이 필요 없다"는 등 비과학적 주장을 하며 브라질 코로나 방역에 큰 혼란을 야기. 브라질 연방대법원은 검찰에 수사 개시를 명령

사람이 몰려 사회적 거리 두기가 어려운 취약한 사업장들이었다. 이태원 클럽 출입자들 중심의 전파는 성 소수자 혐오와 맞물리면서 이슈가 확산된다.

2차 유행의 계기는 제일사랑교회의 광복절 집회였다. 참가자들 중심으로 전국에 퍼진다. 집회 참가자들은 방역 자체를 무시하거나 부정하기도 하고 접촉자 조사에도 소극적이었다. 집회 사실을 부정하는 바람에 전파 차단이 늦어지기도 했다.

2020년 11월 중순부터 확진자가 조금씩 증가하더니 12월 들어 3차 유행으로 진입한다. 12월 13일 처음으로 신규 확진자가 하루 천 명을 넘어섰다. 3차 유행으로 수도권은 혼란에 빠졌다. 노인 요양 시설, 장애인 거주 시설, 병원 등 시설 중심으로 집단 감염이 곳곳에서 발생한다. 서울 동부구치소, 장애인 거주 시설인 신아원에서 집단 감염이 발생하면서 사회 이목을 집중시켰다.

입원할 병상과 생활 치료 센터가 부족해졌다. 요양원과 장애인 시설, 병원 등에서 환자가 발생하면 전원시킬 병상을 찾지 못해 불가피하게 코호트 격리[11]를 해야 한다. 부천의 한 요양병원에서는 환자를 전담 병원으로 전원시키지 못해 코호트 격리 중 많은 환자가 사망한다.

3차 유행은 2021년 들어서자 소강 상태를 보인다. 첫 환자 발생 후 1년 되는 시점인 2021년 1월 20일 기준, 1년 동안 총 확진자 수는 73,518명이었다.

---

11 바이러스나 세균성 감염 질환자가 나온 병원을 의료진들과 함께 폐쇄해 확산 위험을 줄이는 조치

백신 접종
시작

팬데믹 선포 1년여 시간이 지나고 백신 접종이 시작되면서 세계는 팬데믹 종결 희망에 부풀었다. 이스라엘, 영국, 미국 등 백신 접종률이 높은 나라들은 마스크 벗을 준비를 하였다. 백신 확보가 가능한 부자 나라 중심으로 백신 접종이 확대되다가 어느 수준에서 정체 국면에 든다. 일부에서는 백신 접종을 끝내 거부하는 한편 가난한 나라들은 백신을 못 구해 접종을 시행 못한다.

세계에서 심각한 백신 불평등 현상이 발생하지만 쉽게 해소되지 않는다. 백신에 의한 면역력 유지 기간이 기대만큼 길지 않고 새로운 변이 바이러스가 등장하면서 추가 접종(부스터 샷)의 필요성이 제기된다. 우리나라가 서구보다 백신 확보가 늦다며 비난하는 여론도 존재했으나 실제 최종 접종률은 선진국을 넘어섰다.

백신 접종자도 돌파 감염이 자주 발생하지만 중증으로 넘어가거나 사망까지 이를 가능성은 크게 감소하였다. 팬데믹이 길어지고 변이 바이러스들이 기승을 부릴수록 백신 의무 접종과 방역 패스에 대한 논란은 계속된다.

델타 변이 바이러스
등장

바이러스는 쉽게 물러나지 않았다. 백신 접종에 이어 방역 조치들이 해제되려는 시점에 델타 바이러스가 출현한다. 델타 변종이 세계를 휩쓸면서 다시 환자가 급증한다. 전파력이 강한 이 변이 바이러스는 전 세계 백신 미접종자 중심으로 퍼져 나갔다.

델타 변이 바이러스는 인도에서 처음 확인되었다. 중국 우한의 원래 바이러스보다 전파력이 강했다. 2021년 3월 초부터 변이 바이러스가 퍼지면서 4월 말경 인도에서는 하루에 30만 명 이상의 신규 확진자가 집계된다. 환자 급증으로 인도는 의료 붕괴를 경험하게 된다.

세계보건기구가 '우려 변이 variants of concern'로 지정해 감시하는 변이 바이러스는 알파, 베타, 감마, 델타 변이 들이다.[12] 이 중 전파력이 강한 델타 변이 바이러스가 다른 변이들을 대체하면서 우세 바이러스로 자리 잡아 나갔다. 그동안 방역에 성공했다는 평가를 받던 아시아 지역도 피해가지 못한다. 특히 인도네시아, 미얀마, 태국, 베트남 등 동남아시아 국가들이 새로운 유행 지역으로 떠오른다.

2021년 6월 말부터 인도네시아 환자 발생 수가 급증하고 어느덧 하루 사망자 수 천 명 이상으로 전 세계 1위를 기록하면서 의료 시스템이 붕괴한다. 적절한 치료를 받기 어려운 외국인들의 엑소더스가 이어지고 우리 교포들도 확진자와 사망자가 증가하기 시작한다. 연일 에어 앰뷸런스가 환자들을 국내로 실어 날랐다.

아프리카에도 환자가 증가한다. 2020년 7월, 2021년 1월의 대유행에 이어 3차 대유행은 델타 변이 바이러스가 이끌었다. 아프리카의 백신 접종률은 아주 저조하다. 코백스Covax를 통해 들여온 백신조차 국내 인프라 미비로 제때 접종이 안 되기 일쑤다. 상대적으로 인구의 도시 집중이 덜하고 교통이 발달하지 않았으며 고령자가 적음이 방역에 유리한 측면이긴 하다. 하지만 열악한 보건 의료 인프라로 인해 코로나 환자들에게 적절한 의료 서비스를 제공하기에는 턱없이 부

---

12 나중에 세계보건기구는 오미크론 변이 바이러스도 '우려 변이'로 분류

족한 상황이다.

영국도 백신 접종 비율이 증가하면서 방역을 완화한다. 그러나 델타 변이 바이러스에 의한 감염으로 환자가 폭증한다. 이런 상황에서도 영국은 방역 조치들을 해제하려 했다.

2021년 북반구가 여름에 들어서면서 지구 곳곳에 기후 재난 사건이 벌어진다. 북미 대륙 북서부 지역에서 유례없는 폭염으로 많은 사람이 사망하고 유럽, 중국에도 폭우로 대규모 사상자가 발생한다. 코로나 팬데믹과 기후 재난이 겹치는 복합 재난 속에 지구의 북반구는 어느 해보다 우울한 여름을 보낸다.

7월 23일 국민들의 반대 여론을 등진 채 일본 정부는 도쿄 올림픽 개막을 강행한다. 거리 두기로 인해 무관중으로 치러진 올림픽은 '코로나 올림픽'이라는 꼬리표를 떼지 못한다. 올림픽 기간 동안 일본의 하루 코로나 확진자 수는 1만 명을 넘어서고 도쿄의 확진자 수도 연일 최대치를 기록한다.

2019년 12월 31일 공식적으로 코로나 환자가 처음 알려지고 나서 세계 누적 환자 1억 명을 기록한 것은 1년이 지난 2021년 1월 26일쯤이다. 2억 명을 돌파한 것은 7개월이 지난 8월 4일경이다. 환자 수 증가가 가팔라지고 이즈음 누적 사망자 수는 425만여 명을 기록한다.

백신 접종
가속화

델타 변이 바이러스 확산으로 코로나 백신 추가 접종 논의가 활발해진다. 이스라엘을 필두로 부스터 샷이 시작되지만 어떤 나라들은 백신 접종 시작 단계인 경우도 있어 백신 불평등은 날이 갈수록 확대된다.

우리나라도 꾸준한 백신 접종으로 방역 완화에 대한 기대가 커지면서 전반적으로 경각심이 느슨해진다. 코로나 백신 부작용에 대한 언론 보도가 이어지는 중에 접종률을 높이기 위해 접종에 따른 다양한 인센티브가 제시되나 그것도 잠시였다. 7월 들어 4차 유행이 본격화하고 1일 확진자 수가 최고치를 기록하면서 처음으로 거리 두기 4단계가 수도권에 적용된다.

전체 환자 수가 증가하지만, 고령 인구의 백신 접종 결과 상대적으로 젊은 연령층의 코로나 감염이 증가한다. 그만큼 증상도 이전보다 경미하고 쉽게 회복되었다. 2021년 9월 추석을 앞두고 1차 접종률이 70%를 넘어선다. 2차 접종까지 마친 접종 완료율이 70%에 도달한 것은 10월 23일이다. 백신 접종 시작은 늦었으나 먼저 시작한 미국이나 영국보다 빠른 성취였다. 젊은 세대와 산모 접종이 본격 시작되고 고령자, 의료진 중심 부스터 샷도 시행되면서 위드 코로나 시행에 대한 사회적 요구도 증가한다.

위드 코로나
정책

우리나라 접종 완료율이 70%에 도달하였으나 좀체 환자 발생 수가 줄지 않는다. 팬데믹 장기화로 재정 어려움이 가중되며 위드 코로나 정책 요구가 커진다. 결국 경제 살리기 명분으로 1년 9개월 만인 11월 1일 '위드 코로나' 정책 일환으로 '단계적 일상 회복' 1단계가 시작되었다. 당시 한국은 인구 5천만 명 이상 국가 중 백신 접종 완료율 1위, 감염률과 사망률 최저를 기록한다.

위드 코로나 정책에 앞서 코로나 대응 의료 체계도 변화를 맞게 된다. 10월부터 재택 치료가 본격 도입되면서 지역사회 중심의 대응 체계를 마련한다. '백신 패스' 제도도 도입되었다. 유흥시설, 실내 체육시설, 노래연습장 등 고위험시설을 이용하거나 100명 이상 모이는 집회나 행사에 참가할 때, 의료 기관이나 요양 시설 등에서 입원자를 면회할 때도 백신 패스가 필요하다.

그러나 위드 코로나 시작 한 달도 지나지 않아 환자 수 급증으로 혼란에 빠져든다. 12월 들어 하루 환자 수 7천 명대까지 치솟았다. 위중증 환자, 사망자 수가 최고를 기록하고 중환자 병상 부족이 현실화한다. 재택 치료자가 증가하고 입원 대기 환자도 증가하나 병상 부족이 해소되지 않았다. 입원 대기 중 사망자도 발생한다. 결국 위드 코로나 정책은 중단되고 이전으로 돌아간다.

오미크론 변이 바이러스의 침공

2021년 10월 11일 아프리카 보츠와나에서 처음 발견된 오미크론 변이 바이러스는 남아프리카공화국 중심으로 빠르게 퍼지며 우세종으로 자리잡는다. 백신 불평등이 변이 바이러스 발생을 낳으리라는 염려가 계속하여 제기되어 왔다.

선진국들이 백신 접종 완료 후 추가 접종까지 시행하지만 아프리카 주민 대다수는 1차 접종도 못 한 상황이었다. 아프리카 대륙의 백신 접종 완료율은 7.15% 수준이다. 선진국의 부스터 샷 공급량이 개발도상국 전체 백신 공급량보다 6배나 많았다.

이에 대해 유고슬라비아 출신 철학자 슬라보예 지젝 Slavoj Žižek은

추문에 가까운 세 가지 태만 때문에 오미크론 변이 확산이 빨라졌다고 지적한다. 첫째는 전 세계 백신 접종률 격차 문제를 해결하려 하지 않은 이들의 태만이다. 둘째는 백신 연구 개발을 위해 엄청난 공적 자금을 지원받고도 로열티를 지불 못하는 가난한 국가의 치료약 복제를 무상으로 허용하지 않은 제약회사들의 태만이다. 셋째는 감염병 극복을 위한 협력 모색을 어렵게 하는 감염병 국가주의의 태만이다.[13]

오미크론 확산은 이전 델타 변이 바이러스 유행과는 확연히 다르다. 델타 변이와 비교할 때 증상은 대체로 심하지 않지만 전파력은 훨씬 더 높다. 환자 수가 크게 늘면 중증 환자도 당연히 증가한다. 우리는 이제 이전과는 전혀 다른 양상의 오미크론 대유행에 직면했다.

우리나라에서 처음 코로나 환자가 발생하고 2년이 지난 2022년 1월 20일까지 확진된 환자는 모두 712,503명이고 사망자는 6,480명이다. 백신 접종 완료율은 85.11%를 기록한 상태에서 오미크론 변이 바이러스 대유행이 눈 앞에 전개된다.

---

13 슬라보이 지제크(슬라보예 지젝) 「무관심과 연대 사이의 감염병」 『한겨레』 2021.12.12

2장 사회 전반의 위기

코로나 팬데믹의 영향은 총체적이다. 정치 경제 기업 가정 개인 등 어떤 것도 팬데믹 영향에서 벗어나기 어렵다. 기존 관행이 뒤집히고 우리 습관도 중단되었다. 모임이 중단되고 회의 방식이 바뀌고 인간 관계도 재조정되었다. 그 변화가 너무 크고 지대해 팬데믹이 끝나도 그 전으로 되돌아가기는 어려워 보인다. 지금 시대는 팬데믹 이전과 이후로 구분되리라는 말이 나오는 이유다.

페스트와 스페인독감 그리고

처음 코로나가 확인된 중국 우한 봉쇄 소식은 알베르 까뮈 Albert Camus 소설 『페스트』를 떠올리게 했다. 프랑스 중소 도시 오랑에 괴질이 퍼지자 정부는 도시 봉쇄라는 특단 조치를 내린다. 10개월 봉쇄기에 연대 의식으로 상황의 부조리를 극복해 가는 사람들 이야기다.

무엇보다 현실에서 이런 일이 재현될 수 있다는 데 놀랐다. 게다가 이건 시작에 불과했다. 그 이후 벌어진 일들은 우리 상상력을 넘어섰다. 페스트의 위력은 이미 중세 유럽에서 확인한 바 있다. 페스트는 14세기 중반 유럽을 강타하여 초토화했다.

페스트로 노동력이 급격히 감소하자 봉건제 사회 내 농민들의 영향력이 커지면서 봉건제 붕괴로 치닫는 계기가 된다. 소설 『데카메론』은 당시 유럽에서 페스트를 피해 시골 한적한 곳으로 피신한 귀족들이 시간을 보내며 나눈 이야기들이 담긴 작품이다. 당시의 긴장과 공포가 지금 21세기에 되살아났다.

코로나 팬데믹과 비교해서 가장 많이 언급되는 전염병은 1918년 전 세계를 덮친 스페인독감일 것이다. 스페인독감도 호흡기 감염증으로 지금의 코로나와 유사한 특징들을 갖는다. 1차 세계대전 중에 발생한 스페인독감은 전쟁보다 더 큰 사회 경제적 영향을 끼쳤다.

스페인독감은 우리나라에서는 무오년독감으로 불린다. 1918년 하반기부터 맹위를 떨치기 시작, 1919년까지 이어지면서 700만 명이 감염되고 그 중 14만 명이 사망했다고 한다. 코로나 팬데믹에서 스페인독감 당시 인류가 겪어야 했던 혼란과 고통이 다시 나타난다.

1세기 시차를 두고 발생한 두 팬데믹 사이에는 경과와 대책 등 여러 면에서 차이를 보이기도 한다. 무엇보다 교통의 발달로 나라와 나라, 도시와 도시 사이 접근성이 좋아져 바이러스 확산이 정말 순식간에 이루어졌다.

그만큼 코로나바이러스는 짧은 시간에 지구 곳곳을 휩쓸었다. 반면 당시와 비교해 발전한 의학은 인류의 대응력이 높아졌음을 보여 준다.

정확한 진단법이 신속하게 개발되고, 다양한 방역 활동이 가능해졌으며, 백신 생산도 최단 기간에 이루어졌다.

코로나 팬데믹은 총체적 충격으로 다가왔다. 사회 경제적 혼란은 말할 것도 없고 개인의 삶에도 지대한 영향을 미쳤다. 이 충격이 어떤 전환으로 이어질지는 미지수다. 현재 진행형이기도 하지만 그 어떤 사건보다 우리 사회에 심대한 영향을 미치리라는 느낌을 부정하기 어렵다.

코로나
맞닥뜨림

코로나 팬데믹이라는 태풍이 지나는 동안 사회 곳곳의 취약함이 드러났다. 구조가 약한 곳은 강한 충격에 쉽게 무너지기 마련이다. 팬데믹으로 평소 취약한 고리들이 연달아 노출되었다. 우리가 쌓아 온 세상 구조물들이 사상누각일지도 모른다는 위기감이 고조되었다.

평소에도 경고음이 있었겠으나 세상은 이에 주목하지 않거나 무시했다. 약한 구성체들이 먼저 무너지고 이곳에 있던 사람들이 먼저 죽거나 다쳤다. 감염되지 않으려면 거리를 두고 서로 경계해야 한다.

코로나 팬데믹은 사회 전반에 위기를 가져왔다. 인권 위기도 마찬가지다. 취약한 사회 단면이 팬데믹 과정에서 가감 없이 드러나고, 방역의 이름으로 인권 침해가 정당화하고, 혐오와 차별이 득세했다는 사실에서 인권 위기의 심각함이 더해진다. 사회 불평등과 격차가 심해졌음도 팬데믹이 남긴 한 가지 후유증이다.

팬데믹이 진행될수록 인권 위기에 대한 우려도 고조되었다. 팬데믹 자체가 인권 위기를 유발하지만 팬데믹 대응 방식도 마찬가지로 인권

위기를 악화시킨다는 경고들이 이어졌다.

안토니오 구테헤스Antonio Guterres 유엔 사무총장은 "코로나 감염증이 빠르게 인권 위기로 바뀌면서 인류의 위기를 초래한다"고 했다. 미첼 바첼레트Michelle Bachelet 유엔 인권최고대표는 "공중 보건 비상 사태에 대응하기 위해 긴급 조치가 필요하긴 하지만 비상 상황이란 게 인권을 무시해도 되는 백지 수표는 아니다"고 강조한다.

인권 위기 관련 문제가 다양한 관점에서 제기되었다. 무엇보다 코로나 팬데믹 자체가 생명과 보건의 위기를 초래하므로 가장 기본적인 인권에 해당하는 생명권에 대한 위협이다.

스페인독감 팬데믹은 수천만 명의 생명을 앗아간 참사였다. 코로나 팬데믹은 당시의 악몽을 떠올리기에 충분했다. 새로운 전염병으로 인해 많은 환자가 발생하고 사망하는 것 자체가 최대의 인권 위기이다. 그래서 환자 발생을 억제하고 사망으로 이어지지 않도록 함이 가장 중요한 인권 과제라는 명제는 타당하다.

방역과 인권의
충돌

공중보건이라는 대명제 안에서 환자 발생과 사망을 막기 위해 전력으로 방역에 매진하게 된다. 방역 자체가 사람들의 행동을 제약하고 확진자의 동선을 추적 공개하면서 개인의 권리를 강력하게 제한한다.

여기서 딜레마에 빠진다. 일차로 방역과 인권의 충돌이 일어나는 지점이다. '최대 방역'으로 환자 발생을 줄여야 하는 과제와 인권 보호를 위해 필요한 '최소 방역' 요구는 타협점을 찾기가 쉽지 않다.

코로나 환자가 확인되면 격리 수용하고, 접촉자 확인을 통해 전파를 차단하게 된다. 강력하고 신속한 추적 조사 그리고 투명한 동선 공개는 인권 침해라는 논란을 피하기 어려웠다. 나라마다 다른 방식이 적용되는데 우리나라 방식은 탁월한 효과를 보이기도 했지만 그만큼 논란도 일으켰다.

폐쇄된 격리 공간에서 이루어지는 치료 과정은 그 자체가 상당한 자유권 유보를 전제로 한다. 방역과 의료에 종사하는 노동자의 과로와 위험도 무방비 상태였다. 의료진의 사명감에만 기대기에는 현실이 너무 척박했다.

확진자와 접촉자는 당연히 기피 대상이 되었다. 낙인찍히고 혐오의 대상이 되었다. 집단 감염 또는 전염병 전파 길목에 노출된 특정 민족, 인종, 집단, 소수자들도 마찬가지로 혐오와 차별의 대상이 되었다. 대응력이 떨어질 수밖에 없는 사회 약자들은 팬데믹 태풍 속에서 쉽게 위험에 노출되어 희생되기도 하였다.

공중보건과 자유권의
대립

전염병 전파 차단을 위한 다양한 방역 대책들은 우리 일상을 제약하는 요소가 많았고 평소 자유라 생각했던 영역, 권리라고 여겼던 사실들과 충돌을 일으키기도 했다. 이동과 여행이 제한되고, 일상 모임도 축소되거나 중단되었다.

공중보건과 자유권의 대립은 팬데믹 내내 논란의 한복판에 자리했다. 특히 신체의 자유, 신체에 대한 자기 결정권이 곳곳에서 다양한 방식으로 제한되었다. 마스크를 쓰지 않을 권리, 백신을 맞지 않을 권리는 공중보건에 부정적 영향을 미치지만 그만큼 뜨거운 이슈였다. 때로는 정치 견해와 결합하면서 정치화하기도 한다.

그러나 이런 논쟁 자체는 자연스러운 현상이다. 방역 입장에서는 개인의 자유를 불가피하게 제약하게 된다. 인권 문제를 진지하게 받아들이면서 인권 친화적 지침을 확립하고 시행함으로 방역 자체도 효율성을 높여야 한다.

팬데믹의 또 다른 이름
불평등

팬데믹은 자유 문제와 더불어 평등 이슈도 제기한다. 코로나 팬데믹 자체가 불평등의 등고선을 따라 퍼져 나가는 경향을 보였다. 취약한 조건의 사람들이 코로나에도 취약하였고, 코로나로 인해 더 취약해지는 악순환이 진행되었다. 불평등은 여러 분야에서 동시다발적으로 악화되었다. 젠더, 계급, 노동, 지역, 국가 간 격차가 커지며 불평등은 코로나 팬데믹의 또다른 이름이 되었다.

코로나 팬데믹에 수반된 사회 경제적 여파는 짧은 시간에 급격하게 진행되어 우리 사회 총제적 위기를 초래한다. 재택 근무가 증가하나 재택 근무가 불가능한 업종의 위험 부담은 커졌고, 폭증하는 배달 노동 업무는 살인적 노동 강도를 요구하였다.

기존 돌봄 체계의 붕괴는 돌봄 노동의 위기로 치달았다. 돌봄 위기는 돌봄 서비스가 필요한 고령자와 장애인, 어린이 위기로 이어지고 돌봄 노동이 주로 전가되는 여성 위기가 된다. 필수 노동을 담당하는 필수 노동자의 위험과 부담은 이전보다 커졌다.

코로나 환자 치료 역량은 국가마다 달랐다. 비슷한 정도의 환자 발생 수준에서도 이를 감당해야 하는 보건 의료 역량 차이는 생명의 위기 가늠자가 되었다. 팬데믹은 부자 나라와 가난한 나라 사이 불평등 구조를 재확인시켰다. 코로나 백신과 치료제 개발 및 보급 과정에서 국제 불평등 현실이 재현된다.

총체적
인권 위기

인권 단체인 앰네스티 Amnesty는 코로나 팬데믹에서 발생하는 인권 문제를 두 가지로 나눠 설명한다. 대응 과정에서 보장해야 할 인권 과제와 방역 과정에서 유념해야 할 인권 과제다.

대응 과정에서는 ① 건강권 ② 정보 접근권 ③ 노동권 ④ 낙인과 차별 금지를 적시한다. 방역 과정에서는 ① 격리 조치 ② 여행 금지 및 제한 ③ 국가 비상사태 ④ 보건 의료 노동자 보호 ⑤ 과도한 사생활 침해 ⑥ 장기적 회복과 후속 조치를 지적한다.

하지만 실제 드러난 인권 과제들은 여기 제기되는 항목들 이상이었다. 코로나 팬데믹은 총체적 인권 위기를 초래했다. 그동안 우리 사회가 담보해 오던 인권 프레임이 휘청거리는 동시에, 취약했던 인권 사각지대들을 폭로했다. 과연 이게 위기이면서 동시에 기회가 될까? 쉽게 낙관하기 어렵다.

전염병 팬데믹은 생명에 미치는 직접 영향과 사회 파급력에서 어떤 재난보다 강력하다. 19세기 콜레라, 20세기 스페인독감 그리고 지금의 코로나 팬데믹은 전 세계를 흔들어 놓은 재난이다. 유럽의 페스트가 지리 면에서 제한되었다면 팬데믹들은 그야말로 전 세계를 강타했다. 19세기와 20세기 팬데믹의 경우 교통 미발달로 시간 간격을 두고 세계로 퍼져 나갔지만 지금의 코로나 팬데믹은 동시에 지구촌으로 퍼져 세계를 마비시킨다. 그것도 2년여 시간에 걸쳐 현재 진행형이다. 어떤 재난과도 비교하기 어려운 상황임이 분명하다.

이런 특성 때문에 지금 우리가 직면한 팬데믹은 총체적 위기 상황이며 사회 전반의 변화를 강요한다. 생명 위기, 노동 위기, 경제 위기, 돌봄 위기, 환경 위기, 인권 위기 등은 그동안 우리가 살아온 생활 방식과 사회 작동 방식을 돌아보게 한다. 현재의 위기에 대한 진지한 성찰을 통해 우리가 어떤 지향을 가질지 고민해야 한다. 팬데믹이 사회 전반의 위기를 초래한 만큼 포스트 코로나 시대는 총체적 전환을 요구한다.

코로나 유행이 계속되면서 팬데믹과 관련한 인권 침해 문제가 사회 전반에 제기되기 시작했다. 앞서 얘기했듯이 기존 취약한 인권 과제가 팬데믹 과정에서 드러나기도 하고 팬데믹 고유의 인권 문제가 논란되기도 한다. 어쨌든 인권 이슈는 팬데믹을 관통하는 주요 키워드 중 하나로 작동한다.

인권 이슈는 숱한 논쟁을 남겼다. 때로 인권의 이름으로, 때로 돌봄이나 노동의 이름으로 많은 사람이 논쟁에 참여했다. 누군가에게는 차별과 혐오 문제였고 또 어떤 이에게는 생존 문제였다.

인권 문제에 대한
자성

인권 이슈가 첨예화할수록 우려와 자성의 목소리도 높아졌다. 국가인권위원회도 팬데믹과 관련하여 여러 차례 입장을 냈다. 관련 단체들도 사안별로 성명을 내거나 행동에 돌입하고 나중에는 공동 대응에 나서기도 한다. 여러 인권 단체가 참여하여 구성한 '코로나19인권대응네트워크'는 「코로나19와 인권, 인간의 존엄과 평등을 위한 사회적 가이드라인」을 제시한다.

가이드라인의 목표는 ① 코로나19 방역 과정에서 드러난 인권 문제들을 사회에 드러내고 ② 한국의 불평등한 사회 구조로 인해 위기 상황에서 더욱 취약해진 사회 약자와 소수자의 현실에 주목하며 권리 보장 대안을 마련하고 ③ 가이드라인을 통해 위기 상황에서 우선해야 할 인권 원칙을 사회에 제안함이라고 밝힌다.[14]

가이드라인에는 생명과 안전을 위한 국가의 책무, 위기 상황에서 유예되는 시민의 권리, 기업과 언론의 사회 의무, 사회 약자와 소수자들의 사회 내 권리를 위한 제안 등의 내용을 담았다.

팬데믹은 정치화하기 좋은 토양을 제공하기도 한다. 다양한 이유로 정치와 결합한다. 쓰나미 같은 팬데믹 태풍을 피해간 나라는 거의 없다. 방역 성공보다 방역 실패 가능성이 더 높다는 사실도 안타깝다. 이에 집권 세력에 불리한 상황이 조성된다. 집권 세력이 정치 의도를 가지고 방역을 왜곡하기도 한다. 거꾸로, 정부 방역 활동을 폄훼하면서 공격하는 정치 세력도 있다.

팬데믹의 지나친 정치화는 바람직하지 않지만 피하기 어려운 정치 사회 현상이다. 제대로 된 방역을 위해 이를 뒷받침할 만한 정치 환경 조성도 필요하다.

---

14 코로나19인권대응네트워크 「코로나19와 인권, 인간의 존엄과 평등을 위한 사회적 가이드라인」 2020.6.11

3장 마스크 논쟁

마스크는 팬데믹의 상징이었고 숱한 화제와 논쟁을 낳았다. 마스크를 벗는 행위는 팬데믹의 끝을 의미하기도 한다. 마스크 논쟁은 팬데믹 초기 주로 선진국에서 나왔는데 쟁점은 크게 두 가지다. 첫째 마스크 착용이 개인 자유를 침해하는가, 둘째 마스크가 정말 효과적인가. 미세 먼지 대처로 마스크가 익숙했던 우리나라에서는 마스크 수급이 정치 문제화한다. '5부제' 등으로 진행된 마스크 공적 분배 과정에서도 배제와 차별이 드러났다.

마스크 논란의
쟁점

마스크 논쟁에서 핵심 쟁점은 두 가지다. 첫째는 마스크 착용이 개인의 자유를 침해하는가다. 마스크를 거부하는 사람들은 마스크 강제 착용이 심각한 인권 침해라고 판단했다. 신체 자유를 구속하는 자유권 침해이므로 착용 여부는 개인 선택에 맡겨야 한다고 주장한다. 반면 마스크를 착용하지 않으면 본인뿐만 아니라 다른 사람에게 피해를 주니 마스크를 착용해야 한다는 주장이 맞선다. 나라마다 지역마다 논쟁의 정도나 분위기는 달랐다.

두 번째는 마스크가 정말 효과적인가의 논쟁이다. 바이러스가 마스크 안에 갇히기에 오히려 해롭다는 주장도 등장한다. 마스크가 감염을 방지 못하니 강제 착용을 반대한다는 주장도 얽혔다.

마스크 논쟁은 주로 유럽과 미국 중심으로 일었다. 아시아 국가들에서 마스크 논쟁은 크지 않았고 오히려 마스크 공급 부족에 대한 비판이 컸다. 동아시아의 전문가들은 전염병 방지를 위해 마스크를 착용하여 사회적 책임을 다해야 함을 계속 강조했다.

서구인 시각에서 볼 때 마스크 착용에 대해 별 반발이 없는 아시아인은 그저 순종적으로 보였던 모양이다. 동아시아처럼 건강한 사람이 의학적 이유 없이 마스크를 착용함은 합리적이지 못한 부끄러운 행동이라고 여겼다. 마스크는 이미 질병에 걸린 환자에게나 필요하다는 선입관 때문이다.

마스크로 인한
차별과 혐오

코로나 초기에는 유럽의 질병 전문가들조차 마스크 사용이 전염병 예방에 도움이 되지 않는다고 강조한다. 의료 시설을 위한 마스크 공급에 차질이 없도록 일반인은 마스크를 구입하지 않아야 도덕적으로 올바르다고 설득한다.[15] 이는 마스크를 착용한 동아시아

---

15 황정아 외 『코로나 팬데믹과 한국의 길』 창비, 2021

인에 대한 인종 차별의 공격 근거로도 쓰인다. 이런 분위기 때문인지 프랑스에서는 버스 기사가 승객에게 마스크 착용을 요구하다가 집단 폭행을 당해 사망하는 일도 일어났다.[16]

　미국에서 마스크 논쟁을 주도한 것은 다름 아닌 트럼프 대통령이었다. 미국의 질병통제예방센터 CDC가 공식적으로 마스크 착용 권고를 하였지만 트럼프는 계속 마스크를 기피한다. 본인이 공식 석상에서 마스크를 착용하지 않았으며 마스크를 착용하지 않은 모습을 과시하였다. 대통령 선거를 앞두고 마스크 착용을 강조하는 바이든과 자신을 비교하기도 하였다.

　트럼프가 정략적 이유로 마스크 논쟁을 일으켰다는 의심도 일었다. 아무래도 트럼프 지지자 중 마스크 거부자가 많은 것도 이 영향 때문이겠다. 트럼프는 결국 코로나에 감염되고 병원 신세를 지게 된다.

　논쟁의 저변에 깔린 논리는 마스크가 코로나 예방에 효과도 없는데 착용을 강요하면 개인 자유를 위배한다는 내용이다. 그리고 미국에서는 마스크 착용이 취향과 무관하게 공식 사회에서 바람직하지 않다고 여겨졌다. 적지 않은 주에서 공공 장소에서 마스크 착용을 금지하는 '복면금지법'을 시행한다.

　이 법은 백인 우월 단체인 KKK단이 복면을 한 채 잔혹한 혐오 범죄를 저질렀던 역사에 연원을 둔다. 마스크를 쓴 사람은 범죄를 저지를 가능성이 크다는 인식이 저변에 내포되었기도 하다. 특히 유색인종이 마스크를 착용하는 경우 공권력에 의해 범죄자로 간주될 위험이 있다. 미니애폴리스에서 흑인 조지 플로이드가 경찰에 의해 사망하면서 이

16　안치용 『코로나 인문학』 김영사, 2021

런 우려가 커졌다.

열렬한 트럼프 추종자인 보르소나루 브라질 대통령도 마스크 거부로 유명했다. 방역 최고 책임자의 이런 태도로 미국, 브라질은 확진자 규모가 다른 나라에 비해 압도적으로 컸다.

마스크 무용론은 후에 백신 유용론과도 맥을 같이한다. 그러나 마스크 논쟁이 한참이던 팬데믹 초기와 달리 유럽과 미국 전역으로 코로나가 퍼져 나가자 마스크 의무화 나라들이 나타난다. 나중에는 마스크 논란이 정치화하면서 극우 세력들이 마스크 착용 반대를 계속 주장한다.

마스크 착용과 관련하여 미국, 유럽 대 동아시아 대립 구도가 형성된다. 마스크 착용에 소극적인 미국과 유럽 국가들은 동아시아 국가들에서 마스크 수용성이 높은 건 유교 문화에 바탕을 둔 권위주의 체제 때문이라고 주장하고 반면 동아시아 국가들은 그런 주장이 오리엔탈리즘에 근거한 것이라고 비판한다.

이탈리아 철학자 조르조 아감벤 Giorgio Agamben은 '생명 정치' 관점에서 마스크 정책을 비판한다. "얼굴은 진정한 인간성의 공간이자 탁월한 정치적 장치다. 얼굴로 마주 봄은 서로를 인지하고 서로를 향해 열정을 쏟으며, 유사성과 다양성, 거리와 근접성을 인식하는 행위다. 얼굴에 대한 권리를 단념하고 마스크로 덮으며 시민의 얼굴을 가리기로 결정한 국가는 정치를 스스로 없애 버린 셈"이라고 아감벤은 주장한다.[17]

팬데믹의 엄중성을 고려하면 아감벤의 마스크 비판은 낭만적으로 들린다. 유럽 일부 지성인들이 팬데믹에 대해 갖는 인식의 일단이 드러난다.

---

17 조르조 아감벤 『얼굴 없는 인간』 박문정 옮김, 효형출판, 2021

마스크
자국주의

논란에도 불구하고 어느 순간 마스크 착용은 코로나 팬데믹을 살아가는 사람들에게 가장 중요한 덕목이 되었다. 마스크 착용에 대한 거부감이 사라지자 마스크 수요가 급증한다. 다른 방호 물품과 더불어 마스크 부족은 팬데믹 초기 방역과 코로나 진료에 큰 걸림돌이었다. 정부가 나서 마스크 확보를 위해 온갖 수단을 동원하게 되는데 여기서도 자국주의가 작동한다.

트럼프 대통령은 2020년 4월 '국방물자생산법 Defense Production Act'을 발동해 마스크 제조기업 3M에 N95 마스크 생산을 확대하고 캐나다와 중남미 수출을 중단하라고 명령한다. 그리고 외국으로부터 마스크를 수입하는 과정에서 물의를 빚기도 한다. 독일 베를린 주 정부, 프랑스 일드프랑스 주 정부는 중국에 주문한 마스크를 미국이 가로챘다고 비난하고 나선다.[18]

마스크 배분의
불평등

한국에서도 공급 부족으로 '마스크 대란'이 발생하자 마스크는 정부가 책임지고 공급해야 하는 공공재가 되었다. 정부 관리 품목이 되어 공급이 부족했던 초기에 '마스크 5부제' 방식으로 공적 마스크를 배포하게 된다. 이는 건강보험심사평가원이 구축한 요양기관 업무 포털 체계를 통해 구매 이력을 확인하는 방식으로 관리했다.

---

18 김선 「유럽연합, '국제공조'하자더니 백신 구매 경쟁」 『시사IN』 202.7.27

그러나 마스크 배급 과정에서 일부 집단이 배제되는데 이들은 건강보험에 가입하지 못한 6개월 미만 체류 이주민, 유학생, 등록 없이 농어촌 지역에서 일하는 이주노동자, 미등록 체류자, 난민 들이었다. 건강보험 가입 여부가 이를 가르는 기준이 되었고 이처럼 배제된 외국인 수는 46만여 명에 이른다.[19] 마스크 공급 기준이 국민과 비국민을 나누는 기준이 되었다.

마스크는 팬데믹 과정에서 가장 중요한 상징이었다. 마스크 착용은 여전히 팬데믹이 진행 중임을 암시하며 마스크를 벗는 행위는 팬데믹의 종료를 의미한다. 트럼프와 대립하면서 마스크 착용을 옹호했던 조 바이든 대통령은 미국에서 백신 접종률 증가로 코로나 발생이 현격하게 감소하자 방역 성공의 상징으로 마스크를 벗자고 강조했다.

하지만 선진국 중심으로 백신 접종률이 증가하면서 마스크를 벗을 수 있다는 희망이 싹 틀 무렵 델타 변이 바이러스 대유행이 세계적으로 확산되면서 '마스크 벗기'는 다시 보류되었다.

---

19 추지현 외 『마스크가 말해주는 것들』 돌베개, 2020

4장 거리 두기와 이동권 제약

백신과 치료제가 없는 상황에서 거리 두기는 마스크 쓰기와 더불어 확실한 방역이었다. 다양한 수준의 거리 두기가 실행되면서 사회 기본 틀이 아래에서부터 흔들렸고 심각한 불평등 문제도 제기되었다. 자영업자의 피해가 가장 컸고 소득이 낮을수록 거리 두기를 제대로 하기 어려워 코로나 감염 위험이 컸다. 또한 국가 간 이동이 중단되고 도시 간 이동도 저지되었다. 강압적 봉쇄 정책은 시민 일상을 억압하고 때로 생명도 위협하였다.

지역 봉쇄와 이동 제한

처음 중국의 우한에서 코로나가 확산되자 중국 정부는 도시 봉쇄라는 강경 정책을 편다. 봉쇄 정책은 이동권을 심각하게 훼손하는 정책이다. 중국에서 락다운 정책이 시행되자 유럽 국가들은 비

인간적이고 원시적인 정책은 중국 같은 권위주의 국가에서만 가능한 일이라고 비난한다. 코로나의 중국 기원설, 초기의 강력한 락다운 정책, 마스크 착용 논란 들이 중국에 대한 선진국들의 주요 비난 메뉴였다. 체제 비난과 맞물리면서 아시아인 혐오와 차별 분위기를 조성하는 데도 한몫한다.

그러나 이런 비난은 오래가지 못한다. 자유주의를 표방하는 유럽 선진국에서 환자가 폭증하자 마찬가지로 지역을 봉쇄하고 이동을 제한하는 등 중국 방식을 따른다. 그동안 서구 사회가 상상할 수 없었던 통제와 규제 조치들을 내렸다.

아감벤은 "우리는 두 차례의 세계대전 중에도 시행되지 않았던, 이탈리아 역사상 한 번도 겪어 보지 못한 수준의 이동 자유 제한 조치를 거리낌 없이 받아들였다. 심지어 전쟁 중에도 통금은 몇 시간으로 제한되었는데 말이다. 결과적으로 우리는 실체가 모호한 위험으로부터의 보호라는 명목으로, 우리 이웃이 전염 사태의 원인이 될 가능성 때문에, 우정과 사랑의 금지를 받아들였다"고 토로한다.[20]

그는 바이러스를 막기 위해 취해진 광적이고, 비합리적이며, 전혀 근거 없는 비상조치들을 개탄했다. 이런 터무니없는 대응은 '예외 상태[21]'를 일상적인 지배 패러다임으로 삼으려는 경향'을 보인다고 주장한다.[22] 아감벤은 또 방역 이유로 죽음은 애도되지 못하고 우리의 이웃은 '호모 사케르'가 되어 고독과 단절 속에서 비참하게 죽어간

---

20 조르조 아감벤 『얼굴 없는 인간』 박문정 옮김, 효형출판, 2021
21 아감벤이 말하는 '예외 상태Stato di Eccezione'란 법이 스스로 효력을 정지시키면서도 산 자들을 묶는 상태를 의미. 즉 인간이 법의 보호 밖에서, 자유롭지 못한 상태로 존재함을 의미하며 이런 상태 존재를 '벌거벗은 삶Vita Nuda', '호모 사케르Homo Sacer'라 표현. 아감벤은 내전 나치즘 파시즘 아우슈비츠 들을 예외 상태와 호모 사케르 개념으로 설명 (조르조 아감벤, 같은 책, 2021)
22 슬라보예 지젝 『팬데믹 패닉』 강우성 옮김, 북하우스, 2020

다고 보았다.[23]

아감벤의 주장은 극단적 봉쇄 정책에 대한 비판에서 나왔지만 많은 논란을 불러일으켰다. 그가 코로나바이러스 위험을 인플루엔자 정도로 표현하는 등 위해성을 과소평가한다는 주장이 잇따랐다. 아감벤의 문제 의식은 인권과 방역의 대립 속에 인권은 무시되고 방역으로 전체를 압도하는 정치 상황 비판으로 이해된다.

프랑스 철학자 장-뤽 랑시 Jean-Luc Lancy는 아감벤의 주장을 반박한다. 팬데믹 시대에는 고립되고 격리됨으로써 공동체를 이룬다는 역설이 지금 우리가 처한 상황이라고 보고 '격리 isolation'가 공동체의 새로운 조건이 되었다고 주장한다.[24] 그는 아감벤이 얘기한 '예외 상태'에서 지금까지 존재하지 않았던 새로운 세계 단위의 규칙이 생겨날 것이고 이로 인해 인류의 삶이 나아질 수 있다고 보았다.[25]

지젝도 아감벤과 다른 입장을 유지한다. 누구나 바이러스 숙주가 될 가능성이 존재하므로 사회적 거리 두기를 유지해야만 어느 정도 안전이 보장된다면서 거리 두기는 다른 사람에 대한 존중의 표현이라고 말한다.[26]

코로나 팬데믹으로 세계 곳곳에서 잇따라 봉쇄 정책이 집행되는 상황을 목격하게 된다. 국가 간 이동과 도시 간 이동 중단, 도시 안 야간 통행 금지, 입장 불가 공간 증가 같은 봉쇄 정책이 전염병에 대응하는 강력한 수단으로 자연스레 받아들여졌다.

우리나라는 대구에서 31번 환자가 확인되면서 1차 유행이 시작되었

23 박경준 외 『코로나 블루, 철학의 위안』 지식공작소, 2020
24 김유태 「세계 석학들 코로나바이러스를 사유하다」 『매일경제』 2020.9.9
25 조르조 아감벤 『얼굴 없는 인간』 박문정 옮김, 효형출판, 2021
26 슬라보예 지젝, 이택광 『포스트 코로나 뉴노멀』 비전CNF, 2020

고 이 지역에서 환자가 급증하자 지역 봉쇄에 대한 언급이 나오며 지역주의 논란과 맞물리기도 하였다. 무엇보다 이 지역에서 환자 발생이 억제되면서 중국 우한이나 유럽 등 선진국이 겪어야 했던 지역 봉쇄까지 가지 않았다. 대신 1차 유행을 계기로 사회적 거리 두기가 본격 시행되었다.

지역 봉쇄는 해당 지역 주민을 공포로 몰아넣는다. 언제 자신이나 가족이 전염병에 걸릴지 전전긍긍하게 된다. 봉쇄로 인한 이동권 제약은 자유권에 대한 심각한 도전이다. 봉쇄 지역의 주민은 기피와 혐오 대상이 되었고 이런 분위기는 봉쇄가 풀린 후에도 계속되었다. 그리고 지역의 모든 경제 활동도 위축되거나 중단될 수밖에 없었다.

봉쇄 정책은 공권력의 강화를 불러왔다. 강압적인 봉쇄 정책은 시민들의 일상을 억압하고 때로는 생명을 위협한다. 외국에서는 통행 금지 시간에 식량을 구하기 위해 밖으로 나갔던 장애인이 경찰에 구타당하거나 무기로 위협당했다는 소식들이 전해졌다. 봉쇄 정책은 그만큼 부작용이 크고 인권 침해가 따른다. 따라서 봉쇄 정책의 정당성 논란은 끊임없다.

국경 폐쇄의
편협함

지역 봉쇄뿐만 아니라 국경 폐쇄도 논란이 일었다. 먼저 중국에서 코로나 유행이 발생하자 많은 국가가 중국 국경 폐쇄를 선언한다. 중국에서 들어오거나 중국을 경유하는 사람들의 입국을 막는 것이다. 국경을 봉쇄해도 코로나 전파를 막지 못하므로 사실 의미가 없다는 것이 밝혀진다. 다만 국경 봉쇄로 전파가 지연되거나 환자 발생이 감소할 가능성만 남는다. 우리나라도 초기에 중국 입국자 차단 논란이 일면서 정치 이슈가 되었다. 대구 경북 지역 중심의 1차 유행 때 우리나라도 다른 나라 입국 금지 대상 명단에 오르기도 했다.

팬데믹 초기 전염병 우려 때문에 크루즈 선의 정박과 하선을 거부하는 일들이 빈번해졌다. 크루즈 선은 정박할 항구를 찾아 떠돌아다녀야 했다. 일본에서는 다이아몬드 프린세스 호 승객과 직원이 하선을 거부당해 선박에 갇힌 동안 코로나가 퍼진다.

국경 폐쇄는 코로나 대유행 지역 또는 의심자들만 대상으로 삼지 않았다. 전 세계적으로 무차별 국경 폐쇄가 결정된다. 그동안 이루어진 세계화 흐름이 한순간에 중단되고, 대부분 국가가 스스로 고립 정책을 고수한다. 국가 간 무역과 여행이 감소하고 이주 노동이 중단되며 난민의 이동도 크게 줄었다.

팬데믹으로 인한 국경 폐쇄는 편협한 자국 이기주의 정치에 악용될 가능성을 갖는다. 일부 편협하거나 외국인 혐오 성향 정치 지도자들은 팬데믹으로 시작한 국경 봉쇄를 팬데믹이 끝난 이후에도 계속 시행할 듯하다. 다른 지역 사람들과 뒤섞여 살기에 팬데믹으로 인한 피해가 따른다는 명분을 내세우면서 말이다.[27]

거리 두기
영향

거리 두기는 방역 대책 중에서 가장 강력하고 영향도 가장 컸다. 개인의 일상에 미친 영향도 컸으나 사회경제적 파급력도 지

---

27 말콤 글래드웰 외 『코로나 이후의 세상』 이승연 옮김, 모던아카이브, 2021

대했다. 경제적 충격은 이루 말할 수 없다. 방역 전문가들이 강력한 거리 두기를 주문해도 정부 일각에서 끊임없이 거리 두기 완화를 주장하는 이유는 경제에 미치는 부정적 영향 때문이다. 봉쇄보다 소극적인 거리 두기로도 경제 활동은 위축된다. 필수 업무, 필수 활동이 아닌 경제 활동은 주춤하게 된다. 생계를 위해 거리 두기 실천이 어려운 직종이나 자영업자들은 타격이 불가피했다. 방역과 경제 사이 팽팽한 긴장은 피할 수 없다.

백신 접종이 이루어지면서 마스크 벗기와 거리 두기의 완화가 논의될 무렵 델타 변이 바이러스 확산으로 수도권 중심으로 4차 유행이 시작된다. 하루 천 명 이상의 확진자가 계속 발생하고 수도권을 넘어 지방으로 확산되었다. 수도권에 우선 사회적 거리 두기 4단계를 시행했다. 거리 두기 단계를 설정한 이후 최초의 4단계 시행이었다.

이로써 자영업자의 피해가 가중된다. 유독 자영업자 비율이 높은 우리나라 경우 경제적 피해가 당연히 커졌다. 사회 일각에서는 거리 두기에 의존한 방역 방식을 변경하자는 주장이 나오기 시작한다. 그동안 백신 접종 효과로 고령 환자 발생이 줄면서 치명률도 낮아져 정점을 달리던 3차 유행보다 위협이 덜하다는 것이다. 신규 환자보다는 치명률 기준으로 거리 두기 방식을 전환하자는 주장이다. 이에 따라 거리 두기를 완화하는 위드 코로나with corona 정책을 시도했으나 환자가 급증하면서 다시 이전 거리 두기로 돌아간다.

공공 도서관, 돌봄 기관, 보육 기관, 학교 등이 사회적 거리 두기의 여파로 일정 기간 문을 닫거나 단축 운영되었다. 돌봄, 교육 기관의 중단은 이들이 담당했던 역할의 이전을 전제로 한다. 명확한 대책 없이 진행된 업무 중단은 대부분 개인 또는 가족의 책임으로 떠넘겨졌다.

사회적 거리 두기는 거꾸로 가정 내 밀접도를 증가시키는 효과를 가져온다. 가족 간 친밀성을 증대시키는 효과도 있지만 반대로 가족 간 갈등이 증폭되기도 하였다. 가정 폭력이 증가한다는 보고가 있고 어린이 학대, 노인 학대도 증가했다는 보고들이 나온다. 거리 두기 때문에 어린이 학대 감시가 제대로 이뤄지지 않는다는 지적이 나왔다.

실제 코로나 유행 기간에 어린이 학대 감소 현상은 학대 자체의 감소가 아니라 신고 감소가 원인으로 여겨진다. 개학 연기로 어린이가 집에 머무는 시간은 늘어나는데 교사 등 신고 의무자의 어린이 대면은 어려워 신고 체계가 작동하지 않는 상황이다.[28]

거리 두기의
불평등

『데카메론』은 중세 유럽에 흑사병이라는 역병이 돌자 부유한 젊은이 10명이 피렌체 교외 외딴 저택에 머물면서 이야기를 시작한다. 이들은 거리 두기를 통해 흑사병을 피해 살아남았으나 대다수 가난한 농민들은 역병과 마주해야 했다. 거리 두기의 불평등이 서사의 배경이 된 셈이다. 요즘 부자 나라의 현실 속 부자들은 파국이 올 때를 대비해 뉴질랜드의 저택을 사들이거나 로키산맥에 있는 냉전 시대 핵폭탄 방어용 벙커를 개조한단다.[29] 성공적 거리 두기가 가능한 사람들 이야기이다.

고소득자일수록 사회적 거리 두기를 잘 실천한다. 소득이 낮으면 거

---

28 5월 29일 경남 창녕에서 학대당하던 9세 여아가 집에서 탈출해 이웃에서 발견되고, 6월 1일 천안에서 9세 남아가 좁은 가방에서 심정지 상태로 발견되어 어린이 학대와 코로나 관련 보도들이 나오기 시작

29 슬라보예 지젝 『팬데믹 패닉』 강우성 옮김, 북하우스, 2020

리 두기를 제대로 하기 어렵다. 거리 두기가 모든 사람이 지켜야 할 수칙이 되고 죽음을 유예하는 하나의 방편이지만 누군가는 죽음의 현장으로 내몰리기도 한다. 거리 두기가 강화될수록 가난한 사람들은 바이러스에 의한 죽음과 굶어 죽음 사이에서 한 가지를 선택하는 상황으로 내몰리게도 된다. 이는 코로나바이러스가 모두에게 평등하지 않음을 보여 주는 극명한 사례다.[30]

거리 두기로 업무 수행에 영향을 받는 직군 노동자들은 학력과 소득이 낮고 소득에 비해 유동 자산이 적으며 임차인인 경우가 많고 해고당할 위험이 크다. 거리 두기 부담은 남성보다 여성이 짊어질 가능성이 커 젠더 불평등 우려도 크다.[31]

거리 두기 적용에도 심각한 불평등 문제가 따른다. 4차 유행 때문에 수도권에서는 거리 두기 4단계가 시행되었다. 하지만 사무실과 생산 현장의 집단 감염이 많아도 이를 통제하지 않았다. 유통 서비스 업종의 경우 대자본인 백화점과 소자본인 자영업은 영업 제한에서 차별 적용을 받았다. 백화점과 대형 마트는 오후 10시 영업시간 제한 외에는 규제하지 않으면서 소규모 서비스업은 영업시간 제한뿐만 아니라 인원도 규제했다.[32] 영업 제한은 개인 운영 업종에 집중되어 이들의 피해가 점점 커졌다.

30 박병준 외 『코로나 블루, 철학의 위안』 지식공작소, 2020
31 조상근 「사회적 거리 두기 '고통의 대가'는 누가 치르고 있나」 『프레시안』 2021.1.4
32 임세웅 「'위드 코로나' 시대 "'불평등 방역' 전환해야"」 『매일노동뉴스』 2021.9.3

집회 자유의 제한

집회 자유는 민주 사회의 기본권 중 하나이다. 사회 약자나 소수자에게는 의사 표현을 가능케 하는 중요 권리다. 팬데믹 재난기에 집회는 어디까지 금지 가능한지 그리고 집회 금지의 방역 효과는 어느 정도일지 논란이 따랐다. 집회 금지는 기본권을 제한하는 정책으로 인권 침해 가능성을 내포한다. 어떤 집회는 금지하고 어떤 집회는 용인하는가 하는 형평성 문제도 일었다.

2020년 광복절 집회에 일부 기독교와 보수 단체들이 신고 규모보다 훨씬 많은 인원이 참여하고 마스크도 쓰지 않거나 바닥에서 음식을 나눠 먹는 등의 행위를 벌였다. 나중에 확진자가 수백 명 발생하면서 이를 허가했던 법원 결정이 비난에 직면한 이 사건을 계기로 방역 관련하여 대규모 집회에 대한 부정적 인식이 자리 잡은 듯하고 이후 집회는 엄격하게 제한되었다. 사회적 거리 두기 4단계에서는 1인 시위 외모든 집회가 금지되기도 하였다.

사실 방역 수칙을 철저히 지키고 일정한 간격을 유지하면 집회를 원천 봉쇄할 이유는 없다. '단계적 일상 회복'이라는 위드 코로나가 시행되면서도 유독 집회에 대해서는 엄격하였다. 위드 코로나로 야구장에 1만 명 넘은 관중이 모였고 일부 구역에서는 '치맥'도 허용되었다. 같은 시기 집회는 여전히 99명(접종 완료자만 참여하면 499명)까지만 모일 수 있었다. 스포츠를 관람할 자유는 주어졌으나 의사 표현을 위한 집회 권리는 주어지지 않았다.

2부

방역과
의료 현장의
인권

5장 한국형 방역 모델의 탄생

팬데믹 초기에 중국 다음으로 우리나라에서 환자가 급증하였다. 대구 경북 중심으로 확산된 1차 유행을 빠르게 통제하자 우리나라 방역 시스템에 관한 관심이 증가한다. 우리나라는 코로나 팬데믹을 슬기롭게 넘긴 몇 안 되는 나라에 속한다. 거시적 데이터가 다른 나라에 비해 낫다고 말해준다. 이런 결과는 K방역으로 일컬어지는 방역 활동의 성과와 이에 협조하며 방역에 적극 참여한 시민들의 협조 노력 덕분이었다.

K방역의 실체

1차 유행이 어느 정도 통제되자 우리나라 방역이 성공적이라는 찬사가 쏟아졌다. K방역이라는 용어도 이때 등장한다. 메르스 방역 실패 후 절치부심 결과라고 일컬어지나 이것만으로 전체를 설명하기는 어렵다. 준비가 충분했다고 보기도 어렵다.

K방역으로 지칭되는 우리나라 방역은 검사 Test, 추적 Trace, 치료 Treat 이렇게 3T로 요약된다. 최대한 빨리 그리고 많이 검사해서 환자를 진단하고, 확진자 동선을 추적하여 접촉자를 찾아내 전파 가능성을 조기에 차단함이 핵심이다.

준비가 충분하지 않았으나 대응 속도가 빨랐음은 사실이다. 진단 키트를 빨리 제작 공급했고 다른 나라는 상상도 못 하는 방식으로 그리고 엄청난 속도로 개인정보를 털어냈다. 어떤 이는 K방역의 핵심이 '임기응변'이라고 주장한다.[1]

한편 K방역이 섣부르고 지나치게 과장되었다고 평가하면서 체계적인 성공이라기보다는 천운과 함께 조기 대응, 기술감시체계, 노동자 갈아 넣기, 시민의 대응 등 복합적인 요인에 의지해 겨우겨우 버텼다고도 평가한다.[2] 하지만 그렇게 깎아내리기에는 방역 일선에서 고생한 사람들의 노고가 너무 크다.

드라이브 스루, 워킹 스루와 같이 감염 가능성을 줄이면서도 효율적으로 검사 가능한 방식들을 고안해 활용하고, 입원 병상 부족을 메우기 위해 경증 환자를 위한 '생활 치료 센터'도 도입한다. 코로나 검사를 위한 선별 진료소 운영, 전담 치료 병원, 발열과 호흡기 환자를 일반 환자와 분리하여 진료하는 안심 진료소, 안심 병원 지정 운영 등 다양한 진료 방식이 운용되었다.

시민들의 자발적인 거리 두기 참여는 전파의 속도를 늦추는 데 기여한다. 방역 당국의 치밀한 노력과 시민들의 자발적인 참여 의식은 락

---

1 이재갑, 강양구 『우리는 바이러스와 살아간다』 생각의힘, 2020
2 김수련 외 『포스트코로나 사회』 글항아리, 2020

다운 없이 전파를 어느 정도 억제하는 데 성공한다.

신속한 진단과
동선 추적

　　　　　신속한 진단과 동선 추적은 방역의 핵심 축이었다. 조기에 환자를 찾아내어 격리하고 접촉자들을 추적하여 추가 환자 발생을 예방하려 했다.

우리나라는 팬데믹 초기에 진단 키트를 신속하게 개발, 공급하면서 신종 전염병에 대응하는 체계를 구축한다. 진단 키트가 초기 K방역의 상징으로 떠오르며 제조업체들이 막대한 이윤을 챙긴다. 그러나 이러한 성과는 오롯이 기업 스스로 이루어낸 결과가 아니라 정부의 공적 지원으로 가능한 성과였다. 직접적 재정 지원뿐 아니라 공공기관이 개발한 기술 이전까지 다양한 방식으로 지원했다.

코로나 팬데믹 이후 정부는 유무형의 지원을 통해 진단 키트의 개발과 생산, 수출을 밀어주었다. 그러나 이러한 공적 지원의 조건인 가격의 투명성과 적정성, 연구 개발 성과의 공개, 저소득 국가의 접근성 보장을 위한 노력 등 책임은 기업에 요구하지 않았다.[3] 진단 키트 기업뿐만 아니라 실제 키트를 이용하여 코로나 진단 검사를 시행하는 검사 업체들도 상당한 이윤을 챙기게 된다. 정부가 부담하든 개인이 부담하든 코로나 검사 비용은 상당한데 비용의 적절성에 대해 논의가 이루어진 적은 없다.

환자를 진단하면 다음은 환자의 최근 동선을 추적해 접촉자 가려내

3　시민건강연구소 외 「코로나19 진단키트 산업의 공공성 : 정부와 진단키트 기업이 가져야 할 공적 책무성」 『민중건강운동 브리프 2021-03』 2021.6.22

기가 진행되었다. 이때 다양한 디지털 기술이 동원되고 환자 동선은 마구잡이로 공개되었다. 다음 장에서 이에 대해 자세히 설명하겠지만 이 과정에서 숱한 인권 침해 논란이 일었다. K방역은 세계에서 관심 대상이 된 만큼 논란 대상도 되었다.

코로나 치료
의료 기관

코로나 환자는 일반 병원이 아니라 전담 병원으로 이송된다. 사스와 메르스 유행을 거치면서 이런 유형의 전염병 환자에 대한 대응 방침은 이미 마련되었다. 전담 병원들은 평소 코로나 같은 감염병을 치료하기 위한 격리 병상을 두고 여기 근무하는 의료인들도 많은 훈련을 쌓는다. 아울러 치료 과정에서 의료인들의 전염 위험에 대비해 시설이나 복장 등을 세심하게 갖추어야 한다.

코로나 환자 치료는 주로 공공병원들이 담당하였다. 병원에 코로나 환자가 입원했다는 사실이 알려지면 환자와 주민들이 기피한다. 민간 병원 경우 코로나 환자 입원으로 수익이 줄게 되므로 병원 경영에 타격을 입는다. 때로는 존폐를 걱정해야 하는 상황에도 맞닥뜨린다. 공공병원은 민간병원과 달리 공공 진료에 대한 국가 세금 지원으로 손실을 메운다.

공공병원은 환자 치료를 위해 최선을 다했다. 하지만 환자 발생 규모가 늘면서 공공병원만으로 이를 감당하기가 어려웠다. 몇 차례 대유행 시기 환자가 급증하자 바로 의료 체계에 과부하가 걸린다. 이 상황도 공공병원의 수용 능력 범위 이내일 때만 해결 가능하다. 환자가 공공병원 수용 능력을 넘어설 경우의 대책은 아직이다.

실제 대구 경북의 경우 지역 의료 기관들의 수용 능력을 넘어 다른 지역으로 환자들을 전원했다. 이 시기 전국 의료 기관 중 10% 안팎의 공공병원이 전체 환자의 75%를 맡아서 치료한다. 대구 경북 중심의 1차 유행이 어느 정도 잡히자 정부는 조심스럽게 생활 방역으로 전환을 모색하면서 '비상경제 중대본'을 구성하고 경제 활성화 시동을 걸기 시작한다.

그러나 1차 유행은 시작에 불과했다. 실제 코로나 환자를 진단하고 치료하는 의료 현장이 다가올 대유행을 충분히 대비했다고 장담할 상황은 아니었다. 정부가 근거 없는 낙관에 기댄다는 비판들이 전문가들 사이에서 쏟아져 나왔다.

방역에 성공했다고 바로 의료 체계의 우수성이 인정되지는 않는다. 의료 체계는 짧은 시간 안에 조정하거나 변경하기 어려워서 팬데믹 상황에서는 어떻게든 기존 의료 체계 안에서 대책을 수립해야 했다. 실제 수도권 지역에서 환자가 급증해 이 지역의 수용 능력을 넘어서는 사태가 벌어졌다. 2020년과 2021년의 연말, 수도권 중심으로 유행이 퍼지자 공공병원의 환자 수용 능력이 바닥을 드러낸다. 다른 나라와 비교해 그리 많지 않은 환자 숫자에 바로 의료 붕괴 직전을 경험한다.

공공병원 비율이 유난히 낮은 우리나라 상황은 이런 팬데믹 대응에 아주 취약한 구조적 한계를 드러낸다. 3, 4차 유행이 더 심하게 진전않고 안정을 찾았기에 망정이지 확대되었다면 상상조차 어려운 끔찍한 상황이 벌어졌을 테다.

질병관리청의
역할

　　코로나 팬데믹 대응의 중심 역할을 담당하는 행정부서
는 당시 질병관리본부였다. 2003년 사스 유행 당시 전염병 방역은 국
립보건원 방역과 담당이었다. 사스 유행 이후 체계적인 대응 필요를
절감하면서 2004년 국립보건원이 질병관리본부로 확대 개편되었다.
이후 신종플루, 메르스 유행을 거치면서 전염병 방역의 책임 기관으로
자리를 잡는다.

　　코로나 유행이 시작되자 질병관리본부는 신속하게 움직였다. 대구
경북 지역 중심의 1차 유행 통제에 성공하면서 질병관리본부에 대한
신뢰는 높아졌다.

　　코로나 팬데믹을 겪으면서 질병관리본부의 중요성을 인식한 정부
는 '청'으로의 승격 논의를 활발히 한다. 21대 국회가 개원하면서 질병
관리청 승격에 대한 안이 제시되나 오히려 전체 규모와 인원 감소라는
결과를 낳아 비난이 빗발친다.

　　질병관리본부 산하에 있던 국립보건연구원을 분리하여 보건복지부
산하로 이관하면서 신설하는 국립전염병연구소를 연구원 아래 두는
방안이었다. 상식적으로 국립전염병연구소를 당연히 질병관리청 아래
두는 게 맞아 보였다. 그래서 보건복지부 인사 적체를 해소하기 위해
보건복지부가 빼앗아 갔다는 비난이 일었다.[4] 우여곡절을 겪으면서
질병관리청은 방역의 중추 역할을 담당하는 기관으로 자리매김한다.

---

4 질병관리청은 인사권을 청장이 행사하므로 보건복지부 관료들이 들어가기 쉽지 않기에 정부는 국립
전염병연구소가 백신, 치료제 개발에 관여하고 이를 산업으로 연결하고자 보건복지부 아래 둔다고
해명. 전염병연구소가 백신과 치료제 개발만 하는 곳도 아닌 데다 산업을 고려한다면 차라리 기재부
산하가 낫겠다고 생각함

방역 일선의 중추인
보건소

　　　　　　지방자치단체의 공중보건 방역 체계를 강화하기 위해 시와 도에는 감염병 지원단을 설치하고 시군구 보건소에는 감염병 전문팀을 둔다.[5] 무엇보다 시군구 단위 실행 조직은 보건소다. 현장에서 방역 활동을 관리 조정하는 역할은 보건소 몫이다.

　전국에 256개의 보건소가 있다. 보통 기초지자체당 1개소로 보건소는 평소 다양한 보건 사업들을 담당한다. 당뇨, 고혈압 교육, 치매 예방사업도 하며 결핵이나 식중독 등 전염성 질환도 관리한다. 여러 가지 예방접종도 시행한다. 자살 예방 센터를 운영하기도 한다. 보건증을 발행하기도 하고 일반 진료도 담당한다. 보건 행정의 대부분을 감당한다.[6]

　코로나 팬데믹으로 보건소는 방역의 맨 앞에서 코로나 업무에 집중하게 된다. 코로나와 관련된 일은 거의 모두 보건소를 통한다고 보면 맞다. 방역 관련 지침들이 보건소로 내려오면 자기 지역에 맞게 조정해서 실행한다.

　자체 선별 진료소를 설치해서 운영할 뿐만 아니라 다른 의료 기관에 설치하는 선별 진료소도 감독해야 한다. 코로나 환자가 발생하면 보건소로 신고해야 한다. 전담 병상을 확보해 환자를 이송하는 한편 환자의 동선을 확인해서 접촉자들을 어떻게 관리할지 결정한다.

　환자가 다녀간 장소에 출동하여 소독도 해야 한다. 지역 주민들에게 코로나 관련 알림 문자도 보낸다. 자가 격리자들 지원도 보건소 역할

5　기모란 외 『멀티플 팬데믹』 이매진, 2020
6　팬데믹 시작 후 방역 외 업무들은 지연 축소되거나 중단되기 일쑤

이다. 코로나 백신이 개발되면서 백신 접종도 맡고 있을 뿐 아니라 백신 부작용 관리까지 담당한다.

지금의 보건소 공중보건 대응 체계는 2015년 메르스를 거치면서 자리 잡는다. 메르스 당시 시군구 내에서 하루 확진자 1-2명 나오고 밀접 접촉자는 100명 미만이었다. 코로나 팬데믹은 규모 면에서 비교 불가능하다. 하루 50-100명 가까운 확진자와 밀접 접촉자 수천 명이 나오기도 한다. K방역은 결국 보건소 직원들의 고강도 초과 노동 덕에 겨우 유지되는 셈이다.[7]

시민의 자발적 참여와 협조

자발적 참여의 전제는 방역 당국에 대한 신뢰이며, 정확한 정보 제공이 이를 가능케 한다. 동시에 과학적이고 민주적인 방역 리더십이 중요하다.

감시와 처벌을 무기로 한 권위주의 방식 방역과 신뢰에 기반한 시민 참여의 민주적 방역은 다르다. 우리 방역이 중국처럼 강압에 의존하는 일방적 방역은 아니지만 그렇다고 아주 민주적 방역이라고 보기에도 부족하다.

유럽 평론가들은 우리나라 방역도 전자 감시 체계에 기반한 강압 방식 방역이라고 평가 절하한다. 그렇기에 민주적인 유럽은 한국 방식을 따르기 어렵다고도 한다. 확진자의 동선 추적 과정이 아주 신속하게 진행되지만 정보 보호 등 인권 보호 면에서는 유럽 쪽 비판을 마냥 무

---

7 고정민 「'사람 갈아서' 유지하는 지자체 감염병 대응체계」 청년의사』 2021.6.24

시하기 어렵다.

하지만 정부 지침에 자발적으로 참여하는 시민들 존재가 K방역 성공에 결정적인 역할을 한다는 사실 또한 부정하기 어렵다. 시민 사회 참여도가 높은 민주주의 국가일수록 코로나 사망률이 낮다는 견해도 보인다. 그런 민주 국가에서는 과학적 방역 지침을 잘 따르고, 시민 네트워크를 통해 취약 계층과 연대하며 정부를 효과적으로 감시하고 비판하면서 견제할 가능성도 크다. 우리 일반 시민의 민주주의 역량이 코로나 극복을 위한 관건이기도 하다.[8]

---

8 기모란 외, 같은 책, 2020

6장   동선 추적과 공개 그리고 격리

방역의 최대 화두는 확진자 동선 추적이었다. 첨단 기법을 이용하여 밝혀낸 확진자 동선이 자세히 공개되면서 심각한 인권 침해 논란이 일었다. 한편 자가 격리 지침을 어기는 일탈자에게 전자 팔찌 도입 방안이 제기된다. 확진자와 접촉자에 대한 조치가 범죄자 다루는 방식과 비슷했다. 장애인 시설이나 요양 시설, 의료 기관 등에서 집단 감염이 발생하면 코호트 격리가 실행되어 반발을 샀다.

무차별한 동선 추적

바이러스의 전파를 막으려면 바이러스 경로를 차단해야 한다. 그러나 바이러스는 눈에 안 보인다. 바이러스를 확인 못 하니 바이러스 보균 확진자를 추적해 차단하려 한다. 확진자 동선이 바이러스 경로와 동일시된다. 확진자를 바이러스 그 자체로 취급하여 확진자의 동선을 불온시한다.

확진자 동선과 겹치는 모든 것을 바이러스 전파의 잠재 경로로 간주했다. 전파 차단의 우선 과제는 추적 동선상의 장소와 사람의 소독과 격리다. K방역은 확진자 개인 동선을 치밀하게 추적해 접촉자를 조기에 검사하고 격리하여 전파를 차단하는 방식에 기초하였다.

접촉자의 동선 추적 방식은 무차별하다. 동원 가능한 모든 정보를 다 수집한다. 법률로도 보장하는 터라 당사자 동의는 사실 불필요하다. 확진자의 카드 사용 내역과 휴대전화 통화 내역, CCTV 등 모든 정보가 수집된다. 이렇게 모은 정보를 토대로 접촉한 사람이나 동선이 겹치는 사람을 추적해 낸다.

한 단계 더 나아가 이런 정보를 단시간에 수집 가능한 시스템이 개발되어 활용되기도 한다. 국토교통부가 개발한 '코로나19 역학 조사 지원시스템'은 복잡한 역학 조사 절차를 자동화해 10분이면 필요한 정보 수집을 마친다. 이전에는 방역 당국에서 역학 조사를 위해 카드사나 통신사에 유선이나 공문으로 일일이 자료를 요청했으나 이 프로그램을 이용하면 실시간 자료 접근이 가능하다. 방역의 이름으로 개인정보 접근이 너무 쉽다는 지적에도 대책은 제시되지 않았다. 이런 기술 개발은 다른 분야에서 다른 목적으로 얼마든지 전용되지 않겠는가.

코로나 확산이 시작되자 감염병예방법, 의료법, 검역법 등 코로나 관련 법안 개정이 이루어진다. 감염병예방법에는 '감염병 의심자'의 정의가 추가되는데 격리 거부 의심자도 형사처벌이 가능해졌다. 이태원 클럽에서 집단 감염이 발생하였을 때 방역 당국과 서울시가 클럽 주변 기지국 접속자 중 30분 이상 체류한 사람 1만여 명의 통신 정보

를 확보한 근거도 그들을 감염병 의심자로 분류하였기 때문이다.[9]

어떤 장소를 방문할 때 만약의 경우 방문자 추적을 위해 방문 시간과 휴대전화 번호를 적도록 하는 경우가 많았다. 개인정보 노출 논란이 일자 QR코드로 대체하거나 특정 번호로 전화를 걸면 자동으로 방문 내역이 저장되는 방식도 도입한다.

우리나라 동선 추적 방식은 선진국의 비판을 받았다. 개인 정보가 너무 쉽게 무차별로 활용된다는 사실이 비판의 주요 지점이었다. 선진국 전문가들은 한국의 K방역은 칭찬하나 심각한 사생활 침해인 동선 추적 방식은 따르지 않는다는 입장이다. 기술 측면보다 인권 침해 소지가 너무 크기 때문이다. 동선 추적 방식이 먼저 비판받았고 이 동선이 무차별 공개되자 비판이 심해진다.

유럽 언론은 팬데믹 초기 동아시아 방역 정책에 대해 대체로 비판 입장을 견지했다. 독일에서 활동하는 철학자 한병철[10]도 비슷한 입장을 표명한다. 그는 한국 등 동아시아 국가들이 방역에는 성공 결과를 내도 디지털 기술을 통해 개인을 감시하고 통제하는 '디지털 바이러스'에는 취약하다고 주장한다. 디지털 감시에 대한 비판 의식과 개인주의는 부재하고 권위에 대한 순응이 지배하는 디스토피아로 규정하기도 한다.[11]

반면 지젝은 방역을 위한 거리 두기와 정보 공개를 옹호한다. 최소한 공공의 안전이라는 '선한 이유'로 통제가 필요하다면서 통제가 두렵다면 그거야말로 허황된 두려움이라고 말한다.[12]

---

9 이문영 「'거리 두어진 사람들'의 비명 "우리의 위험은 불평등하다"」 『한겨레』 2020.10.17

10 국내에는 『피로사회』(문학과지성사, 2012)로 잘 알려짐

11 Byeung Chul Han, "The Viral Emergency(e/y) and the World of Tomorrow", 『*Pianola Con Livre Alvedrio*』 2020.3.29

12 슬라보예 지젝, 이택광 『포스트 코로나 뉴노멀』 비전CNF, 2020

영국의 역사학자 니얼 퍼거슨Niall Ferguson은 다른 관점을 제시한다. 2003년 사스를 경험했던 동아시아 국가들은 코로나 계열 바이러스의 위험성을 충분히 인지하여 초기부터 강력하게 대응했지만 유럽과 미국은 단지 2009년 신종인플루엔자 정도 위험성을 고려했기에 대응이 느슨했다고 진단한다.[13] 사스에 이어 메르스까지 경험한 한국은 훨씬 더 강력하게 대응해야만 했다.

전염병으로 인한 추가 전파를 막기 위해 동선 추적의 당위성과 필요는 인정해야겠다. 하지만 과도한 디지털 감시가 가져올 폐해에 대한 경계와 경각심 또한 필요하다. 방역에 적용된 디지털 감시 기법을 다른 목적과 용도로 전용할 가능성은 늘 존재한다. 권위주의 정부일수록 이 유혹을 느낄 가능성이 크다.

동선 공개와
인권 침해

환자의 동선 조사를 위해 개인 신상을 탈탈 털어내고 이렇게 수집된 정보들이 인터넷이나 문자 메시지를 통해 불특정 다수에게 무차별 공개되었다. 동선 추적보다 더 무서운 것이 동선 공개였다. 팬데믹 초기에는 확진자의 동선이 시간 순으로 공개되었다. 이름이 공개되지 않아도 주변 사람들은 모두 누군지 알 만했다. 개인 생활이 동선 공개라는 명목으로 낱낱이 드러나 심각한 인권 침해 논란이 일었다. 개인을 특정하지 않는 정보라고는 하지만 불필요한 항목 배포는 과잉조치였다.

---

13 말콤 글래드웰 외 『코로나 이후의 세상』 이승연 옮김, 모던아카이브, 2021

성별, 나이, 국적 들은 방역에 직접 도움이 되는 요소가 아님에도 공개되었다. 방문 장소의 경우 추가 접촉자가 없으면 불필요한데도 공개되었다. 개인 동선은 여러 사람의 입방아에 오르기도 했다. 어떤 경우 불륜이 의심되는 동선이라는 얘기들로 다른 사람의 호기심을 자극하기도 했다. 지독하다 싶은 동선 추적과 정보 공개를 '투명성'이라는 이름으로 정당화했다. 이러한 과정 덕에 락다운을 피했다는 주장은 정당하지 않다.

접촉자가 다녀갔다고 공지된 업소나 장소도 마찬가지로 초토화되었다. 적절성을 따지지 않은 무차별 공개로 어떤 업소들은 폐업하거나 큰 피해를 입었다. 접촉자 확인을 마쳐 추가 방문자 추적이 안 필요한데 무작정 공개되기도 하고, 한번 공개된 상호가 기한 없이 인터넷을 타고 떠돌았다. 개인에 대한 낙인뿐 아니라 장소에 대한 낙인도 공포스럽기는 마찬가지다.

이처럼 동선 공개의 맹목성은 메르스 유행 때의 아픈 경험에 기인한다. 사스나 메르스 유행 때만 해도 방역 당국이 접촉자나 동선, 전담 치료 기관에 대해 상세하게 설명하지 않았다. 사스 때는 전파가 확산되지 않아 문제가 아니었으나 메르스 유행 때는 조기 통제를 못 해 확대되면서 정보 갈증이 증가한다. 이런 분위기에서 방역 당국이 정확한 정보를 제공하지 않고 오히려 축소 은폐한다는 인상이 깊어지면서 당국에 대한 불신이 팽배했다.

이후 전염병 관련 법령을 정비하여 정보 공개의 법적 근거를 마련한다. 당연히 공개에 방점이 찍힌다. 코로나 팬데믹이 진행되면서 확진자 동선은 공개 자체가 목적이 되어버린다. 공개 기간에 대한 언급도 초기에는 없었다. 코로나 감염보다 동선 공개가 더 무서울 지경이다.

이에 대해 인권단체, 국가인권위원회의 문제 제기가 계속되고 이를 반영하여 동선 공개 방식이 일부 개선된다. 방역에 직접 필요하지 않은 정보는 공개하지 않고, 여러 사람의 동선을 혼합하여 개인을 특정하기 어렵게 개선하고 공개 기간도 설정하였다.

동선 추적과 공개가 K방역 성공 요인 중 하나라지만 비판이 많았던 사안이기도 하다. 인권 침해 소지가 다분한 이 방식이 한국 사회에서 큰 저항 없이 받아들여졌다. 오히려 이런 추적과 신상 공개에 동조하는 분위기가 컸다. 동선을 숨겼다가 전파를 조장한 사람은 공공의 지탄을 감내해야 했다. 고발 구속되는 사람도 있었다. 확진자의 동선은 이제 사생활이 될 수 없었다. 현대의 첨단 기법은 내가 숨겨도 나의 동선을 다 찾아낼 수 있다.

그런데 유행이 확산되면서 바로 내가 확진자가 될 가능성, 내 업소가 확진자 동선에 포함될 가능성을 자각한다. 다른 사람을 향하던 손가락이 자신을 향할 때 그 무서움을 새삼 깨닫게 된다.

동선 공개 땐 방역에 필요한 최소 정보를 최단 기간 유포해야 한다. 정해진 기간이 지나면 이를 비공개 처리하고 유행이 지나면 완전히 폐기해야 한다. 방역 당국은 개인 정보 처리 해법을 제대로 제시하지 못한 채 한동안 갈팡질팡했다.

전자 팔찌의 도입과
감시 사회

동선 추적 과정에서 확인된 밀접 접촉자는 자가 격리 대상이 된다. 핸드폰에 위치 추적 앱을 설치하여 본인 위치를 관리자에게 발신해야 한다. 자가 격리자가 많다 보니 일탈자가 나오게 마련이고 격리 지침을 어기는 사람들이 나타난다. 이를 방지하기 위해 전자 팔찌 도입 방안이 제기된다.

전자 팔찌는 홍콩에서 처음 적용하는데 입국자에 한하여 14일 의무 격리 기간 전자 팔찌를 착용한다. 전자 팔찌는 성범죄자에게 채우는 추적용 수단이다. 극소수 일탈자들 때문에 전체 격리자를 범죄자로 간주하는 꼴이었다. 처음에는 모든 격리자에게 전자 팔찌를 채우는 방안이 검토되나 반발이 일자 격리 위반자에 한정한다. '안심 밴드'로 이름을 바꾸고 동의자에게만 적용한다고 후퇴하였으나 완전히 철회하지는 않는다.

팬데믹은 감시 사회의 도래를 실감케 했다. 공익을 위한다는 명목으로 평상시엔 상상도 어려운 여러 정책이 시행되었다. 동선 추적이나 동선 공개, 격리 과정에서 드러난 문제들은 분명 인권 논란에서 자유롭기 어렵다. 우리 문제만은 아니다. 어느 나라에서든 다양한 인권 침해 논란이 야기되었다. 중국에서는 드론을 이용하여 안면 마스크를 착용하지 않은 사람을 수색하고 찾아내면 드론에 내장된 스피커로 경고 방송을 한단다. 유럽 여러 국가도 동선 추적을 위해 주요 통신사들이 보내는 데이터를 이용한다. 이스라엘에서는 확진자들의 전화 기록에 국가안보국이 접근 가능하단다.[14]

그러나 한국처럼 아주 철저하게 신상을 털어내는 곳은 없었지 싶다. 코로나 팬데믹 상황에서 확진자와 접촉자의 추적과 격리 조치는 범죄자를 다루는 방식과 차이가 없어 보인다. 오히려 더 신속하고 더 제한 없는 듯하다.

---

14 황성아 외 『코로나 팬데믹과 한국의 길』 창비, 2021

자가 격리와
재택 치료

확진자와 접촉해 코로나 전염 위험이 있으면 자가 격리 조치가 취해진다. 자가 격리는 전적으로 자신이 격리를 책임져야 한다. 일정 기간 자기 집에서 다른 사람과 접촉 없이 지내야 한다. 그 기간 본인이 환자로 진단되거나 추가로 다른 사람에게 전파할 수도 있기 때문이다. 그러나 거주지 조건에 따라 자가 격리 상황이 달라진다. 집이 충분히 넓고 화장실도 따로라면 시간 보내기가 훨씬 수월하다. 여러 식구가 좁은 집에서 지내야 하면 격리 기간 다른 가족과 빈번한 접촉을 피하기 어렵다.

격리자가 누군가를 돌봐야 하거나 반대로 돌봄을 받아야 하는 상황이라면 다른 사람과의 접촉은 불가피하다. 어린이집이 문을 닫아 자녀를 돌봐야 하거나, 주간 보호 센터가 문을 닫아 집에서 지내는 노인을 돌봐야 하거나, 중증 장애인이 격리되는 경우 들이 해당한다.

환자가 증가하자 환자 재택 치료가 본격 도입되면서 접촉자 자가 격리와 비슷한 문제가 제기된다. 가족이 아직 환자가 아니나 밀접 접촉자로 분류되어 같이 격리당하면 격리 기간 중 감염될 우려도 크다. 주거 취약 계층은 자가 격리 또는 재택 치료 여건을 제대로 갖추기 쉽지 않음에도 다른 대안이 제시되지 않았다.

코호트 격리
문제

시설에서 코로나 환자가 발생하면 개인을 따로 격리하지 않고 시설 전체 또는 일정 구역을 격리했다. 코호트 격리라는 이름으로 시설 봉쇄가 이루어졌다. 팬데믹 과정에서 코호트 격리 문제가 처음 불거진 것은 정신장애인이 수용된 청도 대남병원이다.

밀폐된 환경에서 같이 생활하는 정신병원에서 확진자가 발생하자 확진자, 비확진자 구분 없이 바로 그 병원에 코호트 격리를 실행한다. '동일 집단 격리'라는 원칙에 비춰볼 때 엄격한 의미에서는 코호트 격리도 아니었다. 여기서 코로나 첫 사망자가 나온다. 연이어 사망자가 발생하고 대부분 입원 환자가 코로나 진단을 받는 상황으로 확대된다. 코호트 격리가 상황을 악화시킴을 입증하는 명백한 사례다.

팬데믹 기간 코호트 격리는 수시로 등장한다. 대개는 기존 시설에서 감염자가 발생할 경우 코호트 격리를 적용했다. 원칙은 확진자와 접촉자를 구분하여 다른 공간으로 이송하여 관리해야 함에도 여러 제약 때문에 코호트 격리를 적용했다. 이 대처 방식이 가장 간단하고 편리하기 때문이다.

장애인 시설에서 환자가 나오면 대개 코호트 격리가 적용되었다. 요양원이나 요양병원에서 환자가 발생해도 코호트 격리가 종종 적용되었다. 감염 환자가 발생하면 일단 치료 병원으로 이송하고 비감염 접촉자는 요양 시설에 그대로 두고 보는 경우는 그래도 나은 편이었다.

수도권 지역에서 환자가 급증했을 때 치료 병상이 절대로 부족하여 환자를 제대로 수용 못 할 상황에 이르자 요양병원도 병원이라는 이유로 요양병원 확진자는 이송 후순위로 밀리게 된다. 환자와 접촉자를 구분하지 않고 병원 건물에 통째로 격리한 결과는 참담했다.

7장 코로나 치료의 마지막 보루 공공병원

코로나 환자 치료는 지방 의료원 중심 공공병원들에서 주로 이루어졌다. 전체 의료 기관 중 10%인 공공병원이 코로나 환자 80%를 맡았다. 우리나라 의료 서비스 공급 체계는 민간병원 의존형이다. 민간병원은 의료의 공공성보다 수익성에 치우칠 수밖에 없다. 팬데믹은 공공병원의 중요성을 일깨웠다. 공공병원 설립을 위한 시민운동도 활발하다.

팬데믹 시기
공공병원의 역할

코로나 진료와 치료의 최전선을 담당한 건 공공병원들이다. 사스, 메르스, 코로나를 거치면서 전염병 관리에서 공공병원의 역할이 더더욱 확고해졌다. 국립중앙의료원과 지방의료원 들이 일반 환자 입원을 중단하고 코로나 환자 치료에 전념하였다. 민간병원이 코로나 환자를 맡아 치료한 경우는 전체 민간병원 규모로 보자면 극히 일부다. 담당했던 코로나 환자 수를 비교하면 공공병원이 절대 많다. 2021년 7월까지 자료에 따르면 전체 의료 기관 중 10% 병상의 공공병원이 코로나 환자 80%를 진료했다.[15]

코로나 관련해 의료 기관들은 다양한 업무를 수행했다. 코로나 치료 전담 병원, 선별 진료소, 안심 병원, 호흡기 전담 클리닉, 코로나 백신 위탁 접종 기관, 재택 치료 기관 등이 있다. 의료 기관은 아니나 경증 환자 격리를 위해 생활 치료 센터가 개설되는데 이곳도 의료인들이 관리하는 준 의료 기관 역할을 맡았다.

코로나 환자 치료를 위해서는 음압 격리 병상이 필요하다. 사스 유행 당시에는 음압 격리 병상이라는 개념조차 생소하였다. 신종플루와 메르스를 겪으면서 호흡기 전염병에 대비하여 음압 격리 병상의 필요성을 절감하고 이를 준비하기 시작한다. 국가 지정 격리 병상은 200개, 음압 격리 병상은 전국에 1,300여 개 정도를 마련한다. 그러나 코로나 팬데믹은 이를 가볍게 뛰어넘어 버렸다. 환자 수가 어느 정도 조절될 때는 이 정도 병상으로도 중환자 관리가 가능했으나 환자가 폭증하는 대유행기에는 역부족이었다. 사실 이후 대책은 준비되지 않았다.

팬데믹 초기 대구 경북 중심의 1차 유행기에 이 지역 국가 지정 격리 병상은 25개뿐이었다. 당시 유행에 대응하지 못함은 너무 당연하다. 나중에야 다른 대형병원들이 코로나 전담 병원으로 지정되어 코로나 환자 진료에 참여한다.[16] 지정은 했으나 준비된 상황이 아니어서

---

15 우석균 「공공의료가 죽어간다 생명이 죽어간다」『한겨레21』 2021.12.10
16 대구 경북 지역에 무려 4만 병상이 있었으나 실제 코로나 환자 진료에는 1천 개 정도 공공 병상만 쓰임. 병상 부족으로 다른 지역 이송 상황에도 사립 병원들은 병상을 내놓지 않음

극심한 혼란이 따랐다.

3-4차 유행기에는 수도권 지역에서 환자가 급증하지만 동원할 병상이 부족하여 환자들이 방치되고 사망자 수가 급격하게 증가한다. 이때는 이미 지역 감염이 광범위하게 퍼졌고 요양 시설 고령자 감염도 증가하여 기존의 격리 병상으로는 역부족이었다. 상황이 악화되자 2020년 12월에 사립 대형병원 병상의 1%를 코로나 진료에 쓰도록 하고, 2021년 12월에는 200병상 이상의 모든 종합병원을 코로나 진료에 동원한다.[17]

2021년 11월 백신 접종률을 믿고 시작한 위드 코로나 정책으로 인해 코로나 환자가 급증하면서 환자 수용 병상 부족에 직면한다. 2년 가까이 코로나 진료를 전담해 온 공공병원은 이미 한계에 도달한 상황이었고 민간병원의 병상 동원은 더뎠다. 환자들은 재택 치료라는 이름으로 집에서 지내야 했고 집에서 지내기 어렵거나 증상이 심한 경우 생활 치료 센터나 전담 병원으로 입원해야 하나 병상 부족으로 여의치 않았다. 병상 대기자는 점점 늘어갔고 대기 중 사망자도 나왔다. 전담 병원에 입원 중 상태가 악화되어 중환자 치료가 필요한 경우 중환자 전담 병원으로 전원도 어려워졌다.

의료 붕괴가 현실로 닥쳤다. 공공병원 확충을 게을리한 결과였고 코로나 환자 병상 준비를 제대로 못한 혹독한 대가였다. 일부 언론들은 2년 가까이 코로나 진료를 전담해 온 공공병원들이 코로나 병상을 더 내놓지 않는다고 비난 보도를 내기도 했다. 병상이 많고 중환자 치료 역량을 갖춘 민간 대형병원들은 최소의 병상만을 억지로 내놓고 수수

---

17 실제 심각한 병상 부족을 경험하면서 코로나 병상 준비 요구가 높았으나 정부는 제대로 준비 못 함. 백신 접종률이 증가하자 정부는 2021년 11월 위드 코로나 정책을 시작, 곧바로 환자 급증과 병상 부족에 직면

방관하였다.

민간병원이 코로나 같은 전염병 환자 진료 참여를 꺼리는 이유는 수익 때문이다. 음압 병동 설치와 운영은 수익성이 매우 낮다. 음압 병동은 환자가 없는 평소에는 비워 놓아야 한다. 같은 공간을 일반 병상으로 이용하면 매출이 오르는데 굳이 음압 병동을 설치할 이유가 크지 않다. 평소에도 전염병 환자 진료를 준비하고 훈련을 해야 하는데 이것도 번거롭고 비용이 든다. 그리고 실제 음압 병동을 운영하여 코로나 환자 진료를 한다고 소문나면 다른 일반 환자들이 전염 우려 때문에 대거 빠져나가 수익에 큰 지장을 초래하니 매출에 영향을 받는다.

그래서 민간병원은 가능한 메르스 코로나 같은 전염병 환자 진료를 기피해 왔다. 메르스 환자를 처음 진단하였으나 전파의 온상으로 지목받았던 삼성서울병원의 경우 초대형 병원임에도 불구하고 당시 변변한 음압 병동이 없었다. 그래서 나중에는 자기 병원에서 발생한 메르스 환자를 공공병원으로 이송하기도 하였다.

이런 현실 한계를 인정하더라도 팬데믹 같은 대규모 재난 상황에서는 일정 정도 역할을 수행함이 의료 기관의 책임이다.

공공병원의
현실

우리나라에서 공공병원이 차지하는 비율은 병원 수로는 5-6%, 병상 기준으로는 10% 정도이다. OECD 국가 중 최하위이다. OECD 국가 평균은 73% 정도이다. 유럽 주요 국가의 공공병원 비중은 우리보다 훨씬 높다. 병상 수 기준으로 영국 96%, 이탈리아 73%, 프랑스 65%, 독일 47% 정도이다. 미국과 일본도 25-30% 수준이다. 이런 정도의 공공병원을 유지하면서도 환자 수 자체가 늘어나자 의료 붕괴를 피하지 못했다. 반면 우리나라가 인구당 병상 수는 가장 많다. OECD 국가 평균의 2.6배나 된다. 대부분 민간병원 병상이라는 의미이다.[18]

1970년대에는 우리나라도 공공병원 병상이 40% 이상을 차지했었다. 병상 자체가 많지 않던 시절이었다. 전 국민 건강보험이 시작되면서 병원 문턱이 낮아지고 병상 수요가 급증하는데 이에 부응하여 병상이 증가하지만 대부분 민간병원 병상이었다.[19] 공공병원에 대한 투자는 정체되었다. 재벌들이 병원 사업에 뛰어들면서 초대형 병원인 아산병원과 삼성병원이 설립되었고, 사립 대학병원들도 병상을 키워나갔다. 1990년대부터 30여 년 동안 병상이 6배 정도 늘어났다. 사립병원이 증가하면서 전체 병상 수는 과포화 상태에 이른다.

사스, 메르스 등 전염병 유행 시기마다 공공병원 역할이 부각된다. 한편으로 공공병원의 열악한 현실이 수면 위로 오르기는 하나 지나고 나면 잠잠해진다. 평소에 본인 진료를 위해 일부러 공공병원을 찾는 사람도 많지 않고 공공병원에 대해 신뢰를 보내는 사람도 흔치 않다. 공공병원의 확대 강화는 사회 일부 공공성 주창론자들의 공허한 메아리에 불과했다.

메르스 유행 시기 지금처럼 공공병원이 전담 병원 역할을 담당하나 환자 수도 훨씬 적고 유행 기간도 길지 않아 공공병원이 크게 관심을 받지는 못했다. 코로나 팬데믹에는 긴 시간 공공병원이 중요한 역할을 담당하면서 그나마 우리나라 공공병원의 현실이 부각되기도 하였다.

---

18 우리나라 급성기 병상은 인구 1,000명당 7.1개로 OECD 회원국 평균 3.7개보다 두 배 가까움

19 우리나라 민간병원 병상은 1960년대까지는 50% 이하, 의료 보험이 시작되는 1977년 무렵 62.6%, 1985년 80%를 넘어 현재 90%

무엇보다 코로나 환자가 늘면서 공공병원의 부재를 몸으로 느끼게 되었다. 정치인, 공무원뿐만 아니라 국민도 공공병원의 필요성을 인식하게 되는 계기로 작용한다.

팬데믹을 거치면서 공공의료 서비스를 중심으로 의료 서비스 확대가 절실함을 느낀다. 공공의료에 대한 투자 감소는 팬데믹에 대한 대응력을 전반적으로 감소시킨다. 공적 투자 감소는 단지 의료에 국한되지 않고 복지와 돌봄 분야에서도 동일하게 작용한다.

진주의료원 폐쇄와
재개원 논의

코로나 팬데믹 초입인 2020년 1월부터 '서부경남 공공의료 확충 공론화 준비위원회'가 열렸다. 홍준표 도지사가 폐쇄해 버린 진주의료원을 대신하는 공공병원 설립에 대해 도민들이 참여하여 공론화 방식으로 다시 의사 결정하기 위해 준비하는 게 임무였다. 진주의료원은 1910년 일제강점기 때 세워진 진주 자혜의원에 뿌리를 둔다. 100년 이상 유지되어온 대표적인 공공병원이었으나 2013년 당시 홍준표 경남도지사가 수익성 악화, 귀족 노조 등의 이유로 병원을 폐쇄하여 전국적으로 이슈화했다.

진주의료원 폐쇄로 경상남도 지방의료원은 마산의료원뿐이다. 공론화위원회가 개최되는 동안 코로나가 확산되는 상황이었다. 진주의료원 폐쇄로 서부 경남 지역 주민은 곤란을 겪게 된다. 코로나 환자를 입원시킬 마땅한 병상이 없어 진주 인근 환자들이 마산의료원까지 실려 갔다. 다른 지역에서는 공공병원이 주로 맡았던 업무들을 민간병원이 맡아야 했기에 민간병원들도 힘들고 아쉽기는 마찬가지였다. 폐쇄된 진주의료원을 아쉬워하는 분위기가 역력했다.[20] 결국 공론화위원회를 통해 공공병원을 재개원하기로 의견을 모으게 된다.

공공병원
설립 운동

전에도 그랬듯이 전염병이 돌면 맨 앞에서 복무하는 공공병원의 역할에 찬사를 보내며 중요성에 공감하지만 지나고 나면 잠잠하다. 이번에는 뭔가 달라질지 아직 미지수다. 정부는 공공병원 확대에 방점을 두었지만[21] 팬데믹이 끝나도 굳건한 정책 의지를 유지할지 모를 일이다.

충분한 공공병원 확보는 시민 건강을 지키는 데 중요한 인권 항목으로 자리매김했다. 이제 시민의 역할이 중요하다. 많은 사람이 코로나 팬데믹 과정을 거치면서 공공병원의 역할과 중요성을 깨달았다고 한다. 평소에는 존재감이 미비하지만 중요한 순간에 보인 공공병원 인력의 헌신과 열정이 확대 강화에 대한 공감을 이끌어냈다. 그동안 산발적으로 진행된 민간 주도 공공병원 설립 운동에도 탄력이 붙었다.

시민 발의에 의한 조례제정을 통해 성남의료원 설립을 이끌어 낸 경험을 바탕으로 여러 지역에서 시민들이 공공병원 설립을 위한 시민운동을 동시에 벌인다. 대전과 울산 지역은 오랫동안 공공병원 논의가 이어져 왔다. 부산 인천 대구 광주 부천 등에서도 지방의료원 설립을 위한 다양한 논의들이 시작되었다.

---

20 당시 경남의사회는 공공병원의 역할과 기능을 민간병원이 대신하므로 굳이 공공병원이 필요치 않고 혹 설립하더라도 민간병원과 겹치지 않는 최소 규모여야 한다고 입장 밝힘

21 정부도 2021년 6월 3일 '제2차 공공보건 기본계획'을 통해 현재 공공병원 없는 곳들에 공공병원 20개소 이상 신축이나 증축을 발표

취약 계층
진료 공백

코로나 진료에 병상이 동원되면서 공공병원의 일반 진료는 사실상 마비되다시피 했다. 코로나 환자가 급증하면서 코로나 병상 부족이 현실화되자 일부에서는 공공병원 병상을 더 비우라고 압력을 가한다. 이미 공공병원의 병상은 충분히 동원된 상황이었다. 공공병원의 일상 진료는 전면 중단 상태로 넘어갔다.

공공병원들이 코로나 진료에 매달리면서 일상 진료에 공백이 생기는 건 불가피했다. 평소 공공병원을 이용하던 취약 계층은 진료에 어려움을 겪는다. 새로운 사각지대가 발생한 셈이다. 에이즈HIV 환자나 노숙인 등 평소 공공병원 이용이 많은 환자의 의료 공백도 확대되었다. 다른 상급병원이나 민간병원을 이용하려면 비용 부담이 커지므로 진료를 포기하는 경우들도 나타났다.

외국의
공공병원

공공병원이 우리보다 많은 유럽 선진국들의 코로나 의료 붕괴를 목격하면서 공공병원 역할을 과소평가하는 소리도 들린다. 의료 기관은 이미 발생한 환자를 치료하는 역할을 한다. 환자 발생 억제는 방역이 맡는다. 유럽 선진국들이 하루 수만 명 환자 발생으로 패닉에 빠지는 걸 보면서 공공병원이 많아도 그렇냐고 말해서는 안 된다. 만약 우리나라에서 같은 규모로 환자가 발생한다면 말 그대로 재앙이다.

국립보건서비스National Health Service, NHS 제도를 운영하는 영국은 병상 대부분을 국가가 직접 운영한다. 사립병원은 소수이고 중환자실은 거의 운영하지 않는다. 코로나 대응은 전적으로 NHS가 담당해왔다. 사립병원들은 코로나에 대응할 역량을 갖추지 못하였다. 이탈리아에서도 NHS가 기본이며 NHS 병원들은 대부분 의료 서비스를 무료로 제공한다. 당연히 코로나 대응도 이들 병원을 중심으로 이루어진다.

금융 위기 이후 이들 나라에서 신자유주의가 더욱 득세하면서 공공병원에 대한 공적 투자가 대폭 감소한다. 공공병원 수도 감소하고 인력도 감축한다. 민간병원들은 증가하나 수익성이 낮은 응급의료나 중환자 의료는 늘지 않는다. 팬데믹 초기 타격을 받았던 이탈리아 롬바르디아 주의 경우 58개 공공병원 중 40곳이 응급실, 42곳이 중환자실을 운영한 반면 66개 공영형 사립병원 중 단 17곳만이 응급실을 13곳만이 중환자실을 운영하였다.[22]

유럽 국가들의 공공병원 투자 감소는 그만큼 팬데믹 대응력을 떨어뜨렸다. 스페인 정부는 코로나 환자 급증으로 의료 붕괴에 직면하자 모든 민간 의료 시설을 단번에 국유화한다. 팬데믹 대응에서 공공병원 역할이 그만큼 중요했음을 시사한다.

---

22 김명희 「왜 덩치 큰 민간병원 대신 '최약체' 공공병원이 뛰어야 할까」 『시사IN』 2021.12.17

8장 팬데믹과 의료 인력의 고난

묵묵히 현장을 지키는 사람들에 의해 코로나 방역과 진료가 지탱된다. 방역 전선에서 일차로 팬데믹을 감당한 곳은 보건소이다. 보건소 업무는 살인적인 수준이었다. 공공병원 의료 노동자의 과로도 이어졌다. 인력 부족도 문제였다. '코로나 의료진'에는 낙인과 차별도 따랐다. 모두에게 고통스러운 팬데믹이었지만 방역과 진료 현장을 지켰던 사람들에게는 또 다른 의미의 고통으로 다가선다.

극한 상황에 내몰린
보건소 직원들

지역에서 코로나 관련 업무를 총괄하는 곳은 보건소다. 거의 모든 업무가 보건소를 통해 이루어진다고 해도 과언이 아니다. 그만큼 업무량은 증가하는데 인력은 비례해 늘지 않는다. 당연히 기존 직원의 업무 부하가 증가한다. 코로나 방역의 주역인 보건소 직원들은 한 달에 100시간, 200시간 초과 근무자가 허다하다. 근로기준법이 아닌 공무원법 적용을 받는 공무원들의 업무 부하가 더 크게 늘었다.

2021년 5월 27일 부산의 한 보건소에서 코로나 코호트 격리 업무를 담당하던 서른셋 나이 간호공무원이 극단적 선택을 했다. 과도한 업무가 원인으로 추정되었다. 이 간호사는 사망 전 본업이던 정신 건강 업무 외에 선별 진료소, 백신 접종, 역학 조사, 코호트 병원 관리 등 다양한 코로나 관련 업무를 맡았다고 한다.

레벨D 방호복을 입고 선별 진료소에서 검체를 채취하고 역학 조사를 나가고 요양 기관, 요양 시설 점검을 나가기도 한다. 백신 접종도 하고 이상 반응 확인도 해야 한다. 코호트 격리 사례가 생기면 매일 검체 채취하러 가고, 중간중간 방역을 한 영업장이나 의료 기관에 대한 손실 보상 청구 업무도 한다. 보건소 간호사가 밝힌 업무 내용 사례다.

기존 보건소 업무도 처리해야 한다. 백신 접종이 시작되면서는 백신 관련 부작용에 대한 온갖 상담도 처리해야 한다. 주7일 근무, 일찍 출근하고 늦게 퇴근하는 게 일상이 되어 버렸다. 온갖 민원에 시달려야 하는 건 덤이다. 보건소 간호사 가운데 절반 이상이 비정규직이다.[23] 비정규직은 시간 외 근무를 못 하니 나머지 일들을 정규직 간호사들이 떠안아 버티는 실정이다. 2020년 보건소 간호사 중 468명이 사직하고 1,737명이 휴직했다.[24]

업무 과부하는 정신 건강에 적신호로 나타난다. 코로나 팬데믹 기간 보건소 직원들 상태는 일반인에 비해 우울 불안 극단적 선택 생각 비

---

23 현행 지역보건법에 보건소 간호사 정원 기준이 명시되었기에 편법으로 비정규직 고용 증가
24 박소영 「"1인 10역 하느라 주7일 근무" 보건소 간호사들의 눈물」『한국일보』 2021.7.30

율이 높다. 결국 삶의 질 저하로 이어진다.[25]

방역 요원들의
활동

방역 일선에서는 방역 요원들의 활동이 중요하다. 방역 요원에는 현장에서 동선을 추적하는 조사 요원이 있고, 자료들을 수집하여 행정 지원을 담당하는 인력도 있다. 이들은 코로나 환자가 발생하면 동선을 추적해서 접촉자들을 확인하고 능동 감시, 자가 격리 등 조치를 취한다. 코로나 환자가 증가하면서 업무가 폭증하지만 인력 충원은 어려웠다. 팬데믹 장기화로 방역 인력이 과로에 시달린다.

역학 조사관 과정을 이수하려면 시간이 필요하나 코로나 환자가 폭증하면서 제대로 교육을 받은 조사 요원을 구하기 어려워 단기간 교육 후 실무에 투입하게 된다. 조사 과정의 미숙련이 문제되기도 하지만 이마저 인력이 부족하여 조사 요원들은 과중한 업무에 시달린다. 지자체로 갈수록 업무 환경은 더 열악한 상황이다.

평상시 방역 요원은 최소로 운영한다. 팬데믹으로 방역 업무가 폭증하지만 전문성이 요구되는 방역 요원을 단기간에 충원하기는 어렵다. 기존 인력의 혹사가 불가피해 보였다.

방역 조사 요원들은 2년 교육 과정을 마친 역학 조사관과 한시적으로 직책을 맡은 역학 조사관, 이들을 돕는 역학 조사 반원으로 구성된

---

[25] 2021년 6월 23일부터 7월 9일까지 전국 17개 보건소 직원 1,765명 대상 조사에 따르면 우울 위험군은 33.4%로 일반 국민 대상 조사 결과 18.1%보다 2배 가까이 높은 비율임. 극단적인 선택 생각 비율은 19.9%, 불안 위험군은 27.6%로 일반 국민보다 역시 높은 비율임. 조사에 참여한 보건소 직원 중 91.1%가 삶의 질이 떨어졌다고 답했으며 신체 건강은 76.4%, 정신 건강은 81.1%가 나빠졌다고 응답 (임재희 「"힘들고 지친다" 보건소 인력 33% '우울 위험군'…정부, 1곳당 9명 인력 지원」 『뉴시스』 2021.8.17)

다. 공식적인 역학 조사관은 매력적인 자리가 아니다. 신분이 불안정하고 연봉도 적어 일반 의사들은 잘 지원하지 않으며 공중보건의들이 자리를 채우는 경우가 많으나 이들은 임상 경험이 적다. 역학 조사관의 미래 전망이 불투명한 점도 베테랑 조사관을 키워내는 데 한계로 지적된다. 역학 조사관의 수가 절대 부족하다.

병원 의료진의
과로

코로나 확진 환자 진료는 주로 전담 병원에서 담당한다. 코로나 환자 진료는 일반 환자 진료보다 훨씬 더 힘들다. 노동 강도도 그만큼 강해지고 감염의 위험도 따른다. 팬데믹 기간 고강도의 업무를 계속 담당해야 하는 의료진들에게 과로는 일상이 되어 버렸다. 코로나 환자 한 명을 진료하는 건 일반 환자 2-3명을 담당하는 것만큼이나 힘들다.

감염병 전담 병원으로 이미 지정되어 어느 정도 준비된 병원을 제외하고는 이런 감염병 격리 환자 진료란 생소한 일의 연장이었다. 코로나 환자를 받기 위한 준비 과정부터 만만치 않다. 직원과 환자들이 다니는 경로가 겹치지 않게 동선을 분리하는 일, 감염 관리에 필요한 물품 준비, 간호 인력과 지원 인력의 역할 분담 방안, 폐기물 처리, 세탁물 관리 방법, 방호복 착용 교육 등 코로나 치료 병동에 필요한 새로운 업무를 위한 매뉴얼을 만들고, 이를 바탕으로 짧은 시간 안에 인력을 교육해야 했다. 방호복을 입고도 더 효율적으로 업무를 수행하는 방법에 이르기까지, 이전에는 어떤 교육도 준비도 없었던 일이 일어났다.[26]

---

26 이정현 「'운이 좋았던' 코로나19 대응…여전히 해결 안 되는 의료인력 문제」 『프레시안』 2021.6.10

환자들도 감염에 따른 불안감이나 격리 생활이 익숙하지 않은 데서 오는 스트레스를 간호사에게 풀기도 한다. 소위 말하는 진상 환자들은 업무를 더 힘들게 한다. 간호사들이 입는 개인 보호 장비를 훼손하여 바이러스 노출 위험에 처하게 한 사례들도 나타났다. 전담 병원 인력 중에서도 환자 곁을 지켜야 하는 간호사들의 노동 강도는 절정에 달했다. 팬데믹 기간이 길어지다 보니 과로가 심하게 쌓이고 사직자가 늘어났다. 정규 간호사가 모자라니 파견 간호사들이 투입되었다. 코로나 현장의 인력 부족을 해소하기 위해 정부가 간호사를 모집해 전담 병원에 임시 파견하였다.

코로나 환자 검사와 치료를 위해서는 숙련된 인력이 절대적으로 필요하다. 중환자 치료를 위해서는 더욱더 그렇다. 코로나 환자가 급증한 대구 경북 지역과 수도권은 코로나 환자 전담 인력의 절대 부족을 경험하게 된다. 초기에 대구 경북 지역의 경우 전국적으로 자원봉사자를 모집하면서 전국에서 달려간 의료진들이 이를 감당했지만 코로나가 전국으로 전파되고 장기화하면서 모든 지역에서 의료진 부족과 과로 문제에 직면한다.

코로나 환자 진료는 '노동력을 갈아 넣는다'는 표현이 적절하다. 가뜩이나 우리나라는 인구 대비 의료 인력 비율이 낮은 나라다. 이는 곧 의료 노동의 강도가 세다는 말이다. 평소에도 그렇지만 코로나 의료 현장의 노동 강도는 더 심해 코로나 진료는 의료진의 헌신으로 버텨냈다고 해도 과언이 아니다.

코로나 환자 진료에서 핵심 역할을 담당하는 지방의료원의 경우 평소에도 의사 구인이 쉽지 않다. 병원 특성상 다양한 전문과 의사들이 근무하게 마련인데 코로나 전담 병원으로 전환되면서 대부분 의사가 전공과 무관하게 코로나 진료에 매달려야 한다.

비코로나 일반 진료가 중단되거나 대폭 축소되어 의사 입장에서는 자기 전공을 살릴 기회가 대폭 줄어들었다. 외과 의사가 수술도 못 해 보고 1년, 2년이 지나다 보니 민간병원으로 이직하고픈 욕구가 생김이 당연하다. 실제 많은 의사가 이직한다.

일본의 경우 도쿄올림픽위원회가 올림픽 기간 중 활동할 간호사 500명을 파견해 달라고 일본간호협회에 요청한다. 의료 현장은 연일 수천 명씩 발생하는 코로나 유행 상황으로 점점 더 피폐해져 이에 대해 심한 반발이 일었다.[27]

의료진
낙인과 차별

현장의 의료진들은 과로 외에 다른 문제들에도 직면해야 했다. '코로나 의료진'이라는 이름이 낙인과 차별을 불러왔다. 엄마가 코로나 진료를 수행하는 병원에 다닌다는 이유로 자녀를 학교에 보내지 말아 달라는 얘기도 들었고 아파트에서도 엘리베이터를 사용하지 말고 계단을 이용해 달라는 얘기를 듣기도 한다. 혹시라도 코로나에 감염되면 사람들은 개인 부주의로 돌려 버렸다.[28]

---

27 황현택 「[특파원 리포트] "쓰고 버리는 일회용 아냐"…일 간호사 5백명 '강제동원'?」『KBS』 2021.5.2
28 전국보건의료산업노동조합 『코로나와 싸운 1년, 우리들의 땀과 눈물』 2021

코로나에 감염되는
의료진들

　　　　환자와 밀접해 근무하다 보면 감염 위험에 노출된다. 보호장구를 착용하고 아무리 주의해도 감염을 피하기 어렵다. 2021년 6월까지 우리나라에서 코로나 환자를 진료하다가 감염되어 확진된 의료진이 565명으로 파악된다. 이 가운데 간호사가 73.5%로 가장 많았고 다음으로 의사가 113명으로 20%를 차지한다.

　코로나 방역이 의료진 노동력에 크게 의존하는 바는 다른 나라도 마찬가지다. 많은 의료진이 코로나 환자 진료 중 감염되어 사망하기도 했다. 세계보건기구는 2021년 10월 21일, 코로나 감염으로 숨진 보건 의료 종사자가 전 세계적으로 8만 명에서 18만 명에 이른다고 밝혔다. 전 세계 보건 의료 종사자는 약 1억 3,500만 명으로 이 중 평균 5명 중 2명 만이 백신 접종 완료라 한다. 고소득 국가의 접종 완료율이 80%를 웃도는 데 반해 저소득 국가가 몰린 아프리카 경우는 10%도 채 안 된다. 이 시점 아프리카의 백신 접종 완료율은 5% 미만으로 추정되었다.[29]

방역에 역행하는
의사들

　　　　낙인과 차별, 감염을 무릅쓰고 코로나 진료 현장에서 헌신하는 의료진들이 있는 반면 방역에 딴지 걸고 엇박자를 내는 의료인들도 있다. 방역 정책 방향에 대해 다양한 의견이 나오는 바는 당연

---

29 BBC NEWS 코리아 「코로나19 기간 중 보건의료 종사자 최대 19만 명 사망」 2021.10.22

한 현상이다. 아직 바이러스의 정체를 정확하게 파악하지 못한 상황에서 어떤 방향으로 나갈지 결정하는 일은 어려운 과제다.

그러나 과학의 범위 내 판단 차이를 넘어 전혀 다른 결의 목소리를 내는 의사들도 보인다. 방역 정책 자체를 부정하면서 거리 두기의 불필요성을 강조한다. 백신 무용설이나 심지어 위해성을 강조하기도 한다. 2021년 12월 중순 한 단체의 기자회견에서는 산부인과 의사가 코로나 백신 배양액 속에서 미생물체들이 다량 발견되었다며 백신 접종 중단을 주장하기도 하였다.[30]

정부와 의협의
엇박자

의협은 의사들을 대표하는 유일한 법정 단체다. 전문가 단체인 만큼 엄정하게 과학적 태도를 견지하면서 방역과 치료에 참여해야 할 책무가 있다. 그러나 의협은 중국 폐쇄, 마스크 논쟁, 백신 등 핵심 사안마다 방역 당국과 다른 의견을 제시하면서 혼란을 부추겼다. 의협은 전문가 단체로서 정부를 제대로 견제할 책임을 가지는데, 반드시 과학적 근거에 기반해야 한다. 하지만 정치적 발언으로 의심받는 상황이 자주 발생하면서 불신이 쌓인다.

당시 의협 회장인 최대집은 이전부터 극우 정치 단체에서 활동한 경력을 가진다.[31] 정계 진출 욕심이 강하다고 알려졌다. 개인의 정치 신

---

30 김규빈 「온라인 떠도는 '백신 미생물설' '백신 무용설'…의료계 "사실무근"」 『뉴스1』 2021.12.21
31 최대집은 2005년 서북청년단을 계승한다는 '자유개척청년단'을 만들어 대표가 되고 '뉴라이트청년연합' 대표도 맡음. '전국의사총연합'(전의총)에서 활동하며 2015년에는 '의료혁신투쟁위원회'(의혁투) 공동대표를 맡기도 함. 2017년 8월 '문재인케어'를 막고자 '국민건강수호비상대책위원회' 투쟁위원장으로 활동, 다음 해 의협회장으로 선출됨

념과 성향이 의협 활동에 반영되어 의협 전체 활동이 왜곡된 듯하다.

중국에서 코로나 전염병 발생이 처음 알려지자 의협은 중국발 입국 금지 조치를 강력히 촉구한다. 세계보건기구가 공식 폐기한 '우한 폐렴'이라는 용어도 고집한다. 코로나 대책에 자문해 온 일부 전문가들에게 '비선 전문가'라고 공격하기도 했다. 초기에 이들이 방역 실패의 단초를 제공했다고 주장한다.

총선을 앞두고는 야당 대표와 같이 방역 문제로 기자회견을 여는 등 노골적으로 정치 행보를 이어 가기도 했다. 이처럼 정치 편향성에 좌우된 의협의 행태는 코로나 방역과 진료 일선에서 고생하는 의료진들의 노력에 찬물을 끼얹는 행위나 다름없었다.

최대집 의협의 이런 분위기는 임기 내 계속된다. 그리고 급기야 코로나 팬데믹 와중에 명분 없는 의사 파업의 길로 접어든다.

비상 사태 속
의사 파업

2020년 8월 2차 유행이 확산될 무렵, 의협은 의과대학 정원 증원, 공공의대 설립, 원격 의료 추진, 한방첩약 급여화 등에 반대하며 집단행동을 시작한다. 8월 14일에는 개원의들의 1차 집단 휴진도 강행한다. 개원의 중 31% 정도 휴진에 참가했다. 여의도에서 열린 '의사 총파업 궐기대회'에는 의사 2만여 명이 참여했다. 뒤이어 8월 21일부터 전공의들이 진료를 거부하고 집단 행동에 돌입한다. 전공의들의 비상대책위원회도 적극 움직였다.

8월 26일 두 번째 집단행동에는 전공의와 의대생이 중심이었고 개원의는 10% 안팎에 그쳤다. 젊은 세대인 전공의와 의대생들은 의협보다 더 강경하고 극단 입장을 고수했다. 전공의들의 집단행동이 장기화되면서 부담을 느낀 정부 여당과 의협은 의대 정원 확대 등의 정책 추진을 코로나 유행이 안정될 때까지 중단하고 원점에서 재논의하기로 합의한다. 전공의들은 반발하면서 파업을 이어가다가 한참 뒤 복귀한다.[32]

이는 정부의 일방 정책에 대한 의료계 반발에서 비롯된 사태기는 하다. 팬데믹 과정에서 의료 인력 부족, 공공의료의 취약함 등이 제기되자 정부가 제시한 대안에 반대 의사들 불만이 커졌다. 의사들은 강경 입장을 견지하면서 전면 파업으로 내달았다. 코로나 유행으로 어려움을 겪는 상황에서 진행된 의사 파업은 이기적 행동으로 간주되고 비난에 직면하였다.

현업에 종사하는 개원 의사들은 가뜩이나 코로나로 인한 환자 수 감소로 수입이 감소하여 진료 중단을 이어갈 형편이 되지 못했다. 파업에는 오히려 전공의와 의대생들이 앞장섰다. 의대 정원 확대 건은 의사 수 증가에 따른 경쟁 격화로 미래에 대한 불안을 부추겼다. 공공의대 설립 건은 가짜 뉴스와도 맞물리면서 공정성 논란이 제기되어 불만을 자극했다.

의사 파업
그 후

의사 파업 주도층은 결국 전공의과 의대생 등 젊은 의사와 예비의사들이었다. 그러나 이들은 의료계 대표자가 아니어서 결국

---

32 이재호 『당신이 아프면 우리도 아픕니다』 이데아, 2021

정부와 의협 사이 '의정합의안'이 체결된다. 의사들의 파업 결의가 강경했지만 그만큼 파업을 바라보는 여론은 싸늘해졌다. 부담을 느낀 의협은 정부와 합의를 한다. 내부에서 반발이 컸고 이로 인해 의협 대의원회에 최대집 의협 회장과 임원진에 대한 불신임안이 상정되지만 실제 탄핵이 이루어지지는 않는다

파업이 끝나고 의대생들의 국가고시 문제로 여론의 도마에 오른다. 의대 4학년생 다수는 의사 국가고시 거부에 참여하는데 이후 이들을 구제하자는 의견이 등장한다. 여러 차례 기회를 거부한 의대생들을 구제하자는 의견에 여론은 싸늘했고 공정성 문제가 대두되었다.

우리나라 의사 사회나 의대생의 경우 의료 공공성에 대한 인식이 대체로 빈약하다. 이런 분위기가 정부 정책에 대한 반감을 증폭시켰다. 대학 입시에서 의대 편중 현상이 두드러지면서 의대생들의 엘리트 의식도 한몫한 것으로 보인다.

2021년 2월 '중범죄 시 면허 취소'라는 내용의 의료법 개정안이 국회에서 논의되자 의협은 개정안이 통과되면 코로나 백신 접종에 협조하지 않겠다는 의견을 낸다. 2월 말 백신 접종이 예정된 상황에서 국민 생명을 볼모 삼는다는 비판에 직면해야 했다.

2021년 5월 3일 최대집 회장[33]의 뒤를 이어 이필수 회장이 선출된다. 회장 교체 후 방역 당국과의 엇박자는 줄어든다.

---

33 극우 정치 집단을 배경으로 했던 최대집은 20대 대통령 선거에서 대통령 후보 출마를 선언

9장 코로나 치료 현장의 인권

코로나 치료 현장은 치열했다. 삶과 죽음이 오가고 낙인과 혐오, 두려움과 공포가 공존하는 공간이기도 하다. 이곳에도 다양한 인권 문제들이 존재한다. 진단받고 동선을 추적당하고 동선이 공개되고 격리되어 치료받아야 하는 과정 자체가 트라우마로 남는다. 임산부나 만성 질환자, 장애인 들을 위해 준비된 병상은 없었다. 코로나 사망자의 절차는 가족과 분리된 채 진행되었다. 죽음조차 방역을 피해 가지 못했다.

치료 과정의 인권 문제

코로나에 확진되면 경증 환자는 생활 치료 센터로 이송되고 중증 환자는 전담 병원으로 이송된다. 오미크론 변이 바이러스가 확산된 이후는 재택 치료가 기본 방침이 된다. 어떤 방식이든지 격리는 못

피한다. 치료 기간 철저히 격리 생활을 해야 해서 당사자들이 견디기 쉽지 않다. 가족 면회도 차단되고 외출은 불가능해 사실상 수용에 가깝다. 24시간 CCTV로 감시당하기도 한다. 질병에 대한 막연한 두려움과 수용에 가까운 입원 생활은 정신적으로 견디기 쉽지 않다. '코로나 블루'는 환자들에게 더 깊게 다가온다.

코로나 환자의는 다른 의료 문제가 동반되면 더 곤란을 겪을 수밖에 없다. 산모가 출산에 임박해 코로나에 감염되는 경우 분만을 맡아 줄 병원과 의료진을 만나기가 쉽지 않다. 1주일에 3일 병원에 출근하듯 가서 혈액 투석 치료를 받아야 하는 말기 신부전 환자가 코로나에 감염되면 낭패다. 혈액 투석 치료를 받는 인공신장실은 환자들이 밀집되어 코로나 환자가 다른 환자들과 같이 혈액 투석을 받지 못한다. 수술 예정이었는데 코로나에 걸리면 응급 수술이 아닌 한 기약 없이 연기된다. 2015년 메르스 사태 때 80번 환자는 림프종을 앓는 상태였는데 항암 치료를 받지 못하여 172일 메르스 투병 끝에 암으로 사망하고 말았다. 코로나 팬데믹 기간 이런 일들이 허다하게 일어났다.

코로나에 걸린 정신 장애인은 일반 병원 치료가 어렵다. 정신병원인 청도 대남병원에서 집단 감염이 발생했지만 적절한 치료기관으로 빨리 옮기지 못하면서 사망자가 많이 발생하였다. 중증 장애인들이 코로나에 감염되면 보조 인력이 더 필요하다. 어린이 감염되면 혼자 입원하지 못해 가족의 어려움이 커진다.

환자 조건에 맞는 적절한 치료 환경을 조성하지 못하는 상황 자체가 인권 문제다. 코로나 환자에게 제대로 된 치료 서비스를 제공함이 우선 인권에 부합한다. 나아가 치료 과정의 개인 생활 보호도 인권 원칙 중 하나다.

많은 사람이 자가 격리되고 치료받고 사망하기도 하지만 당사자들의 서사는 쉽게 드러나지 않는다. 코로나 감염 자체가 본인에게는 트라우마인 상황에서 낙인과 혐오, 차별 분위기 속에 자기 이야기나 주장을 말하기는 쉽지 않았다.

의료 자원 배분의 문제

코로나 환자가 급증하면서 의료의 수용 능력을 넘어서면 한정된 자원의 배분이 문제된다. 실제 수많은 나라가 이런 딜레마에 직면하였다. 우리나라도 일시적으로 이러한 곤란을 겪는다. 초기 대구 경북 지역 중심으로 환자가 급증할 때, 그리고 2020년과 2021년 12월경 수도권 중심으로 환자가 급증하는 유행 상황에서 의료의 수용 범위를 넘어선 때도 마찬가지다.

초기 대구 경북 중심의 1차 유행 기간에 환자가 급격하게 증가했지만 이를 수용할 전담 병상이 부족했다. 확진자 중 많은 수가 집에서 대기하거나 입원을 기다리다 사망하기도 하였다. 경증 환자를 위한 생활 치료 센터를 도입하고 입원이 필요한 경우 다른 지역 전담 병원으로 이송하였다. 그러나 환자 자체가 줄어들면서 위기를 넘긴다. 이후 수도권을 덮친 유행 때도 심각한 의료 자원 부족을 경험한다.

부족한 전담 병상을 어떻게 배분할지, 중환자 치료 병상을 어떻게 배분할지가 당시 현장 실무자들에게는 심각한 고민 과제였다. 실제 경기도 한 요양병원에서 집단 감염이 발생하지만 이들을 받아 줄 치료 병상이 없어 그냥 코호트 격리하게 된다. 1인실은 고사하고 확진자와 비확진자를 명확히 구분하지 않은 상태에서 제대로 된 치료도 이루어지지 않아 사망자가 많이 발생한다.

공공병원 중심으로 구성된 전담 병상 부족은 대형 민간병원 특히 중증 환자 치료 시설과 인력을 갖춘 사립 대학병원 병상 동원 필요성을 환기시켜 주었다. 대학병원들은 평상시에 이런저런 명목으로 정부에서 다양한 재정 지원을 받으므로 재난 상황에서 타당한 역할이 요구된다.

환자 발생이 많아져 의료의 수용 능력을 넘어가면 의료 접근성에 제약이 걸린다. 사용 가능한 인공호흡기는 제한되었는데 그 이상 환자가 발생할 경우 누구에게 먼저 인공호흡기를 적용할지 하는 윤리 문제까지 등장한다. 유럽에서 환자 폭증으로 실제 이런 상황이 발생하면서 논란이 일었다.

이탈리아 중환자의학회는 '사회 유용성'을 기준으로 환자를 분류해 받으라는 가이드라인을 발표한다. 뉴욕의 일부 병원에서는 환자 두 명이 인공호흡기 한 개를 같이 사용하는 방침을 세우기도 한다.[34] 2021년 5월 인도에서는 하루 40만 명 이상 환자가 발생하자 당장 산소가 모자라 사망하는 환자들이 속출한다. 한 침대에 두 명의 환자가 누운 사진도 언론에 공개되었다. 이런 상황에는 인공호흡기 논쟁 자체가 사치스럽게 느껴진다.

지구상 어떤 나라도 팬데믹 상황에서 제대로 준비된 나라는 없었다. 환자 발생이 어느 수준에서 통제되면 의료시스템으로 버텨내지만 그 수준 이상으로 넘어가면 시스템이 붕괴하고 사망자가 속출하는 상황의 연속이다.

---

34 황정아 외 『코로나 팬데믹과 한국의 길』 창비, 2021

우리나라는 방역에 비교적 성공하여 환자 발생 자체가 다른 나라에 비해 적은 편이었다. 그만큼 의료시스템에 걸리는 부하가 적기는 하였으나 일시로 환자가 급증할 때면 의료 시스템은 금방 경고음을 냈다. 선진국과 비교해 적은 수의 환자 발생에도 의료 체계에는 금방 과부하가 걸렸다. 대구 경북 지역에서도 수도권 대유행 때도 그랬다.

코로나 사망자의
인권

코로나는 임종 문화도 바꿔 놓았다. 코로나 환자는 인간으로 품위와 존엄을 지키기 못한 채 사망한다. 코로나 환자들은 가족 위로도 제대로 받지 못하고 '외롭게 죽어감을 두려워한다.'[35] 코로나로 치료받다가 사망하면 정해진 절차에 따라 '처리'한다. 전파 예방이 최우선이므로 통상 진행하는 임종 과정을 생략한다. 보통은 임종이 임박할 때 가족들에게 연락해서 면회를 시키고 마지막 순간을 같이 할 기회를 제공하지만 코로나 경우는 다르다.

가족 전파가 많이 발생하므로 환자 치료 기간이나 사망 시점에 다른 가족도 환자로 격리 치료를 받거나 자가 격리 상태가 많다. 임종 지키기는 고사하고 장례식 참석도 어려운 경우도 많다. 면회하게 되더라도 개인 보호구를 착용한 상태에서 직계가족 1-2명에 한해 면회가 가능하다.

환자가 사망하면 시신을 음압이 안 걸리는 외부로 보내기 위해서 의료진이 직접 시신을 소독하고 잘 정리해서 백에 넣어 밀봉까지 한다.

---

35 박경준 외 『코로나 블루, 철학의 위안』 지식공작소, 2020

의료진은 규정에 따라 환자의 몸에 달린 주사나 접착된 모니터용 테이프 등 다양한 부착물을 떼지 않고 특수 포장지에 그대로 이중 밀봉한다. 의료진이 직접 입관까지 진행한 후 장례 시설로 이송한 다음 화장부터 한다. 장례식은 그 다음이다. 장례식장에 사람들이 모이면 전파 가능성이 커지므로 제한이 이루어진다. 애도 기회와 시간이 줄고 죽은 이는 황망하게 떠난다. 이 같은 '선 화장 후 장례' 지침은 많은 논란을 일으켰다.[36]

아감벤은 이 문제에 대해서도 목소리를 높인다. "어쩌면 가장 심각한 첫 번째 사안은 시신 처리 문제다. 우리는 안티고네부터 오늘날까지 역사상 한 번도 소중한 사람이 혼자 가도록 내버려 두지 않았는데, 어떻게 명확히 결정되지 않은 보건상 위험이라는 명목으로 장례식도 하지 않은 시신 화장을 받아들일까?"[37]

세계보건기구도 '선 화장 후 장례' 지침을 부당하다 보고 폐기한다. 임종 후 영안실에서 가족 참관이 가능하고 비닐팩 밀봉도 불필요하다는 입장이다. 그러나 우리나라는 이 '선 화장 후 장례' 지침을 2년 넘게 유지한 후에야 장례를 먼저 치르도록 변경한다.

대규모 유행을 경험한 나라들에서는 코로나로 사망하는 환자가 급증하자 화장터와 묘지가 부족해졌다. 시신을 임시로 냉동 트럭에 보관하는 살풍경이 벌어지기도 하고 도시 빈 공간 여기저기서 시신을 태우는 사진들도 보였다.

감염병 사망자는 애도 대상이기보다 혐오 대상이 되기 쉽다. 우리

---

36 정부는 「메르스 백서」에 기반해 만든 「코로나19 사망자 장례관리지침」에 따라 코로나 사망자에 '선 화장 후 장례 원칙'을 적용. 사망자 장례 비용 1000만 원 지원 조건으로 이 원칙을 사실상 강제
37 조르조 아감벤 『얼굴 없는 인간』 박문정 옮김, 효형출판, 2021

사회에서 아직 '코로나 죽음'에 대해 사회적 애도의 분위기를 찾기 어렵다. 미국 뉴저지 주지사는 코로나 희생자 애도의 한 방식으로 조기를 달도록 행정 명령을 내리기도 하였다. 이탈리아에서는 전국 시청에서 조기를 내걸고 1분간 묵념을 하거나 지역 신문에 코로나 희생자들의 사진과 이름을 싣기도 하였다.[38]

환자 가족의
비극

코로나는 접촉으로 전파되므로 환자와 가까운 사람들에게 쉽게 전파되어 가족 내 집단 발생하는 경우가 많다. 가족 중 한 명이 확진되면 다른 가족들도 감염되거나 격리당한다. 다행히 격리를 당하지 않은 가족이라도 돌봄이 필요한 경우라면 또한 난감해진다. 치료나 격리 중에 가족 한 명이 사망하게 되면 더욱 곤란하다. 장례식에 참석하기 어려운 경우도 발생한다.

이렇게 코로나는 가족 문제다. 부모 모두 사망하여 자녀들만 남는 경우도 생긴다. '코로나 고아'[39]로 불리는 이들의 돌봄도 사회에 주어진 과제다.

지역사회 속
낙인과 차별

코로나로 진단받으면 환자와 접촉 가능한 주변 사람들, 가족 친구 직장 동료들이 먼저 조사 대상이 되니 그 자체가 민폐다. 눈

---

38 박경준 외 『코로나 블루, 철학의 위안』 지식공작소, 2020
39 '코로나 고아'에 관해서는 14장에서 자세히 언급

총을 받고 직장은 쑥대밭이 된다. 직원 전부 코로나 검사를 받아야 하고 일부는 자가 격리 대상이 된다. 회사 업무는 마비되고 그 책임이 전부 본인에게 돌아온다.

병가나 공가 처리도 눈치 보인다. 무사히 치료를 마치고 회복되었다는 판정을 받아도 직장 복귀가 쉽지 않다. 복귀에 시간이 걸리고 복귀하더라고 다른 사람들 이목이 부담스럽기만 하다. 초기에는 확진과 동시에 직장을 그만두는 경우도 비일비재했다.

감염자가 발생한 가족 전체가 직장이나 학교, 지역사회에서 따돌림당하기도 한다. 지역에서 집단 감염을 일으켰다고 지탄받는 가게는 폐업을 피하기 어려웠다. 심지어 코로나 환자 진료를 담당하는 의료진 가족도 따돌림 대상이 되곤 했다. '슈퍼 전파자'로 지목받으면 거의 범죄자 수준으로 비난받는다. 이 경우 당사자는 심한 죄책감에 시달린다. 도덕적 비난을 넘어 만약 동선을 숨겼거나 방역 수칙을 어겼다면 고발당하고 법적 조치를 받는다.

상병 수당과
백신 휴가

코로나 팬데믹 기간 상병수당에 대한 논의가 잠깐 등장한다. 질병이나 사고로 생업을 유지 못할 경우 당사자는 경제적 손실을 겪는다. 이를 상병수당 명목으로 지원하여 치료에 전념하면서도 재정 손실을 최소화하자는 의미에서 나온 제안이다. 상병수당은 팬데믹 전부터 사회 일각에서 꾸준히 논의된 사안이다.

코로나 환자를 접촉해 강제 자가 격리 당하는 경우 정부에서 일정액을 지원한 바 있다. 강제 격리는 개인이나 회사에 손실을 발생시키므로 지급된 보상금은 개인과 회사 부담을 덜어 준다.

코로나 백신이 도입되고 접종이 시작되면서 부작용이 만만치 않음이 알려졌다. 많은 사람이 부작용을 경험하였고 접종 1-2일에 가장 심해 일을 감당하기 어려운 경우도 종종 나타났다. 그래서 백신 휴가가 도입된다. 백신 접종 후 하루 정도 쉬도록 한 조치는 백신 접종률 증가에 한몫했으리라 생각한다. 그러나 백신 접종 후에도 쉬기 어려운 회사가 더 많았음도 사실이다. 백신 휴가 적용에도 불평등이 존재함을 부인하기 어렵다,

10장 비코로나 환자의 의료 공백

의료 자원이 코로나 환자에 집중되면서 필수 의료에 공백이 초래되기도 하였다. 보건소와 공공병원의 기존 의료 업무는 공백이 불가피했다. 발열이나 호흡기 증상 환자는 상당한 불편을 감수해야 했다. 고혈압, 당뇨 등 만성 질환자는 코로나로 인한 생활 변화로 치료에 영향받기도 한다. 코로나는 전 국민을 우울에 빠트린다. 길어지는 거리 두기로 관계가 단절되고 고립되면서 정서상 어려움은 더해갔다.

필수 의료의 공백

의료 자원이 코로나 환자에 집중되면서 필수 의료에 공백이 생긴다. 특히 코로나 전담 병원으로 지정된 공공병원들은 비코로나 환자 진료가 중단되거나 대폭 축소되어 이들 병원을 이용하던 환자들에게 당장 불이익이 발생했다. 공공병원의 경우 민간병원에서 기피하는 취약 계층 진료나 수익성이 떨어지는 진료를 담당하는 경우가 많은데 공백이 불가피했다. 지방에서는 지방의료원이 중요한 역할을 담당하는데 코로나 전담 병원으로 기능하면서 이 지역 주민 불편은 가중된다. 특히 공공병원 의존도가 높은 환자일수록 피해가 컸다. 전담 병원 중심 역할을 하는 국립중앙의료원의 경우 이 병원에 입원했던 에이즈 환자들이 다른 병원으로 옮겨야 했다. 공공병원을 이용하던 노숙인들도 이용할 병원이 사라져 버렸다.

보건소가 코로나 업무에 집중하다 보니 평소 보건소 수행 업무들에 차질이 생기거나 중단된다. 일부는 민간 의료 기관에 위탁했지만 일부는 대안 없이 중단되었다. 보건증 발급이나 65세 이상 폐구균 예방접종은 민간 의료 기관에 위탁하였지만 미등록 어린이 국가필수예방접종NIP 사업[40]과 익명으로 시행하던 HIV 무료 검사[41] 그리고 치매 검사 등 보건 사업들은 기약 없이 중단되었다.

어떤 이유든 병원에 입원하려면 의무적으로 코로나 검사를 받아야 한다. 병원에서 지내며 간병하는 가족도 검사받는다. 그렇게 주의를 하는데도 병원 안에서 코로나에 감염되기도 한다. 때론 자신이 다니던 병원이 코로나 집단 감염으로 일시 봉쇄되기도 한다. 자신의 치료 일정이 늦춰지는 일도 가끔 발생한다. 병원 자체가 기피 대상이 되기도 한다. 코로나 환자 검사와 치료를 별도의 체계로 관리한다 해도 일반 환자나 보호자 입장에서 불안하기 마련이다. 그래서 팬데믹 기간 전체

---

40 2년 정도 지난 2022년 1월에야 민간 의료 기관에 위탁 시행됨
41 실제 HIV 내국인 감염자가 2019년 1,223명인데 코로나 이후 계속 감소 추세. 실제 환자 감소가 아니라 보건소 시행 검사 수 감소에 기인한 듯 보임. 대개 연간 27,000-28,000건 시행되는 검사가 2010년 4,600건으로 줄고 2021년에는 더 감소함

로 볼 때 의료 이용이 감소한다. 치료를 받아야 하는데 코로나 감염 걱정으로 일반 치료를 기피하거나 늦어지는 경우가 허다했다.

세계보건기구는 2020년 8월과 2021년 4월 두 차례 「코로나19 대유행 상황에서 필수 의료 서비스의 지속에 관한 국가별 동향 조사」를 시행하였다. 국가별 필수 의료 서비스 피해 현황 조사였다.[42] 첫 조사에서 응답한 105개 모든 국가, 특히 개발도상국에서 필수 의료 서비스 붕괴 현상을 보고하였다.

모든 필수 의료 서비스 영역에서 다 피해가 발생하였으나 특히 감염성 질환, 만성 질환 관리, 정신 건강, 생식/모성/어린이 청소년을 위한 보건 의료 서비스에서 제일 피해가 크다고 나온다. 세부 항목에서는 예방 접종과 말라리아 예방을 위한 지역 사회 서비스 피해가 가장 컸다.

이러한 의료 서비스 붕괴 원인은 수요 측면에서 외래 환자 감소, 락다운 시기 의료 기관 접근성 문제, 재정 어려움 등이다. 공급 측면에서는 예정된 치료나 수술의 취소, 코로나 대응으로 인한 보건 의료 인력의 재배치, 병의원 폐쇄, 의료 물품 공급의 어려움 등을 주요 원인으로 꼽는다. 2차 조사에서도 어려움은 여전히 계속되었으나 이전보다는 상대적으로 나아진 듯하다.

발열, 호흡기 환자의 고난

코로나 팬데믹 기간 발열이나 호흡기 증상 환자는 상당한 불편을 감수해야 했다. 발열 환자는 원인이 무엇이든 학교나 직장

---

42 윤창교 「코로나 팬데믹으로 붕괴되고 있는 필수 의료 서비스」 시민건강연구소, 2021.8.24

에서 눈치를 봐야 했고 진료도 쉽게 받을 수 없는 상황에 놓인다. 코로나 검사를 받고는 결과가 나올 때까지 자가 격리하면서 초조한 마음으로 결과를 기다려야 한다. 코로나 검사를 기다리는 동안 검사가 지연되면서 치료가 늦어지기도 한다.

코로나인지 아닌지 확인이 안 된 상태에서는 코로나 환자일 가능성에 대비한다는 이유로 의료 기관 기피 대상이 되었다. 의원의 경우 발열 환자 접수를 아예 기피하기도 한다. 별도의 안심진료소나 호흡기클리닉이 설치된 병원을 찾아야 한다. 이들은 대개 병원 밖에 임시로 설치된 진료소인 경우가 대부분이다. 코로나 검사 음성이 확인되어야 병원 건물 안으로 들어간다.

발열 또는 호흡기 환자가 응급실에 내원하면 코로나 여부 확인 전에는 일단 격리실에서 진료를 받게 된다. 격리실이 다 찬 경우는 환자를 받지 못한다.[43] 구급대원들은 음압 격리 병실을 찾느라 이 병원 저 병원 전화를 돌리는 일이 많다고 한다.[44] 어렵사리 진료를 받고 입원해도 코로나 환자가 아님이 증명되기 전까지는 계속 유보 상태에서 감시 대상이 된다.

응급의료의 공백

코로나 유행으로 응급의료가 크게 영향을 받았다. 우선 응급실 이용 자체가 감소했다. 앞서 말했듯 발열과 호흡기 환자의 응

---

43 코로나 환자가 발생한 2020년 1월부터 2021년 8월까지 전국에서 발열 환자 2,959명이 병원 응급실 진료를 거부당했다고 나옴. 이 중 70세 이상이 47%, 1,384명. 응급실 음압 격리실 부족이 이유
44 이진혁 「"받아주는 병원이 없다"…뺑뺑이 도는 구급차」 『파이낸셜뉴스』 2021.10.10

급실 이용 곤란, 코로나 환자 방문으로 인한 응급실의 빈번한 폐쇄, 마스크 상시 착용으로 호흡기 응급 환자 감소, 외부 활동 감소가 부른 외상 환자 감소, 코로나로 병원 이용 기피 등 다양한 원인이 작용했다.

코로나 유행은 시간에 민감한 대표적인 응급 상황인 '병원 밖 심정지 out-of-hospital cardiac arrest' 환자들에게도 큰 영향을 미쳤다. 생존율을 높이기 위해서는 응급의료 시스템에서 목격자의 심폐소생술CPR 및 자동제세동기AED 사용을 포함하는 조기 인식, 초기 대응과 구급대원에서 병원으로 이어지는 치료 활성화의 '생존 사슬' 단계가 잘 연결되어야 한다.

그러나 코로나로 인해 목격자의 심폐소생술 빈도가 줄어들고, 응급차 이용 이송 시간이 늘어나면서 많은 국가에서 병원 밖 심정지로 인한 생존이 감소했다고 나타났다.[45]

이전과 비교한
초과 사망

코로나 팬데믹 기간 이전과 비교하여 초과 사망이 있었는지도 관심 대상이다. 코로나 환자가 폭증한 나라에서는 코로나 중환자 치료에 의료 자원이 집중되면서 다른 질병에 의한 중환자 치료에 공백이 생기고 이로 인해 사망자가 증가한다. 코로나 1차 유행 시기 발생한 정유엽 군 사망 사건은 의료 공백에 의한 대표 피해 사례 중 하나다. 폐렴에 걸렸으나 코로나 폐렴 가능성 때문에 진료가 늦어지면서 결국 사망에 이르게 된 경우다. 코로나로 인한 필수 의료 지연 현상은

---

45 김영수 「코로나19가 초래한 의료공백, '생존 사슬'이 끊어지다」 『프레시안』 2021.9.23

곳곳에서 나타난다.

중앙재난안전대책본부가 2021년 4월 21일 정례브리핑을 통해 밝힌 바로는 2020년 한해 사망자 수가 30만 8,318명으로 지난 3년간 최대 사망자보다는 0.3% 적었지만 2019년보다는 3.0% 증가했다. 인구 고령화로 인해 최근 10년간 사망자가 연평균 2% 정도 증가한 걸 감안하면 초과 사망으로 보기 어렵다는 입장이다.[46] 건강보험심사평가원은 2020년 3월과 8월 대유행 시기 지역에 따라 초과 사망이 관찰된다고 분석하였다.[47]

통계청 자료는 약간 차이를 보인다. 2020년 사망자 수가 통계 작성 이후 최대이며 연간 사망자 30만 명을 넘긴 건 처음이다. 암, 심장 질환에 의한 사망자 수가 계속 증가 추세인 반면 다음 사망 원인인 폐렴 사망자 수는 2020년에 오히려 감소한다. 거리 두기와 마스크 착용 등에 의해 전체 폐렴 발생은 감소했다.

어쨌든 규모가 크지는 않지만 팬데믹 이전과 비교해 사망률은 더 높아졌다. 코로나 환자를 제외해도 그렇다. 의료 자원이 코로나 환자에 집중되는 바람에 다른 중증 질환에 대한 의료 자원 투여가 감소하거나 코로나로 의료 이용에 다양한 장벽이 생겼기 때문이다. 환자 스스로 병원에 대한 불안으로 진료를 기피하면서 적절한 치료 시기를 놓쳤기 때문으로도 보인다.

전 세계로 볼 때 팬데믹으로 초과 사망은 명확하다. 영국 옥스퍼드 대 빅데이터연구소 연구팀은 우리나라를 포함한 29개 고소득 국가에서 2020년 한해 코로나의 직간접 영향으로 인한 초과 사망자 수가 97

46 곽성순 「코로나19 영향? 2020년 초과 사망 전년 대비 '3%'증가」 『청년의사』 2021.4.21
47 김나현 「코로나19 초과 사망 8월 발생…19세 이하 의료비용 급감」 『Medical Observer』 2021.6.3

만 9천 명에 이른다고 보고했다. 초과 사망자 수가 가장 많은 나라는 미국으로 한해 45만 8천 명에 이르고 노르웨이, 덴마크, 뉴질랜드 정도가 초과 사망이 없다고 나타났다.

단순한 추정이긴 하지만 『이코노미스트』는 코로나 기간 전 세계 초과 사망자 수를 700-1,300만 명으로 추산했다. 코로나에 감염되어 직접 사망한 사람은 330만여 명으로 초과 사망자의 절반에서 4분의 1 수준이다. 2021년 5월경의 추정치다.[48]

다른 질병에 미친 영향

마스크 착용, 손 씻기, 거리 두기 등 코로나 방역 조치 효과는 우선 전염성 호흡기 질환의 감소로 이어졌다. 매년 겨울에 유행하는 인플루엔자가 팬데믹 동안은 아주 미미하여 이로 인한 유병률과 사망률이 많이 감소했다. 결핵 신규 환자 발생도 감소했다. 최근 5년 사이 신규 환자 발생이 매년 10% 정도 감소하다가 2020년도에는 19%로 두 배 가까이 감소하였다. 이외에도 다양한 감염성 질환이 감소 경향을 보인다.[49]

거리 두기와 야외 활동 위축으로 사고가 줄어들어 외상 환자가 감소한다. 저녁 시간 모임 제약이 늘어 음주에 의한 건강 피해 감소도 보인다. 고혈압, 당뇨 등 생활 관리가 필요한 만성 질환은 코로나로 인한

---

48 김민수 「전 세계 팬데믹 동안 고소득 국가 초과 사망자 100만 명」 『동아사이언스』 2021.5.20
49 질병관리청이 공개한 『2020 감염병 감시 연보』에 따르면 2020년 법정감염병 신고 환자 수는 14만 5,966명으로 2019년도 15만 9,496명 대비 8.5% 감소. 이 중 코로나 환자를 제외하면 2020년도 8만 5,230명으로 전년도 대비 46.6% 감소 (송수연 「코로나19 유행 반작용? 지난해 감염병 환자 46% 이상 감소」 『청년의사』 2021.8.12)

생활 변화로 치료에 영향을 받기도 한다. 활동량 저하, 식사 습관의 변화 등이 영향을 미쳤다. 확진자에 빗대 '확찐자'라는 유행어가 돌기도 했다.

출혈이나 수술은 수혈이 필요한 경우가 많다. 수혈에 필요한 혈액 부족 사태가 장기간 이어진다. 코로나 때문에 헌혈을 기피하며 빚어진 현상이다. 코로나 팬데믹 이후 건강 검진자 수가 감소하는데 저소득층일수록 그 비율이 커져 소득 불평등이 건강 불평등으로 연결될 가능성도 커진다.

건강보험심사평가원 분석에 따르면 2020년 의료 이용은 대체로 감소했다. 응급실 방문이 28%로 가장 많이 감소하고 입원 17.6%, 외래 15.4%, 중환자실 입원 9.8% 순으로 감소했다. 응급실 방문에서 가장 많이 감소한 질환은 호흡기 계통 질환과 손상, 중독 및 외인에 의한 손상이었다. 호흡기 질환은 발생 자체도 줄었으나 코로나로 인한 이용 제약도 감안해야 한다. 스포츠 등 외부 활동 감소도 의료 이용 감소에 영향을 미쳤다.[50]

코로나 블루, 코로나 레드 그리고 코로나 블랙

코로나는 전 국민을 우울에 빠트린다. 거리 두기로 관계가 단절되고 고립되면서 정서적 어려움은 더해간다. 팬데믹이 길어지면서 불확실성도 증가한다. 불확실에서 오는 불안과 우울도 피하기 어렵다. 코로나로 인한 우울감, 불안감을 '코로나 블루'라 하고 짜증, 분

---

50 김나현 「코로나19 초과 사망 8월 발생…19세 이하 의료비용 급감」『*Medical Observer*』 2021.6.3

노 등으로 감정이 폭발하면 '코로나 레드'라 한다. 한 단계 넘어 우울증 단계로 넘어가면 '코로나 블랙'이라 부른다.

정신건강의학과 전문의 대상으로 2020년 10월과 2021년 8월 두 차례 조사한 결과에 따르면 내원 환자 중 코로나로 인해 심적 고통을 호소하는 환자 비율이 증가했다. 팬데믹 장기화가 정신 건강에 좋지 않은 영향을 미친다.

그 요인을 보면 2020년도 조사에서는 양육 부담, 동거 가족의 특수성(노인 혹은 장애인), 재정 문제로 나왔고 2021년에는 경제적 여건 비중이 커졌다고 나온다. 블루 환자와 레드 환자의 비율은 7대 3 정도지만 시간이 지나면서 레드 환자 비율이 증가하는 경향을 보인다.[51]

코로나 방역과 의료 참여 의료진들의 우울 증상도 심해진다는 보도가 이어진다. 방역 업무에 종사하던 보건소 직원들의 자살 소식도 들린다. 코로나 장기화로 고립과 우울감이 증가하며 마약 사범이 증가한다고 나타난다. 2020년도 마약 사범이 전년 대비 12.5% 증가했고 10-20대 마약 복용이 급증했다.

자살 증가
상황

우리나라는 자살 공화국으로 오명이 높다. OECD 국가 중 자살률이 부동 1위다. 연도별 자살률 추이는 1997년 외환 위기 이후 계속 상승 추세다. 외환 위기 직후 자살률은 고용에서 밀려나거나 사업에 실패한 중년 남성에서 증가하는 경향이었다.

---

51 김은영 「정신과 전문의들 '코로나 레드' 우려…"균형 잡힌 정책 필요"」 『청년의사』 2021.9.13

코로나 팬데믹도 자살 경향에 영향을 미친다. 통계청이 발표한 2020년 자살 사망자는 2019년 대비 남자는 감소하고 여자는 약간 증가한다.[52] 우리나라 자살률 특징은 고령자에서 높다는 사실이다. 지금도 여전히 고령자에서 높은 자살률을 보이나 2019년에 비해 2020년도에는 약간 감소로 나온다.

반면 젊은 층에서는 증가하는데 10대에서 9.4%, 20대에서 12.8% 자살 사망이 증가한다.[53] 2020년도에는 이전에 비해 증가 폭이 더 커져 젊은 세대 좌절감이 코로나 팬데믹으로 증폭되는 양상을 나타낸다.[54]

일본도 마찬가지로 주식 시장 붕괴, 부동산 버블 붕괴나 2008년 금융 위기 당시 충격은 주로 중년 남성에게 집중되었다. 그래서 위기 직후 남성 자살 증가 경향을 보였다. 그러나 코로나 팬데믹에서는 다른 양상을 보인다. 젊은 여성 사망률 증가가 특징이다. 그렇지 않아도 불안정 고용 상태의 여성들이 팬데믹으로 더 영향을 받기 때문으로 보인다.[55]

---

52 2020년 자살 사망자는 3,195명으로 2019년 대비 605명(5.7%) 감소. 남성 자살 사망자는 2019년 9,730명에서 2020년 9,093명으로 감소하나 여성은 4,069명에서 4,102명으로 증가
53 10-20세의 자살 사망자는 2018년 1,493명, 2019년 1,606명, 2020년 1,772명으로 계속 증가 추세
54 박고은 「코로나 1년, 서른살도 되기 전 극단적 선택 10%나 늘었다」 『한겨레』 2021.9.8
55 루퍼트 윙필드헤이즈 「코로나19: 일본에서 코로나 이후 여성 자살이 급격히 늘어나 까닭」 『BBC NEWS 코리아』 2021.2.18

11장 코로나 백신과 치료제

기다리던 백신이 세상에 나왔으나 너무 적은 양이었고 선진국들이 백신을 독점했다. 1차 접종도 마치지 못한 사람들이 세상에 많은데 선진국에서는 백신이 남아돌고 오히려 접종 거부가 문제된다. 변이 바이러스에 의한 감염이 늘고 시간이 지날수록 항체가 감소한다는 보고들이 나오자 부스터 샷을 시작한다. '백신 불평등'은 코로나 팬데믹이 불러온 어두운 그림자다. 백신 제조사들은 인류의 대재난기에 백신을 팔아 엄청난 이윤을 챙긴다. 전인류에 백신을 공급하려는 국제 협력은 파탄에 이른다.

백신 제국주의의 득세

코로나 팬데믹에서 벗어나기 위해 백신은 필수다. 2020년 말 코로나 백신이 개발되면서 실제 접종을 시작한다. 백신을 통한 집단 면역 형성으로 팬데믹에서 탈출 가능하다는 기대가 퍼진다. 백신 확보가 곧 인권이 되는 상황이다. 그러나 공급이 제한되니 백신 확보를 위해 각 나라는 피나는 노력을 기울인다. 백신 확보를 위한 '백신 전쟁'이 벌어진다. 2020년이 마스크 전쟁이었다면 2021년은 백신 전쟁이다. 이 싸움은 기술력, 자금력을 확보한 선진국의 일방적인 승리가 예견된 싸움이었다. 어찌 보면 선진국끼리의 싸움이었다.

이런 조짐은 팬데믹 초기부터 나타났다. 미국과 영국이 자본력을 동원한 백신 사재기로 백신 전쟁을 주도한다. 백신을 '글로벌 공공재'로 주장하던 유럽연합 국가들도 백신 사전 구매 경쟁에 뛰어든다. '백신 제국주의' '백신 아파르트헤이트'라는 용어가 등장한다. 2009년 신종 플루 팬데믹의 재판이었다.

선진국끼리도 백신 독점을 위해 치열한 쟁탈전을 벌인다. 미국 트럼프 행정부는 백신 개발이 유력했던 독일 바이오기업 큐어백으로부터 백신 독점권을 사들이려고 시도했다. 미국이 독일 기업에 10억 달러를 대고 그 대가로 연구 결과에 대한 독점적 권리 보장을 요구한 것이다. 독일 정부는 당연히 반발한다.[56]

고소득 국가들은 자국민이 모두 맞을 만한 백신 수량을 확보하지만 저소득 국가들은 백신 확보에 어려움을 겪는다. 백신 비용도 문제지만 미국, 영국 등 선진국에서 개발된 백신은 생산량이 제한되었고 특허 문제로 복제도 불가능하다.

백신 확보가 어려워진 필리핀 정부는 2021년 2월 말 영국과 독일에 코로나 백신과 자국 간호사 등 보건 의료 인력을 맞교환하자고 제안

---

56 안치용 『코로나 팬데믹』 김영사, 2021

한다.[57] 해프닝으로 끝났지만 중저소득 국가의 어려움을 단적으로 보여준다.

2021년 5월, 세계보건기구는 9월까지 전 세계 모든 나라 인구의 10%에 코로나 백신을 접종한다는 계획을 세웠으나 결국 달성하지 못했다. 56개 나라는 인구 10%가 접종할 백신 분량을 확보하지 못한다. 2021년 9월 중순 기준으로, 1인당 국내총생산 1천 달러 이하 저소득국의 백신 접종률은 1.9%에 그친다. 전 세계에서 코로나 백신을 한 차례라도 맞은 인구가 42.4%에 이르지만 저소득국의 접종률은 세계 평균의 20분의 1에도 미치지 못한다. 탄자니아 0.6%, 에디오피아 1.9%로 낮은 수치를 보이고 방글라데시 13%, 필리핀도 17% 정도로 낮았다.[58]

사실 전 세계에서 확산되는 팬데믹에서 어느 한 나라만 안전할 수는 없다. 전 국민이 백신 접종을 마쳐 집단 면역을 달성한다 해도 다른 나라에서 유행이 조절되지 않으면 새로운 변이 바이러스가 등장할 확률이 커진다. 변이 바이러스는 기존 백신 효과를 무력하게 만든다.

미국은 처음에 자국이 확보한 백신을 다른 나라에 보내지 않겠다고 공식 천명한다. 미국 바이든 정부는 백신 생산 물질을 군수물자로 지정하고 수출을 통제한다. 많은 나라가 백신 구경도 못 하는 사이 미국은 백신 접종을 신속하게 진행한다. 아스트라제네카 백신을 다량 확보했으나 부작용 우려로 미국인들이 접종을 꺼림에도 창고에 쌓아 놓고 외국 반출을 금지했다. 이런 상황에서 백신 특허권을 일시 정지해야 한다는 여론이 들끓었지만 미국은 좀처럼 반응하지 않았다.

---

57 필리핀의 간호사 등 보건 의료 인력은 외국 취업이 많음. 2019년에만 간호사 1만 7천 명이 해외 취업. 보건 의료 인력 유출 심각성에 필리핀 정부는 코로나 시작 후 해외 의료진 수를 한 해 5,000명으로 제한. 해외 취업 필리핀 간호사들은 매년 300억 달러 이상을 고국에 송금
58 최현준 「접종률 71% 대 1.9% 확 기울어진 백신의 세계」 『한겨레』 2021.9.20

반면 중국은 백신 확보에 어려움을 겪는 나라들에 자국에서 생산한 백신을 무상으로 지원한다. 이러한 중국에 대해 '일대일로' 행보에 대한 협력을 조건으로 걸었다느니 패권 전쟁이니 하지만 지원받는 나라 입장에서는 가뭄 속 단비였다.

백신 특허권
유예 문제

남아프리카공화국과 인도를 비롯한 세계 100여 나라는 2020년 세계무역기구에 코로나 백신 특허를 일시 유예하자고 제안한다. 지식재산권협정TRIPS이 보장한 특허를 유예하려면 회원국 4분의 3이 찬성해야 하고, 결국 특허 유예는 이루어지지 않는다.[59]

미국 트럼프 대통령의 특허 유예 반대 입장은 확고했다. 미국 대통령이 바뀌고 난 후 2021년 5월 5일 바이든 대통령은 코로나 백신에 대한 한시적 특허 포기를 지지하다고 밝힌다. 백신 무상 제공으로 영향력을 키워가던 중국에 대한 견제도 의도했다. 자국에서 남아돌던 아스트라제네카 백신도 다른 나라에 지원한다는 방침을 공개한다. 미국이 특허 유예 방침을 내자마자 독일은 바로 이에 대해 반대 성명을 발표한다. 영국도 반대 의견을 내비친다. 독일과 영국은 자국 기업이 갖는 백신 특허를 포기하지 않겠음을 천명한 셈이다.

유럽연합은 특허 유예에 앞서 수출 규제를 풀어야 한다고 주장한다. 유럽연합이 역내 인도한 정도와 비슷하게 국외로도 인도했는데 미국은 백신 수출을 전면 금지했다는 지적이다. 수출 규제 완화가 선행 과

---

59 김윤나영 「코로나19 백신 가격 인상 짙어지는 불평등의 그늘」『주간경향』 2021.8.9

제라는 주장이다. 특허를 푼다고 바로 생산으로 이어지지 않는다는 주장도 따른다. 이미 생산된 백신의 수출 금지, 원료 수출 금지 등도 문제라는 지적이다. 백신을 생산할 능력이 없는 나라에서는 특허 유예가 무의미하기 때문이다. 결국 '자발적 백신 기부' 장려로 끝난다.

의약품 특허가 전 세계 나라들에 강요된 때는 1990년 들어 세계무역기구가 설립되면서다. 일정 기간 이익이 보장되어야 제약회사들의 신약 개발 의지를 보장 가능하다는 의미에서다. 특허는 신약 가격을 보장하므로 전염병 유행 같은 공중보건 위기에는 많은 사람의 건강, 생명과 대립하게 된다.

남아프리카공화국은 에이즈 환자가 수백만 명에 이르는데 치료제 가격이 너무 높아 환자들이 제대로 치료를 못 받자, 1997년에 특허를 무력화하도록 특별법 제정을 시도한다. 그러나 다국적 제약회사들이 이를 용납하지 않고 국제소송을 제기한다. 이 과정은 전 세계에서 대규모 저항을 불러일으켜 결국 제약회사들이 소송을 취하한다. 특허가 풀리면서 연 5천 달러에 이르는 약값이 100달러까지 떨어졌다.[60]

특허권 문제는 코로나 백신에도 그대로 적용되었다. 코로나 위기에 많은 생명이 죽어 나가는 동안 제약회사와 이 회사들의 국가는 특허를 담보로 이윤을 챙기느라 백신 보급이 늦어졌다.

오미크론 변이 바이러스가 남아프리카공화국에서 처음 확인되고 전 세계로 확산되자 백신 불평등으로 인한 변이 바이러스 발생 주장이 힘을 얻는다. 아프리카 지역은 외부 지원만으로 백신 수요를 충당하기 어려웠다. 아프리카 인구 12억 명 중에서 단지 6%만 백신을 접종한 상

---

60 이동근 「코로나 백신 특허, 제약사가 독점해선 안 되는 이유」 『한국일보』 2021.5.19

태였다. 이에 남아프리카공화국의 한 제약회사가 모더나 백신 복제약 개발에 나서지만 모더나가 지식 재산권을 내세워 기술 공유를 하지 않아 난항을 겪는다.[61]

백신 제조
기업

특허권 논란이 커지자 제약회사들은 이를 회피하기 위해 특허권 포기보다 차라리 백신을 무상 또는 저렴한 가격에 대량 공급하겠다고 제안한다. 어떻게든 특허를 지키고 한편으로는 선례를 남기지 않겠다는 의지의 결과였다. 그러나 이런 제안도 거짓이었다. 2021년 8월 미국 제약사인 화이자와 모더나는 오히려 코로나 백신 가격을 올린다. 유럽연합을 시작으로 다른 나라의 백신 가격도 올리기 시작한다. 가뜩이나 백신을 구하기 어려웠던 나라들은 백신 가격 상승으로 백신 확보에 더 어려움을 겪는다.

국제단체들은 제약사들이 백신 가격을 원가보다 최소 5배 비싸게 책정했다고 지적한다. 화이자 백신 원가는 1회분당 1.18달러, 모더나 백신은 2.85달러라고 밝히기도 했는데 실제 거래는 20-30달러대에서 이루어졌다. 화이자 백신을 가장 비싸게 구입한 나라는 이스라엘로 원가의 24배를 냈다. 코백스도 원가보다 최소 5배를 더 내서 구입해야 했다. 화이자 백신의 90%는 부자 나라들에 팔려 나갔다.[62]

2021년 10월 『뉴욕타임즈』는 모더나의 경우 저소득 국가에 수출한 물량이 약 100만 회분으로 화이자 백신(840만 회분), 얀센 백신(2,500만

---

61 백주연 「"차라리 백신 만들겠다" 남아공 외로운 싸움 시작⋯백신 복제 노력」, 『서울경제』 2021.11.29
62 김윤나영, 같은 글, 2021.8.9

회분)에 크게 미치지 못한다고 보도했다. 모더나와 개별 구매 계약 정보가 공개된 23개 국 중 저소득 국가는 전무했고 코백스 퍼실리티에도 연내 최대 3,400만 회분을 공급하기로 했지만 단 1회분도 제공하지 않았다.

중소득 국가의 경우는 프리미엄 가격표가 붙어 백신 1회분 가격이 오히려 고소득 국가보다 높았다. 미국이 15-16.5달러, 유럽연합이 22.60-25.50달러인데 태국 콜롬비아 등은 27-30달러로 책정했다고 한다.[63]

모더나와 화이자 모두 국가로부터 막대한 공적 자금을 받았으므로[64] 사회 재난 시 상당하게 책임져야 하는데 이들은 오히려 백신 판매를 통해 막대한 이윤만을 챙긴다. 2021년 7월 언론 보도에 따르면 화이자는 2021년 매출액 전망치를 기존 260억 달러에서 335억 달러로 상향 조정했다. 모더나도 192억 달러 매출을 전망한단다. 특히 두 회사는 다른 백신 제조회사와 달리 '이윤을 남기겠다'는 입장을 공개하기도 한다. 부스터 샷까지 시행되면서 두 회사의 수익은 더 커질 전망이다.[65]

모더나가 백신 개발에 공동 참여한 미국 국립보건원 NIH 과학자들을 뺀 채 단독으로 특허를 신청하면서 모더나 백신 특허 출원을 둘러싼 법정 공방이 진행 중이다. 특허권 소유권 양상에 따라 이익 배분뿐 아니라 생산 배급 방향에도 영향을 미칠 듯하다.

모더나는 백신 개발과 임상시험을 위해 미국 정부로부터 14억 달러,

---

63 임송수 「악덕 기업 모더나?…빈국에 수출 '제로', 중소득국에는 두 배 가격」『국민일보』 2021.10.10
64 모더나는 미국 정부로부터 약 13억 달러, 국제민간기구인 전염병대비혁신연합CEPI으로부터 90만 달러를 지원받음
65 박용하 「팬데믹이 안겨준 백신회사의 막대한 수익…사회적 책임은 의문」『경향신문』 2021.7.29

백신 5억 회분 생산 및 공급에 81억 달러 등 총 100억 달러를 지원받았다. 연방정부가 2022년 말까지 모더나 백신을 공급받기 위해 제공한 비용도 350억 달러에 이른다. 특히 모더나는 백신 지식 재산권 유예, 저소득 국가 백신 공급 확대 등 바이든 정부의 요구에 모르쇠로 일관한다. 막대한 정부 지원으로 개발된 백신으로 거액의 수익을 내면서 가난한 나라에 대한 백신 공급 노력은 소홀해서 비판을 받는다.[66]

백신 제조회사들이 독점 지위를 이용하여 여러 국가에 일방적으로 불리한 계약을 강제한다는 소식도 전해진다. 미국 화이자는 각국의 다급한 사정을 이용하여 일반적 계약 관행을 뛰어넘는 강압 행태로 이윤 극대화를 추구한 사실이 드러나기도 했다. 미국 소비자 단체인 퍼블릭 시티즌은 알바니아, 브라질, 콜롬비아, 칠레, 도미니카공화국, 유럽연합, 페루, 미국, 영국 등 9개 국과 화이자가 체결한 비밀 계약을 공개하면서 다수의 불공정 조항을 확인했다고 밝혔다.[67]

영국 정부는 화이자와 백신 계약을 하면서 모든 분쟁에 대해 비밀 유지를 한다는 합의를 했다. 이 때문에 앞으로 발생할 모든 중재 절차는 비밀에 부쳐진다고 한다.[68] 브라질과 계약에서는 다음 사항을 요구했다고 한다.

첫째, 브라질은 국가가 보유한 해외자산들에 대한 주권(운용권)을 화이자에 넘긴다. 둘째, 브라질의 국내법은 화이자에 적용되지 않는다(치외법권). 셋째, 브라질은 백신 공급 일정이 지연됨을 감안한다. 넷째, 백신 공급 일정이 지연되어도 화이자는 어떠한 불이익도 감수하지 않는

66 송지우 「'얌체 모더나'에 뿔나 美정부…12조 무상지원했는데, 특허권 도 차지한다고?」 『머니투데이』 2021.11.10
67 이본영 「화이자, 코로나 백신 팔며 주권면제 포기 등 심각한 불공정 계약」 『한겨레』 2021.10.20
68 신진호 「"화이자, '비밀의 방벽' 뒤에서 백신 폭리"…영국 매체 폭로」 『서울신문』 2021.12.5

다. 다섯째, 백신으로 인한 모든 부작용 사례에서 화이자는 민사적 책임을 지지 않는다.

그리고 자사 허락 없이 백신을 다른 곳에서 구매하거나 제공받지 않고 백신을 다른 나라로 반출하거나 수출하는 것도 불가능하다는 내용이다. 계약도 발설하지 못하도록 하였는데 만약 이를 위반하면 계약 물량 전체 대금을 즉시 지급해야 하고, 동시에 나머지 물량을 공급하지 않아도 된단다.[69]

콜롬비아 정부와의 계약에서는 자사 백신의 개발, 제조, 판매와 관련해 제3자가 지식 재산권 침해를 주장하면 콜롬비아 정부는 그에 대응하고 비용을 부담해야 한다는 내용이 들었다. 화이자는 각국의 절박한 사정을 이용하여 불공정 계약을 강요하는 것이다. 다른 나라들과의 계약에도 이와 비슷한 내용이 많아 '백신 테러리즘'이라 비판받기도 한다.

아스트라제네카는 그래도 나은 편이다. 영국과 스웨덴에 기반을 둔 이 다국적 제약사는 옥스퍼드 대학과 손잡고 코로나 백신을 개발하는데 다른 백신보다 저렴하게 가격을 책정하여 공급한다.

인도는 세계 백신 수요의 50% 이상을 공급해 왔으나 정작 자국에서는 백신 공급에 실패해 대유행을 못 막았다. 고소득 국가가 백신을 선구매해 버렸기 때문이다. 인도 정부는 2021년 1월경 코로나 대응 성공이라 평가하고 백신 구매에 소극적이었다. 그리고 두 민간 기업에서만 독점적으로 백신을 생산하도록 허용하면서 자신들의 생산 역량을 최대로 가동하지 않았다는 비판도 따른다. 두 기업은 백신 독점 생산으

---

69 김근영 「백신 테러리즘…제약사는 당사자를 식민화하기에도 모자라 이제 전 세계를 식민화하려는가」 『마인드포스트』 2021.11.14

로 엄청난 이윤을 챙긴다.

이 중 한 기업인 인도혈청연구소의 대표이자 인도 재벌인 아다르 푸나왈라Adar Poonawalla는 미국 정부의 백신 원자재에 대한 연방물자법 동원을 강하게 비판하면서 백신 불평등을 얘기하지만 정작 인도 내 다른 백신 제조사의 생산 확대 필요성에 반대하면서 자기 기업 이익을 대변한다는 비판을 받는다. 한편 인도 자체 생산 백신은 민간 기업인 바랏에 독점적으로 기술 이전하지만 이 회사는 저렴한 가격에 백신을 보급한다는 당초 약속과 달리 높은 가격에 백신을 판매하여 막대한 이윤을 챙긴다.[70]

남아프리카공화국 아스펜 제약에서 생산하는 얀센 백신 수백만 회분이 유럽으로 수출되고 있다는 『뉴욕타임즈』 보도로 논란이 되기도 하였다. 자기 나라 백신도 모자란 상황에서 백신이 남아도는 유럽으로 수출해야 하는 아이러니한 상황은 코로나를 둘러싼 국제 협력 파탄의 대표 사례다.[71]

백신 임상시험 관련해서 내부 고발 내용이 보도되기도 하였다. 2021년 11월 『영국의학저널』은 화이자 백신 임상시험 관련 비리에 대해 내부자가 고발했다고 밝혔다. 임상시험에서 이중맹검 원칙이 제대로 지켜지지 않았으며, 부작용이 비정상으로 은폐되었고 사후 대처도 부실했다. 코로나 증상을 보이는 백신 접종자에 대해 PCR 검사도 제대로 하지 않았다는 내용이었다. 임상시험을 담당하던 벤타비아 측이 화이자 측에 문제제기를 하고 FDA에도 알렸으나 묵살되었다고 한다.[72]

---

70 박지원 「'글로벌 백신 허브' 인도, 왜 코로나19 백신 공급에 실패했나」 시민건강연구소, 2021.7.2
71 박용하 「백신 부족한 아프리카, 남아도는 유럽에 수출…WHO "망연자실"」 『경향신문』 2021.8.19
72 김근영 「백신 테러리즘…제약사는 당사자를 식민화하기에도 모자라 이제 전 세계를 식민화하려는가」 『마인드포스트』 2021.11.14

코백스의
역할

　　2020년 4월 24일, 세계보건기구, 유럽연합 등이 공동 주관으로 코로나 대응을 위한 글로벌 협력체 'ACT-A'[73]를 출범시킨다. 여기서 백신 구매와 공급 파트 담당인 세계백신면역연합GAVI이 '코로나19백신 글로벌접근구상COVAX' 초안을 발표한다. 이 구상은 고소득-중상위 소득 국가를 한 그룹으로, 중하위 소득-저소득 국가를 또 다른 그룹으로 묶어 설계되었다.

　　고소득-중상위 소득 국가는 코로나 백신 구입 비용을 자부담하는 대신 인구의 20% 물량을 받고, 중하위 소득-저소득 국가는 비용을 원조받는 대신 세계보건기구의 배분 틀에 따른 '최우선 인구' 접종 물량만 받게 되었다. 이 초안 자체도 두 그룹 국가 간 불평등을 내포하며 선진국이 사전 구매한 백신은 포함되지 않아 이를 감안하면 불평등은 더 커진다.[74]

　　'코백스 퍼실리티'[75]는 세계보건기구, GAVI, 전염병대비혁신연합CEPI 주축으로 2020년 6월 11일 공식 출범한다. 몇몇 선진국들의 백신 독점, '백신 국가주의'에 대응하기 위해 설립되어 코로나 백신을 공동으로 구매 공급하자는 취지의 프로젝트다. 이 프로젝트는 모든 나라가 공평하게 백신을 배분받도록 하여 백신이 지구 차원의 공공재로 기능하도록 고안되었다.

　　코백스는 2021년 연말까지 90개 이상 개도국에 백신 약 20억 도스

---

73 Access to COVID-19 Tools Accelerator
74 김선 「유럽연합, '국제공조'하자더니 백신 구매 경쟁」 『시사IN』 2020.7.27
75 COVAX Facility, COVID-19 Vaccine Global Access Facility

제공을 목표했지만 진행 과정은 순탄하지 않았다. 코백스는 '모든 국가가 인구의 20% 물량을 받기 전에는 어떤 국가도 그 이상을 받지 못한다'는 원칙을 세웠지만 코백스 밖에서 진행된 양자 간 구매 계약은 막지 못했다. 강제성 없이 국가들의 자발성에 기초하기에 한계를 드러낸다. 생산량 부족과 독점 가격 문제로 백신 확보 자체가 쉽지 않기에 코백스 역할은 위축되었다.

고소득 국가들은 코백스를 통한 백신 공동 구입을 추진하는 한편 코백스 취지와 반대로 개별 기업과 구매 계약을 했다. 코백스는 여러 백신 공급원 중 하나로 전락하고 말았다. 자국 백신 확보를 위해 개별 계약을 체결하면 할수록 코백스는 백신 물량과 가격을 안정적으로 확보하는 데 어려움을 겪는다. 결국 백신의 공평한 접근 보장을 저해하거나 더디게 만들었다.[76]

코백스와 선진국 사이 기부 논의가 진행되었지만 변이 바이러스 출현으로 중단되었다. 어느 백신이 효과적인지도 모르는 상태였고 추가 접종이 필요할 수 있어서다.[77]

백신을 둘러싼 국제 협력이 원활하지 않음은 팬데믹 자체가 국내 정치 상황과 긴밀하게 연결되기 때문이다. 백신을 제대로 확보하느냐가 정치 지도자의 지지도와도 긴밀히 연결된다. 백신 보편 분배를 주장하는 목소리가 적은 것은 아쉬운 대목이다.

---

76 임소형 「팬데믹 시대, '백신 국가주의'를 비판한다」 『프레시안』 2021.1.27
77 김표향 「선진국 '백신 사재기' 어느 정도길래…"당장 기부 시작해도 늦다"」 『한국일보』 2021.3.12

백신 불평등
문제

선진국들은 백신 확보에 어려움이 크지 않았다. 오히려 내부의 백신 기피자들 때문에 접종률이 정체되는 게 더 큰 문제였다. 백신은 남아돌았고 백신 접종을 위해 온갖 인센티브와 강제 조치들이 병행되었다. 델타 변이 바이러스 감염이 확대되자 선진국들은 백신 접종 강제 조치들을 강구하기 시작했다.

반면 가난한 나라에서는 1차 접종도 제대로 진행하지 못하는 상황이 계속된다. 백신 불평등은 팬데믹의 어두운 단면 중 하나다. 이런 불평등이 계속되자 세계보건기구는 선진국의 부스터 샷 보류를 요청하지만 이를 수용한 나라는 없었다.[78]

백신을 어떻게 배분할지도 관심사가 되었다. 우리나라에서는 코로나 방역과 치료에 참여하는 의료 기관 종사자 그리고 요양 시절에 거주하는 노인들이 우선 접종 대상이었는데 이에 대해 문제를 제기하는 사람은 보기 어려웠다.

코로나19인권대응네트워크 등 단체들은 2021년 1월 25일 '백신 우선순위 및 배분 결정은 인간의 존엄과 권리에 기반해야 합니다'라는 제목의 성명을 발표하였다. 성명에서는 우선 순위 선정과 배분 원칙에 포함되어야 할 내용을 언급한다.

첫째는 인간 존엄에 기반한 인권 원칙을 모든 논의와 결정 과정에 반영하고 그 논의 과정을 투명하게 공개하라, 둘째는 논의 과정에 시

---

78 세계보건기구 거브러여수스Ghebreyesus 사무총장은 백신 접종을 시작도 못한 나라도 존재하는 상황에서 '선진국의 부스터 샷은 의미 없는 탐욕'이라고 비판. 선진국의 백신 사재기는 가난한 나라 접종을 방해하므로 전 지구 차원의 팬데믹 종식은 더 어려워지겠다는 지적이기도 함

민 사회의 참여를 보장하여 실효적인 정책을 강구하라, 셋째는 백신 접종 여부가 또 다른 차별과 혐오로 흐르지 않도록 현존하는 불평등 위험을 완화시킬 방안을 마련하라, 지만 현실은 이와 달랐다.

논란 속에서도 전 세계 나라들에서 백신 접종은 계속되어 집단 면역 얘기가 나오고 마스크 벗을 준비를 하는 중이었다. 그러나 복병이 나타난다. 인도에서 발견된 델타 변이 바이러스가 전 세계로 급속히 전파되면서 다시 감염자가 증가하기 시작한다. 워낙 전파력이 강해 미접종자 중심으로 확진자가 발생한다.

개별 국가 차원의 방역만으로는 팬데믹 흐름을 피하지 못함을 보여준다. 델타 변이 바이러스 대유행이 거세지면서 마스크 벗기는 보류되고 거리 두기는 강화된다. 백신이 남는 선진국 중심으로 특정 집단이나 특정 상황에서 백신 접종을 의무화하는 정책이 시행되기 시작하였다.

부스터 샷과
백신의 보편적 분배

델타 변이 바이러스가 세계적으로 확산되면서 돌파 감염이 빈번하게 발생한다. 백신 접종 후 시간이 지나면서 항체가 감소한다는 보고들도 나온다. 이에 따라 부스터 샷에 대한 논의가 본격화된다. 이스라엘이 2020년 8월부터 부스터 샷을 시작한다. 미국과 영국도 논의를 시작한다. 백신 제조사들은 자신들이 예방 효과가 빠르게 감소한다는 보도자료를 내놓고 추가 접종을 독려하는 반면 미국 식품의약국FDA 등 전문가들은 신중한 태도를 보인다. 부스터 샷이 백신 제조사들에게 엄청난 이윤을 갖다 주리라는 사실이다.

이런 논란도 백신이 남아도는 선진국에서나 가능하다. 아직 1차 접종도 제대로 못 한 많은 나라에서는 먼 얘기일 뿐이다. 부스터 샷 효과에 대해서도 논란이 많았지만 국가 차원의 대응만으로는 세계 차원에서 진행되는 팬데믹 흐름을 막기 어렵다는 의견도 제기된다. 한 국가에서 백신 접종을 마무리해도 세계 차원에서 감염 자체를 낮추지 않으면 변이 바이러스 등장으로 백신 접종이 무력화된다는 논거다.

팬데믹이 종식되려면 일부 국가의 부스터 샷 확대보다 세계 차원의 보편 분배가 더 효과적이며 정의롭다. 세계보건기구 거브러여수스Ghebreyesus 사무총장은 "선진국의 하루 부스터 샷 공급량이 개발도상국 백신 공급량보다 6배나 많다는 사실은 부끄럽다. 개발도상국의 백신 접종을 서두르지 않으면 다른 곳에서 새로운 변이가 출현해 코로나와의 싸움에서 다시 후퇴하게 된다. 부스터 샷은 당장 멈춰야 할 스캔들이다"라고 우려를 표했다.[79]

또 다른 스캔들 하나는 선진국들이 가난한 국가에 기부하는 백신들이 유통 기한에 임박한 경우가 많아 유효 기간에 투여하기 어렵다는 점이다. 이런 이유로 가난한 나라들은 선진국의 백신 기부를 거부한다. 2021년 12월 한 달 동안만 약 1억 회분 백신이 거부당했다.[80]

정략화한
백신 논쟁

국내에서 백신 관련 논란은 주로 백신 확보가 늦었다는 점과 백신 부작용 관련 내용이었다. 백신은 유럽과 미국 등 백신 개발

---

79 김성우 「WHO "부스터 샷 연기하라" 경고에도…미국·유럽 '3차 접종 박차'」 『헤럴드경제』 2021.11.20
80 원태성 「빈곤국, 지난 1달 동안 기부 백신 1억 회분 거부…"이유는 유통기한 임박"」 『뉴스1』 2022.1.14

국가들이 독점하였고, 자체 개발 못 하거나 생산 기반을 갖추지 못한 나라는 백신 확보에 곤란을 겪는다. 우리나라도 백신 확보가 늦어지면서 여론의 비난을 받기도 했다.

백신 접종이 시작되면서는 백신 부작용에 대한 우려들이 나왔다. 초기에 아스트라제네카 백신을 주로 접종했는데 젊은 층에서 혈전증 발생이 확인되면서 우려가 커진다. 그러나 발생 빈도는 아주 낮은 것으로 백신 접종 이점을 상쇄할 정도는 아닌 수준이었다. 그러나 언론들이 백신 부작용을 집중 보도하면서 백신 수용도가 하락한다. 백신 부작용과 연관성이 없음에도 아무 검증 없이 보도하여 '백신 불안증'을 증폭시켰다. 이런 보도들은 백신에 대한 막연한 공포심을 조장하여 결국 백신 거부로 이어졌다.

백신에 관한 언론의 무책임한 보도는 2020년 가을에 시행된 인플루엔자 백신 접종 시기에도 전조 현상을 보였다. 그 때도 근거 없이 부작용 사례라고 제시하면서 접종률 하락을 이끌기도 했다. 이런 행태가 코로나 백신 접종기에도 그대로 반복되었다. 정부 비판을 위해 백신 부작용을 필요 이상으로 또는 근거 없이 확대 재생산하는 언론들의 보도는 방역 활동에 혼란을 야기한다.

백신 접종 의무화와
방역 패스

미국과 이스라엘, 유럽을 중심으로 백신 접종률이 증가하면서 코로나 환자 발생이 줄자 마스크 벗기 선언이 나온다. 백신 접종자들은 마스크를 안 쓰겠다는 선언이었다. 그러나 전 세계적으로 전염력이 강한 델타 변이 바이러스 유행이 확산되자 코로나 백신 접종을 강제하는 경우가 늘어났다. 이에 백신을 둘러싸고 새로운 인권 논란이 발생한다.

유럽연합 회원국이 도입 중인 '그린 패스'는 코로나 백신을 1회 이상 접종하거나 이전 48시간 사이 코로나 검사 음성을 보여 주는 일종의 증명서이다. 유럽과 미국에서 백신 접종 증명서 제출을 요구하는 지역이 많아지자 위조 증명서까지 등장한다.

프랑스는 선진국 중에서 백신에 대한 불신 정서가 강한 나라이다. 의료진들조차 백신을 거부하는 사람들이 많아서 다른 유럽 국가에 비교해 접종률이 낮다. 백신 접종률이 기대에 미치지 못하고 델타 변이 바이러스 전파로 환자가 급증하면서 4차 유행이 시작되자[81] 프랑스 정부는 식당, 카페, 쇼핑몰 등에 가거나 기차, 비행기를 타려면 코로나 접종 증명서인 '보건 증명서 passe sanitaire'를 반드시 제시해야 한다는 '코로나19 퇴치법' 개정안을 발표한다. 의료진과 요양원이나 장애인 보호 시설에 근무하며 취약 계층과 접촉이 잦은 이들에게도 백신 접종을 의무화했다. 이를 거부하면 해고, 급여 중단 등의 제재도 취해진다고 발표한다.

이 발표가 있고서 프랑스 전역에서는 대규모 백신 반대 시위가 일어나 '백신 접종은 개인 자유다'라고 외친다. 백신 접종을 강요하지 말라는 요구였다. 전국에서 수만 명 이상이 참여한 시위에서 상당수가 마스크를 안 썼고 백신 접종 센터 건물이 파괴되기도 한다.[82] 백신 의무 접종을 개인 자유 침해 정책으로 간주하면서 마스크 의무 착용과 비슷한 맥락에서 거부하는 듯했다.

---

81 당시 확진자의 90% 이상이 백신 미접종자
82 황시영 「"백신 안 맞을 자유!"…접종센터까지 파괴한 프랑스 시위」 『머니투데이』 2021.7.19

그리스와 이탈리아도 의료 종사자와 요양 시설 직원의 백신 접종을 의무화하고 이를 거부할 경우 업무에서 배제하기로 하자 수천 명이 반대 시위에 나선다. 이탈리아에서는 의료진 3천여 명이 보건당국 상대 소송을 내기도 한다. 백신 접종률이 높은 영국도 요양 시설 종사자의 백신 접종을 의무화하자 반대 청원 운동이 일어난다. 이스라엘은 코로나 백신 접종률이 높은 나라 중 하나지만 코로나 감염자가 많아 백신 접종을 강제하기 시작했다. 이스라엘도 그린 패스를 발급한다. 특정 실내공간에 들어가려면 그린 패스를 제출해야 하는데 델타 변이 바이러스가 확산되면서 12세 이상이던 제출 의무를 3세 이상으로 강화하기도 했다.

미국도 백신 접종 정체 상황에서[83] 델타 변이 바이러스 전파가 늘자 백신 접종을 강제하는 조치들이 나온다. 뉴욕시는 소속 공무원 백신 접종을 의무화하고 식당, 헬스장, 공연장 등 실내 시설에 들어갈 때 백신 접종 증명을 의무화하였다. 미국의 뉴스 방송사인 CNN은 직원이 코로나 백신을 맞지 않고 출근했다는 이유로 해고하기도 했다. 이처럼 미국에서는 직원에게 백신 접종을 요구하는 회사가 늘어난다.[84] 나아가 식당, 백화점, 상점 등 고객들에게 백신 접종 증명을 요구하는 곳이 증가하는 추세다.

캘리포니아 주는 주 정부로는 처음으로 교직원 백신 접종을 의무화했다. 미접종자는 주간 단위로 코로나 검사 결과를 제출해야 한다. 미

---

83 백신 접종자에게 마스크 착용 지침을 완화하고 인센티브 지급을 늘려도 백신 접종이 정체하자 미국 의사협회 등 60여 개 보건 의료 단체는 2021년 7월 26일 의료 종사자에 대한 백신 접종 의무화를 촉구

84 미국은 100인 이상 사업장의 경우 코로나 백신을 접종받거나 매주 코로나 검사를 받게 하는 조치를 발표. 인구 8천만 명이 여기 해당, 이에 공화당이 주지사인 주 중심으로 소송을 걸고 법원은 사기업 코로나 백신 접종 의무화 지침이 위법 소지 있다고 판결

국의 몇몇 주립대학이 백신 접종을 마친 학생만 캠퍼스에서 수업을 듣도록 하자 일부 학생들이 소송을 걸었다. 미국에서도 백신이 정치화하면서 공화당이 장악한 주에서는 바이든 정부의 백신 접종 노력에 반기를 든다. 어떤 주에서는 '백신 접종 및 마스크 착용 의무화' 금지 법안을 통과시키기도 했다.

우리나라에서는 백신 부작용에 대한 언론 보도가 이어지면서 일부 백신 저항감이 형성된다. 초기에 접종 예약률이 좀체 안 오르자 접종 인센티브도 제시한다. 접종자는 야외에서 마스크를 안 써도 되고, 가족 모임 인원 제한에서 제외되고, 경로당 방문도 허용한다는 내용이었다. 이러한 인센티브 제시와 카카오 네이버 활용 잔여 백신 접종 시스템 도입 등으로 접종률이 증가한다.

접종률이 70%를 넘자 위드 코로나 정책을 시행한다. 2021년 11월 거리 두기를 대폭 완화하자 환자가 급증하고 오미크론 변이 바이러스가 확산되자 방역 당국은 '방역 패스'를 본격 적용하려 했다. 이에 일부 의료계 인사들과 시민들이 '정부가 일상이 불가능할 정도로 미접종자의 기본권을 침해한다'며 방역 패스 처분 취소 소송을 제기하여 일부 승소 판결을 받는다.

백신 접종이라는 공중보건과 신체에 대한 자기 결정권이라는 가치가 충돌하는 국면이 전개된다. 이 논란은 그나마 여유 백신이 존재하니 가능하다. 백신이 절대 부족한 나라는 접종 원하는 이들에게 접종하기에도 벅찬 형편이 장기간 계속되었다. 백신 불평등의 한 단면인 셈이다.

백신을 거부하는
사람들

　　　백신이 팬데믹의 종료 또는 완화에 기여하리라는 강한 믿음이 지배하는 한편 이를 거부하는 사람들도 존재한다. 많은 나라가 백신이 없어 접종 못 하는 기간이 계속되었으나 백신이 넘쳐나는데도 접종 거부자 때문에 애를 먹는 나라도 많다. '백신 기피 vaccine hesitancy' 현상이다. 대표 나라가 미국이다. 트럼프 지지자 중심 보수 진영은 백신 거부자 그룹을 형성했다.

　백신 접종 거부는 보수주의 정치와 긴밀히 결합한다. 개신교 복음주의를 믿는 백인들이자 공화당 지지자인 경우가 많다. 지리상은 남동부와 중서부 여러 주에서 백신 거부 경향이 강하다. 이들은 마스크에 이어 백신도 거부하는데 미국 전체 국민의 20% 정도로 추산된다. 이들은 백신 자체에 대한 불신도 있지만 자기 의사결정권에 대한 의지도 강조한다. 미국의 어떤 마을은 백신 거부를 당연시해 백신 접종자들이 눈치를 봐야 하는 분위기가 형성되었다. 백신 접종을 유도하느라 온갖 인센티브도 제공했다. 백신 접종률이 정체되고 델타 변이 바이러스에 의한 감염이 확대되자 인센티브보다는 강제와 압력을 확대하는 경향이 두드러졌다.

　반면 우리나라에서 백신 거부는 다른 맥락에서 발생한다. 백신 접종 초기에 언론들이 과도하게 백신 부작용에 대한 우려 기사를 쏟아내면서 막연한 공포가 형성된다. 접종은 75세 이상 고령자부터 시작되었는데 이들 중 일부가 자의든 타의든 접종을 거부한다. 요양원 거주 고령자들은 자식들이 백신 접종 여부를 결정하는 경우가 많은데 백신 접종을 거부하거나 뒤로 미루는 경우가 종종 나타났다. 요양원 고령자 경우 대부분 기저 질환자여서 백신 부작용이 우려된다는 걱정도 많았다.

그러나 팬데믹이 길어져 쉽게 끝나지 않고 유일한 탈출구는 백신이라는 생각이 자리 잡으면서 백신 접종으로 사람들이 몰린다. 접종 예약을 위해 치열한 경쟁이 이루어진다. 백신에 대한 불신이 일부 SNS를 통해 퍼지기도 했지만 크게 확산되지는 않았다.

코로나 치료제의
불평등

다양한 약물이 코로나 환자 치료에 사용된다. 항체 치료제, 항바이러스 제제, 경구 치료제 등이 해당한다. 항체 치료제나 항바이러스 제제는 주사제여서 입원 치료를 받는 환자에게 한정 투여하는 데 비해 경구 치료제는 가정에서도 복약 가능하다. 상황 전환이 가능한 '게임 체인저'로 기대를 모았다.

미국 머크앤컴퍼니 MSD 사가 개발한 최초의 코로나 치료제인 몰누피라비르 Molnupiravir[85]와 화이자 사에서 개발한 팍스로비드 Paxlovid[86]가 알려졌다.

이 치료제들은 구매 경쟁이 치열하다. 미국과 영국 등 부자나라들이 2022년 상반기 이용 가능한 공급량 상당분을 선구매했다는 보도가 나온다.[87] 코로나 백신과 마찬가지로 치료제들도 비싼 가격에 거래되고 그나마도 선진국들이 독점하면서 불평등이 나타나기 시작한다.

---

85 2021년 11월 영국에서 긴급사용 승인을 받았고 미국에서는 다른 승인된 코로나 치료제를 사용 못하는 환자에게 투약하도록 승인받음
86 2021년 12월 22일 미국 식품의약국에서 최초로 경구 치료제로 긴급사용 승인. 우리나라에서는 2020년 12월 27일 긴급 사용 승인하였고 1월 13일 도입되어 실제 환자 투약 시작
87 공병선 「먹는 코로나19 치료제 쓸어가는 선진국⋯백신 불평등 되풀이되나」 『아시아경제』 2022.1.15

3부

사회 약자와
소수자의 고난

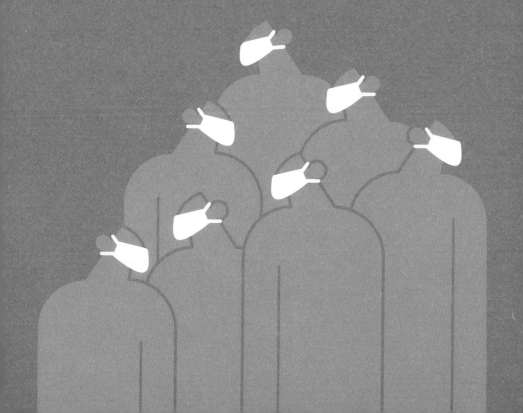

12장 노인들의 고립과 죽음

코로나 팬데믹으로 가장 고통받고 희생당한 집단은 저학력 저소득 고령층이다. 시설에 수용된 노인들 고통이 컸다. 요양 시설 거주 노인들은 장기간 가족 면회가 제한되어 인권 침해 논란도 따랐다. 노인들이 이용하던 시설들이 연달아 폐쇄되거나 축소되었다. 복지관에서 제공하던 점심 식사도 중단되거나 도시락으로 대체되었다. 경로당이나 주간 보호 센터들도 문을 닫아 노인들의 고립감, 우울감이 증가하면서 코로나 블루도 심각한 상황이다.

요양 시설의 노인들

우리나라에서 요양원 15만 명, 요양병원 25만 명 등 무려 40만 명 노인이 요양 시설에 거주한다. 전국에 요양원은 3,000개, 요양병원이 1,400개 정도다. 우리나라 전체 병원 3,000여 개 중 절반 가까이가 요양병원이다.

노인들은 인생 말년에 평균 1-3년 정도를 이 요양 시설에서 지내다 생을 마감하게 된다. 요양원은 기본이 4인실 구조여서 사생활 보장이 안 되는 상황에서 낯선 노인들과 같이 지내는 스트레스를 견뎌야 한다. 요양원 인력 부족으로 인한 부담은 요양 시설의 돌봄 질 저하로 이어지게 된다.

코로나 팬데믹으로 누구보다 시설에 수용된 노인들 고통이 컸다. 코로나 유행이 본격화할 무렵인 2020년 1월 29일부터 요양원 면회 금지 조치가 내려졌다. 처음에는 단기간이려니 했으나 기약 없이 연장되고 결국 2년 이상 계속되었다. 면회도 아주 제한된 방식으로만 허용되었다. 요양 시설 노인들은 가족을 보지 못하는 채로 장기간 갇혀 지내게 된다.

가끔 창문 너머로 겨우 얼굴 정도 보기가 가능했다. 시설 노인들의 고립감이 심해지면서 상태가 나빠지는 경우가 허다했다. 장기간 가족 면회를 차단하는 방역 조치는 시설 노인들에게 안 좋은 영향을 미친다. 고독감, 우울감이 증가하고 문제 행동도 증가한다.

코로나 팬데믹이라고는 하지만 2년 이상 장기간 가족 면회를 차단함이 적절한지 논란의 여지가 크다. 영국도 초기에는 전면 봉쇄했으나 얼마 지나지 않아 입소자에게 고정된 방문자 1명을 허용하였다. 네덜란드도 요양 시설 방문 금지 조치가 시설 거주자의 고독감을 키우는 등 부정 영향이 커지자 방문 금지를 해제하고 고정 방문자 1명을 허용한다.[1]

---

1 양난주 「코로나가 알려준 노인 돌봄 '공공화'의 필요성」 『프레시안』 2021.6.17

아무리 면회를 제한해도 완벽하게 코로나 전파를 피하기는 어려웠다. 시설 직원 또는 다른 경로를 통해 시설 노인들도 감염되기 시작했다. 몸과 마음이 허약한 상태라 코로나 감염에 취약한 노인들이다. 많은 희생자가 노인 요양 시설에서 발생한다.

2020년 12월 3차 유행 시기 코로나 환자를 수용할 병상이 모자라자 요양 시설에서 집단 감염이 발생하는 경우 바로 코호트 격리하는 상황이 발생한다. 제대로 치료가 이루어지지 못하는 조건이어서 많은 희생자가 발생한다.

부천시 한 요양병원에서도 집단 감염 발생으로 환자 38명이 사망하여 단일 시설 최다 사망을 기록했다. 2020년 요양 시설에서 감염된 사람은 전체 확진자의 6% 정도였지만 전체 사망자 중에서는 40%를 차지하였다.

다른 나라 상황도 마찬가지였다. 감염 환자 수가 많아 요양원을 거의 방치한 나라도 있었다. 직원이 철수한 요양 시설에서 노인들이 사망한 채로 발견되기도 하였다. 요양원의 노인 사망이 폭발적으로 증가하고 연쇄 감염으로 집단 감염과 집단 사망으로 이어지는 경우도 많았다.

팬데믹 시기에 요양 시설은 말 그대로 죽음의 공간이 되었다. 유럽이나 미국도 예외는 아니었다. 사망자가 많은 미국에서 요양 시설 사망자 비율은 놀랍다. 2020년 11월 기준으로 미국 전체 코로나 사망자 26만 명 중 요양원 등 장기 요양 시설 관련 사망자가 거의 40%다.[2]

---

2 최윤정 「또 코로나 진양지 된 미국 요양원…"사망자 10만 명 넘어"」 『연합뉴스』 2020.11.26

전체 인구 중 요양 시설 입주자가 1% 안팎인 점을 감안하면 피해 정도가 심각하다. 미국에서는 코로나가 확산되면서 노인, 장애인들이 요양 시설에서 강제 퇴거당했다고 한다. 장기 요양환자보다 수익성이 높은 코로나 환자를 받기 위해서였다.

미국 공보험인 메디케어와 메디케이드에 따르면 장기 요양 환자보다 급성기 환자의 수익성이 더 높도록 수가 체계가 재편된 데다 코로나 확산으로 병원 병상이 부족해지자 요양원이 코로나 환자를 수용하도록 한 정책으로 피해가 더 컸다. 요양원에서는 제대로 된 치료가 이루어지길 기대하기 어렵다.[3]

이탈리아에서는 팬데믹 초기 코로나 피해가 가장 컸던 롬바르디아주 한 요양원에서 무려 180여 명이 코로나로 사망하여 요양원 직원들의 직무 태만 등에 대해 검찰 조사가 이루어졌다. 스페인에서는 요양원 환자들이 침대에서 사망한 채 발견되었다. 직원들이 모두 환자를 버리고 떠난 후였다. 일본 오키나와 한 요양병원에서도 196명이 확진되고 이 중 64명이 사망하였다.

수많은 노인이 요양원에서 사망했다. 요양원 직원들은 적절한 보호 장구 없이 일해야 했다. 더 큰 비극은, 많은 노인이 팬데믹 초기에 방치되다가 사망했는데 코로나바이러스로 인한 사망으로 기록조차 되지 않았다는 점이다.[4]

---

3 김윤나영 「'돈 되는' 코로나 환자만…환자를 쫓아내는 미국 요양원」 『경향신문』 2020.6.22
4 더 케어 컬렉티브 『돌봄선언』 정소영 옮김, 니케북스, 2021

노인 코로나 환자의
인권 문제

　　　　　노인 코로나 환자들은 다양한 기저 질환을 앓는 경우가 많으니 치료가 더 까다롭다. 중증으로 넘어가는 경우도 훨씬 더 많다. 치료 기간도 길어지고 예후도 나쁘다. 사망자도 많다. 환자 수가 통제될 때는 병상 부족이 문제되지 않았으나 유행기에는 병상 부족이 심각한 현안으로 대두되었다. 중환자실 병상과 인공호흡기 등 중증 코로나 환자 치료에 필요한 자원이 한정된 상황에서 환자 수가 많아져 치료자를 선택해야 할 때면 노인들이 불리하다. 이를 결정해야 하는 의료진 부담을 덜기 위해 미리 치료를 스스로 포기하도록 유도하는 무언의 압력까지 가해진다.

　팬데믹 초기 유럽에서 환자 폭증으로 의료 붕괴가 일어난다. 이탈리아에서는 상황이 더 악화된다면 80세 이상 노인들과 심각한 기저질환자는 그냥 죽게 내버려 두겠다고 선언했다.[5] 이탈리아만의 문제가 아니다. 일단 의료 붕괴가 발생하면 '선택 치료'가 이루어진다. 치료에서 배제되는 일순위가 고령자다.

　영국의 보수 언론인 제레미 워너 Jeremy Warner는 한 칼럼에서 "코로나는 노령의 피부양자들을 상대적으로 더 많이 도태시켜, 철저히 객관적 경제 관점에서 장기적으로 유익하다"고 언급한다. 팬데믹 초기 영국이 취했던 자연면역 전략도 결국 고령층 희생을 불가피하다고 받아들이는 내용이다.[6]

5　슬라보예 지젝 『팬데믹 패닉』 강우성 옮김, 북하우스, 2020
6　박병준 외 『코로나 블루, 철학의 위안』 지식공작소, 2020

코로나 사망의
불평등

코로나 사망자 대다수가 노인이지만 노인이라는 하나의 범주로 묶어 이해하기 곤란한 부분이 보인다. 학력이나 소득에 따른 '사망 격차'가 분명 존재하기 때문이다. 우리나라에서 2020년 코로나 사망자 전수 조사 자료를 분석한 한 결과를 보면 코로나 사망 950명 중 60살 이상 고령층이 905명으로 95.3%에 이른다.

그 중 초등학교를 나오지 못한 이들이 149명, 16.5%를 차지한다. 이는 60세 이상 전체 인구 집단에서 초등학교를 나오지 못한 이들의 비율(7.4%)보다 2.2배 높은 수치다. 초등학교 졸업자를 포함한 저학력 사망 노인은 1.5배 높았다. 저학력 저소득 고령층이 코로나에 더 취약함을 나타낸다.[7]

고립되는
노인들

집에서 지내는 노인들도 힘들기는 마찬가지였다. 노인들 이용 시설이 연달아 폐쇄나 축소되었다. 복지관 제공 점심 식사도 중단되거나 도시락으로 대체되었다. 경로당이나 주간 보호 센터들도 문을 닫았다. 친구 친지 가족과의 교류도 감소하였다. 시골에 혼자 사는 노인들은 자식들의 명절 고향 방문을 만류해야 했다.

치매 노인을 돌보는 안심 센터가 200곳 이상 존재하지만 코로나로 인해 운영이 중단된 센터가 많다. 사회와 단절되면서 치매 노인들의

---

7 이재호 「'무학' 노인들, 코로나 사망에 더 취약했다」 『한겨레』 2021.11.3

인지 기능은 급격하게 떨어지게 된다. 재택 간병이나 방문 간호 등 재택 보건 의료 서비스 이용도 감소하였다. 코로나는 노인들을 고립시켰다. 코로나에 감염되면 생사를 건 투병 생활을 견뎌야 했고 비감염 노인들은 감염을 피해 고립 당하거나 스스로 고립되어야 했다. 이러한 상황이 우울감을 극대화한다.[8] 정부가 코로나 백신 접종에 대한 인센티브로 경로당 방문 허용을 내건 것은 이러한 이유 때문이기도 하다.

여름에 폭염이 계속되자 노인들의 어려움이 증대한다. 그동안 경로당은 시원하게 여름을 날 수 있는 장소였으나 코로나로 인해 문을 닫으면서 이마저 어려워졌다. 특히 혼자 사는 노인들의 고립은 더 커졌다.[9] 이들에게 팬데믹은 잔인함의 극치였다.

유럽 선진국 노인들도 마찬가지 고난을 겪었다. 팬데믹 초기 코로나 환자 폭증 때 이탈리아는 70세 이상 노인의 외출을 금지한다. 이에 다수 노령층 이탈리아 작가 예술가들은 집에만 머물라는 정부 방침에 반대하며 서명과 함께 호소문을 발표한다.[10]

노인들의
고난

어린이집, 유치원, 학교 등이 문을 닫으면서 어린이들이 집에서 지내는 시간이 늘어난다. 이들과 같이 지내는 노인들은 부모를 대신하여 어린이 돌봄을 떠맡기도 한다. 어린이 돌봄을 책임지는 기간

---

8 보건복지부가 조사한 2021년 2분기 '코로나19 국민 정신건강 실태조사' 결과 노인 연령인 60-70대의 자살 생각 비율이 2020년 5월 4.71%에서 2021년 6월 8.17%로 상승. 팬데믹으로 인한 고립이 길어지면서 우울감 증가 (보건복지부 『2021년 2분기 코로나19 국민 정신건강 실태조사』 2021.7)
9 통계청 자료상 2020년 한국 전체 독거 노인은 158만 9천여 명
10 조르조 아감벤 『얼굴 없는 인간』 박문정 옮김, 효형출판, 2021

이 길어지면서 부담이 커지는 상황이다. 어린이들은 등교 대신 비대면 온라인 교육을 받아야 하는데 노인들은 이런 디지털 교육에 익숙하지 않아 돌봄조차도 원활하지 않았다.

팬데믹으로 집에 머무는 시간이 길어지면서 노인 학대 증가가 나타났다. 주로 가정에서의 학대가 문제이고 학대 피해자는 여성 노인인 경우가 많았다.[11] 동시에 여성 학대, 어린이 학대도 증가하여 팬데믹은 '학대 팬데믹'으로 진행된 경향이다.

---

11 보건복지부의 『2020 노인학대 현황 보고서』를 보면 2020년 한 해 전국 34개 지역 노인 보호 전문 기관에 신고 접수된 사례 16,973건 중 학대 사례는 6,259건으로 전년도 5,243건에 비해 19.4% 증가. 노인 학대 발생 장소는 가정이 5,505건으로 88%, 생활 시설 8.3%. 가정 내 학대는 전년 대비 23.7% 증가. 전체 학대 노인 중 여성이 4,710명, 75.3%로 남성 노인보다 약 3배 정도 높은데 학대 행위자는 남성이 4,883명으로 72.9% (보건복지부 『2020 노인학대 현황 보고서』 2021.6)

13장 여성과 젠더 불평등

팬데믹 기간에 여성은 남성보다 더 많이 고용 시장에서 고전한다. 돌봄에 우선 동원되기에 취업률이 더 떨어진다. 보건 의료, 돌봄 분야 필수 노동자 대부분이 여성으로 고용 불안과 저임금, 감염 위험도는 남성보다 크다. 피임, 임신 중지, 출산 등 재생산 영역에서도 위험이 증가한다. 성폭력 가정폭력 직장 내 성차별도 증가하였다. 특히 저소득 국가에서 문제가 심각하다. 결국 코로나 팬데믹은 젠더 불평등을 가속화한다.

여성 노동의 위기

팬데믹 기간에 여성은 남성에 비해 더 많이 일자리를 잃고 경력이 단절되어 재정 어려움에 놓이게 된다. 실제 초등학생 이하 자녀를 둔 여성이 고용 조정 대상이 되곤 했다. 산모, 육아 휴직자들도 우선 대상이 되었다. 권고 사직이나 해고도 이들을 대상으로 한 경우가 빈번했다. 여성 고용 비중이 높은 서비스업 등이 코로나로 인해 타격을 받으면서 여성은 전반적으로 불리한 상황에 놓이게 된다. IMF 외환 위기가 중년 남성을 직장에서 내몰았다면 코로나 팬데믹은 여성을 직장에서 밀어냈다. 미국을 비롯한 주요 선진국에서도 비슷한 현상이 자주 나타난다.

2021년 5월 초 한국은행 발표 자료에 따르면[12] 일반적인 경기 침체기에는 남성 고용이 더 큰 충격을 받는 경향이나 코로나 팬데믹 이후에는 여성 고용이 더 악화되었다. 사회적 거리 두기로 대면 서비스업 등 여성 비중이 높은 산업을 중심으로 취업자 수가 크게 감소하며, 학교나 어린이집 폐쇄로 육아 부담이 큰 기혼 여성의 노동 공급이 상당히 제약되기 때문으로 보인다.

코로나로 가장 큰 충격을 받는 이들은 여성 비전형 노동자들이다. 방과 후 돌봄 교사, 학습지 교사, 가사 노동자 등으로 2020년 8월 기준, 1년 사이 5만 9천 명이 감소, 남성 비전형 노동자는 8만 7천 명 증가한다. 남성은 배달 라이더 증가가 큰 몫을 차지한 듯하다.[13] 플랫폼 노동 시장에서도 성별 격차가 나타난다.

고용 안정성과 높은 임금을 보장받는 정규직 전문직 여성은 코로나 위기를 그나마 버틴다. 정규직 노동자 지위를 획득하지 못한 여성의 위기는 심각해진다. 20-30대 여성들은 자기 생존과 생활을 지속하기 어려운 위기 상황에 놓인다.[14]

---

12 오삼일 외 「코로나19와 여성고용: 팬데믹 vs 일반적인 경기침체 비교를 중심으로」『BOK 이슈노트』 한국은행, 2021.5.7
13 김미영 「코로나19에 여성 비전형 노동자 6만 명 일자리 잃어」『매일노동뉴스』 2021.6.27
14 김현미 「코로나 시대의 '젠더 위기'와 생태주의 사회적 재생산의 미래」『젠더와 문화』 제13권 2호 (2020) pp. 47-77

코로나로 인한 돌봄 체계 붕괴로 자진해 가정으로 복귀하는 여성도 증가했다. 보육 시설, 학교, 복지관, 방과 후 교실 들 운영이 어려워지면서 여성이 직접 영향을 받는다. 돌봄 체계가 무너져 직장과 일을 병행하던 여성들이 가장 곤란에 처한다.

코로나 확산 후, 육아 부담 가능성이 큰 기혼 여성 취업자 수가 크게 감소한다. 30-45세 미혼 여성 취업자는 팬데믹 초기 6% 내외 감소했다가 6개월 만에 이전 수준으로 회복한다. 기혼 여성 취업자는 초기 10%가량 감소한 후 1년 동안 회복이 어렵다. 팬데믹 이후 1년 동안 30-45세 여성 취업자 수 감소 중 기혼 여성 비율이 95.4%, 미혼 여성 비율은 4.6%에 불과했다.

이런 양상은 과거 외환 위기나 금융 위기와 다르다. 경제 침체기에 남편 고용 상황이 악화되면 기혼 여성이 경제 활동에 적극 참여하는데 코로나 팬데믹에서는 육아 부담 증가가 다른 요인을 압도한다.[15]

[그림 1] 기혼/미혼 여성 취업자 수 배율[16]

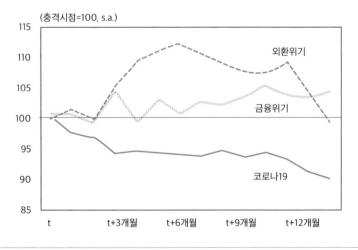

(충격시점=100, s.a.)

외환위기

금융위기

코로나19

t   t+3개월   t+6개월   t+9개월   t+12개월

---

15 오삼일 외 「코로나19와 여성고용: 팬데믹 vs 일반적인 경기침체 비교를 중심으로」 『BOK 이슈노트』 No. 2021-8, 한국은행
16 오삼일 외, 같은 글, 2021

실제 취업자 수 감소에 미혼 여성보다는 기혼 여성이 더 영향을 미치고 특히 자녀 수가 많은 경우, 초등학생 자녀를 둔 경우 고용률이 더 떨어졌다. 이는 돌봄 위기와 긴밀하게 연관된다. 코로나 팬데믹으로 인한 돌봄 위기는 여성 특히 기혼 여성을 고용 시장에서 밀어내는 압력으로 작용했다.

코로나 팬데믹으로 필수 노동의 의미가 부각된다. 대표적인 필수 노동자인 보건 의료 노동자의 74.5%, 돌봄 노동자의 92.5%가 여성이고 콜센터, 판매직 등 서비스업 노동자 대다수도 여성이 차지한다. 대면 서비스가 필수여서 감염 위험이 높아도 저임금과 고용 불안에 시달리는 현실이다.[17]

돌봄 부담의
증가

우리나라에서 돌봄에 대한 사회 지원 체계는 부실하다. 팬데믹 기간 정부는 자녀 돌봄 비용과 시간을 소폭 상향 지원하는 데 그쳤다. 실업 급여나 여타 공적 지원이 돌봄 시간을 못 채웠고 여성 개인 부담으로 전가되었다. 자녀가 있는 여성들은 실업 상태가 계속되거나 취업을 미뤄야 했다. 미국의 경우 실업 수당으로 돌봄 시간 동안 임금 손실 공백을 어느 정도 메웠지만 한국 여성은 돌봄의 대가로 실직이나 임금 삭감, 비용 증대를 감당했다.[18]

코로나 시기 여성의 우울감과 스트레스 증가는 돌봄 과다에서 오는 압박 시간의 증가뿐 아니라 돌봄에 내재한 유대와 친밀성, 책임감 등

17 고정민 「코로나19 최전선에서 싸우는 여성노동자, 사회적 대우는 참담」 『청년의사』 2021.3.9
18 홍석만 「미국의 구인난과 여성의 아이 돌봄 책임」 『미디어오늘』 2021.5.22

감정을 해결하기 어렵기 때문이다. 이런 상황에서 벗어나기 위해 취업 여성들은 전업 돌봄자로 이동하거나 임금 노동 투여 시간을 조절하는 선택을 하게 된다. 직장 여성 퇴직에서 가장 큰 이유가 자녀 돌봄 공백 이라는 보고가 있다.[19]

성과 재생산 건강 및
권리SRHR의 위기

코로나 팬데믹은 재생산 위기로도 이어진다. 임신 중지 서비스의 적절한 제공이 어려워져 부득이 임신을 유지하는 경우가 늘었다. 그러나 산전 관리가 부실한 상황이 계속되어 임신과 출산 과정의 위험도 증가하였다.

우리나라 경우 2019년 낙태죄 위헌 판결 이후 뚜렷한 변화가 없는 상태이다. 후속 법안도 정비되지 않았다. 임신 중지 서비스도 충분히 제공되지 않으며 경구 약인 미프진 Mifegyne도 아직 도입되지 않았다. 코로나로 이러한 상황은 악화했으나 방역 대책에 임신 중지 관련 내용은 전혀 포함되지 않았다.

국제 페미니즘 운동 단체인 'Women Help Women'는 임신 중지에 관한 정보를 제공하고 필요하면 임신 중지 약물인 미프진을 직접 제공하기도 한다. 공식적으로 미프진 구입이 어려운 한국 여성들도 많이 이용한다고 한다. 그러나 코로나 때문에 국제 배송에 차질이 생겨 미프진 지원에 장애가 발생한다.[20]

---

19 김현미 「코로나 시대의 '젠더 위기'와 생태주의 사회적 재생산의 미래」 『젠더와 문화』 제13권 2호 (2020) pp. 47-77
20 성적권리와 재생산정의를 위한 센터 셰어 「SHARE x Women Help Women 인터뷰-전 세계의 재생산 정의 운동과 코로나19의 영향」 『이슈페이퍼』 2020.5

산부인과 병원과 의원들은 임신 중지가 절박한 여성에게 현재 결정 전보다 오히려 높은 금액을 요구해 코로나로 재정 어려움을 겪는 여성들의 부담을 가중시킨다.[21]

코로나 확산으로 전 세계 여성 4,700만 명 이상이 피임을 못하리라고 전망되었다. 대부분 저소득 국가 여성들에게 피해가 집중된다. 피임과 안전한 임신 중지 서비스를 제공하던 국제 원조 사업들이 연달아 중단된다. 제조 및 공급 차질로 피임 재료 품절도 염려되어 전통적 피임법을 이용하니 피임 효과가 감소한다.

피임약이나 인공 임신 중절 수요가 급증할 가능성도 제기된다.[22] 때문에 의도하지 않은 임신을 겪는 여성이 700만 명에 이른다고 한다. 선진국인 영국도 코로나 팬데믹 이후 의료 기관들이 피임 지원 서비스를 줄여 여성들이 적절한 피임 조치를 받지 못해 곤경에 빠졌다고 한다.[23]

여성 건강과 관련하여 최빈국들의 사정은 더 어렵다. 부르키나파소에서 드러난 성과 재생산 건강 영향이 한 사례로 지목된다. 지역 보건 의료 기관에서 보고된 건강 데이터를 분석하던 부르키나파소 보건부는 특정 지역의 모성 사망률이 전년도와 비교해 유례없이 높은 수준임을 파악하게 되었다. 이에 부르키나파소 보건부와 세계보건기구가 협력해 현지 실사를 통해 조사한 결과 다양한 원인이 지목되었다.

임산부 건강 모니터링이 제대로 이뤄지지 않았고, 의료 기관 아닌 가정 분만이 늘어났고, 심지어 임신 관리나 분만을 위한 의료 기관으로의 후송 거부 사례도 늘어났다. 대다수 보건 의료 기관이 문을 닫았

---

21 성적권리와 재생산정의를 위한 센터 셰어 외 『코로나19 유행 시기 한국의 성·재생산 건강과 권리에 관한 시민사회 보고서』 2021
22 유수인 「코로나19 팬데믹 '여성 건강·재생산권' 위협한다」 『쿠키뉴스』 2021.7.9
23 김소윤 「[코로나19로 내몰리는 여성]④ '코로나 베이비붐'이 우려된다」 『우먼타임스』 2020.11.17

거나 제대로 된 의료 서비스를 제공하지 못하였다. 의약품이 떨어지고 수혈 등 필수 의료가 불가능했으며, 제대로 훈련받은 보건 의료 인력도 부족한 상황이었다. 이 모든 원인에는 코로나 및 그로 인해 더욱 심화된 분쟁과 폭력, 경제 불안정과 영양실조 등의 요인이 영향을 미쳤다.[24]

역설적이지만 팬데믹 이후 유럽과 북미 지역에서 신생아 사망과 유병의 가장 중요한 원인인 조산preterm delivery이 줄어들었다고 보고된다. 산모들이 재택 근무로 전환하거나 업무를 중단하면서 직장에서 받는 스트레스에서 벗어나고, 출퇴근 과정에서 발생하는 대기오염, 감염 노출을 피하고 락다운 시기 함께 집에 머무는 가족들로부터 더 많은 돌봄을 받을 수 있었기에 그랬다. 이는 부자 나라의 일부 여성에 한정된 이야기겠다. 팬데믹 기간 건강 격차가 심해지는 한 사례로 보인다.[25]

산모의 고난과
출산율 저하

코로나 팬데믹 기간 출산율은 이전보다 더 감소한다. 출산 연령대 인구가 줄기도 하지만 팬데믹으로 인해 결혼을 미루는 경우도 늘었다. 고용 불안정 등의 문제로 임신을 기피하는 경우도 증가했다.

산모 임신 출산 과정도 순탄하지 않았다. 보건소 등에서 진행하던 교육 프로그램이 중단되거나 비대면 강의로 변경되었다. 영유아와 산모를 위한 가정방문 프로그램('임산부·영유아 가정방문 건강관리 사업'), 의

---

24 장효범 「아프리카 사헬 지대의 코로나19 위기와 불평등」 『프레시안』 2021.4.21
25 김새롬 「코로나 락다운과 임신, 출산…다시 확인된 '재생산 불평등'」 『프레시안』 2021.1.13

료 취약지에서 산전 진찰을 제공하던 방문 진료 사업('찾아가는 산부인과 사업') 등도 중단되었다. 산전 진찰을 위한 병원 방문도 꺼려지는 상황이었다. 코로나가 임신 출산에 미치는 영향이 불확실한 상황에서 감염 우려 때문에 산모들은 전전긍긍했다. 산모 스스로 사회와 격리된 가운데 우울과 불안, 고립을 경험하게 된다.[26]

대부분 산모는 마스크를 쓰고 분만하게 된다. 대형병원에서는 산모 출산 시 마스크를 착용시켰으며 수술실, 분만실, 인큐베이터 등 산모와 아기가 이동하는 모든 동선에 음압 설비를 설치하기도 했다. 산모도 출산 3일 전 코로나 검사를 받아야 하고 긴급 수술 때도 모든 의료진이 전신 방호복을 입고 수술을 한다.[27]

코로나 검사에서 음성이어도 파트너 동반 못한 상태에서 혼자 분만 과정을 겪어 내야 했다. 많은 산부인과가 모자 동실 서비스를 중단하고 가족과 파트너의 방문을 제한했다. 이런 관계 박탈로 산후 우울과 불안 조장이 염려되었다.[28] 산후 조리원도 보호자 출입이 통제되고 다양한 프로그램 진행도 어려워졌다.

코로나 팬데믹 기간 산모가 겪어야 했던 수난 이야기가 전파되면서 임신이 더욱 꺼려졌다. 코로나 팬데믹은 저출산 흐름 강화 방향으로 작용하였다. 실제 합계출산율은 2020년 1분기 0.91명에서 2021년 1분기 0.88명으로 감소한다. 다른 나라들도 마찬가지다. 거의 모든 데이터가 선진국 출산율 하락을 나타낸다.

---

26 성적권리와 재생산정의를 위한 센터 셰어 외, 같은 보고서, 2021
27 채윤태 「코로나19 시대의 '마스크 출산'…고군분투하는 산모들」 『한겨레』 2021.6.21
28 성적권리와 재생산정의를 위한 센터 셰어 외, 같은 보고서, 2021

코로나 산모의
위중함

　　　산모가 코로나에 감염되면 받아주는 병원이 일단 많지 않다. 코로나 치료와 산전 관리 병행이 어려워 의료 기관들은 코로나 산모 환자 진료를 꺼린다. 일부 공공병원들이 이를 맡아서 진료했다. 출산은 더 어려운 문제였다. 출산이 임박해서도 분만을 맡아줄 병원 찾기란 하늘의 별따기다.

　코로나 확진되어 재택 치료 중이던 임산부가 진통과 하혈이 시작되었으나 16군데 병원에서 모두 병상이 없다는 이유로 수용을 거부하여 결국 구급차 안에서 출산하였다.[29] 다행히 병원에 입원했어도 대부분 산모 본인 의사와 무관하게 음압 격리실에서 제왕 절개 수술을 받아야 했다. 의료진 보호를 위해 레벨D 방호복을 착용한 상태에서 진행하는 수술이 수월할 리 만무하다.

　산모는 코로나에 취약하고 감염되면 더 위중한 상태로 진행할 가능성이 커져 조산 위험도 증가한다. 미국 질병통제예방센터CDC 연구에서 코로나 감염 산모는 비감염 산모에 비해 사망률이 다소 높게 나타났다. 코로나 감염 시 치명률이 100명당 1.5명인 반면 유증상 비임신 여성의 치명률은 100명당 1.2명이었다.

　중환자실 입원 가능성은 3배 높았고 인공호흡기 치료 필요도는 2.9배 높았다. 조산 사례는 12.9%로 통상의 10.2%보다 높은 수치를 보였다. 코로나 검사를 받은 신생아 중 양성 판정 비율은 2.6%로 대개 출산 후 1주일 내 산모를 통해 감염되었다.[30]

---

29 이상훈 「병상없어 16곳 입원 거부…확진 임신부 결국 구급차서 출산」 『뉴스1』 2021.12.18
30 김민수 「미 CDC "임산부, 코로나19 중증 가능성 높다"」 『동아사이언스』 2020.11.3

코로나 백신과
여성

코로나 백신 접종이 진행되는 동안 백신이 여성 건강에 어떤 영향을 미치는지 명확한 설명을 찾아보기 힘들었다. 월경이나 임신에 미치는 영향에 대해서도 정보가 불충분했다.

실제 백신 접종 후 월경이 중단되거나 주기가 돌아오지 않았는데 월경이 시작된다는 경험들이 인터넷에 공유되었다. 부작용 모니터링에서 월경 이상이 간과된 것으로 보인다. 월경에 영향을 미치는 요인이 다양하여 연구가 쉽지 않음도 이유였겠으나 남성을 '기본값'으로 설정했기에 논의가 소홀해졌다는 비판도 거세다.

산모의 코로나 백신 접종에도 안전성 논란이 따랐다. 초기에는 정보 부족으로 산모 백신 접종은 보류되었다. 이후 미국 질병통제예방센터가 산모 코로나 감염 경우 중증으로 이어질 위험이 크고 조산과 유산 위험이 증가한다고 자국 내 모든 산모에게 백신 접종을 권고했다. 세계보건기구도 지침을 내어 '산모가 감염 위험이 큰 상황이 예상되면 코로나 백신 접종의 이득이 잠재 위험보다 크다고 판단되는 경우 백신 접종을 권고'했다.[31]

재난 지원금과
젠더 불평등

재난 지원금이 세대 단위로 지원될 경우 젠더 불평등으로 이어지기 쉽다. 대부분 남성 가장의 자원 배분 의사 결정에 따르고

---

31 고정민 「OECD 중 유일하게 한국만 임신부 코로나19 백신 접종 '전면 불허'」 『청년의사』 2021.8.12

여성 요구를 수용하지 않을 가능성이 크다. 폭력적 배우자나 부모와 떨어져 생활하는 여성, 어린이, 청소년들이 배제되기 쉽다.

이런 문제 제기에 따라 가정 폭력 피해를 이유로 쉼터에 사는 여성들에게 재난 지원금을 신청하게도 한다. 그러나 이를 위해 행정 절차를 밟는 과정에서 여성의 소재가 본인 의사와 무관하게 폭력 가해자에게 노출되기도 했다.[32]

여성 폭력의 증가와 섀도 팬데믹

팬데믹으로 여성들의 폭력 노출 빈도가 증가하였다. 대체로 재택 시간이 늘어 가정 내 폭력 사례도 증가한다. 가정 폭력 피해자들은 가해자를 피하거나 신고 못했다. 폭력 신고가 늦어지거나 포기 가능성도 예견되었는데 피해자 보호 조치는 안 보인다.

실제 통계에서도 코로나 유행 이후 살인 강도 절도 폭력 등 강력 범죄는 줄었으나 어린이와 여성 대상 가정 폭력은 증가했다.[33] 가족 부양에 대한 책임이나 그 지위를 통해 남성다움을 인지해 온 많은 남성이 팬데믹 와중에 발생한 지위 불안과 훼손된 지위를 재확인하는 과정에서 폭력을 행사한다는 것이다.[34]

가정 폭력 피해자들의 이용 쉼터는 팬데믹 초기 일방적으로 폐쇄되었고 성폭력 피해자들이 이용하는 상담소나 쉼터도 초기부터 신규 입소 중단과 폐쇄를 반복하는 상태다. 이런 상황에서 성폭력 피해자들은

---

32 성적권리와 재생산정의를 위한 센터 셰어 외, 같은 보고서, 2021
33 김초영 「코로나 장기화…강력범죄 줄고 가정폭력 늘어」 『아시아경제』 2021.4.11
34 추지현 외 『마스크가 말해주는 것들』 돌베개, 2020

방역 수칙 준수를 이유로 시간 내에 검체 채취 등 필요한 의료 서비스를 이용하는 데 어려움을 겪는다. 성폭력 상담과 지원 필요 여성들도 바로 도움받기가 어려웠다.[35]

유엔인구기금 UNPF은 팬데믹 초기 6개월 동안 세계에서 여성과 여아 상대 폭행 사건이 3,100만 건에 달한다고 보고했다. 유엔은 코로나 팬데믹 선포 이후 잇따르는 봉쇄 조치 이면에 가정 폭력을 포함한 여성 폭력 급증 현상을 '섀도 팬데믹 Shadow pandemic'으로 규정하고 각국 정부에 문제 해결을 촉구했다.

유엔여성기구 UN Women는 코로나 이후 1년간 전 세계에서 약 2억 4,300만 명의 여성이 학대당하나 이 중 40%만이 신고하거나 도움을 요청했다고 밝힌다. 프랑스에서는 정부에 보고된 가정 폭력 사건이 전년도 대비 42% 증가했고 이탈리아에서는 페미사이드 Femicide 범죄가 91건에 달했다.[36]

일부 국가에서 여성과 여아 살해 비율이 이전보다 두 배 이상 증가했다.[37] 페루에서는 코로나 봉쇄 후 여성과 소녀 수백 명이 실종되었다. 미국에서도 성폭력 생존자의 도움 요청이 전례 없이 증가했고, 다른 나라들도 성폭력 증가 현상이 관찰된다.

전 세계에서 장애 소녀와 장애 여성은 팬데믹 기간 장애 성 나이에 의해 교차 차별당하고 권리를 침해받았다. 정부가 취하는 조치들이 그들의 성폭력 위험을 높이는 측면도 나타난다. 팬데믹이 상황을 악화시킨다. 여성을 위한 쉼터, 사회복지사, 트라우마 상담사 등 접촉도 어려

---

35 성적권리와 재생산정의를 위한 센터 셰어 외, 같은 보고서, 2021
36 장성우 「유엔 "여성 폭력은 '섀도 팬데믹'" 규정」 『문화일보』 2020.11.26
37 양소리 「코로나19, 여성 인권에 치명…원치 않은 임신 700만 건 달할 것」 『뉴시스』 2020.9.18

워지는 상황이다. 학교나 직장 생활 없이 폭력을 가하는 파트너와 고립되는 경우도 많다.[38]

성매매 여성의
수난

코로나 팬데믹 상황에서 잊힌 존재인 성매매 여성에 대한 기사가 한 신문에 커버 스토리로 실렸다. 성매매 현장은 밀집 밀접 밀폐 공간으로 3밀 현장이며 마스크를 쓰고 싶어도 쓰지 못하며 주소 노출 우려로 재난 지원금도 받지 못한 경우가 많았다고 한다.

동선 공개는 본인 신분이 드러나는 일이기도 하여 더욱 꺼리게 된다. 방문자 명부는 제대로 작성될 리 만무하기에 감염자가 발생하면 해당 여성만 비난의 대상이 되기 마련이었다.[39]

성매매 업소는 감염 확산 시 역학 조사가 어려운 대표 영역이다. 유흥 업소도 집단 감염이 자주 발생하나 접촉자 추적이 어렵다. 이에 여러 지방정부가 성매매 업소 등 유흥업 종사자들에게 코로나 검사 행정 명령을 내리기도 한다. 성매매 여성들은 본인 의사와 무관하게 검사하거나 벌금을 내도록 강요당했다.[40]

재난 자본주의와
사회의 남성화

재난이 기존 자본주의 체제에 대한 반성과 개혁을 끌어

---

38 "Disability rights during the pandemic, A global report on findings of the COVID-19 Disability Rights Monito", 2020 (한국장애인단체총연합회 번역 참고)
39 하어영 「우리는 마스크를 쓰지 못했다」 『한겨레』 2021.3.20
40 성적권리와 재생산정의를 위한 센터 셰어 외, 같은 보고서, 2021

내기보다는 또 다른 성격의 자본주의 축적 체제에 기여하면서 국가의 남성화를 촉진한다고 한다. 미국 카트리나 재앙 이후 허리케인이 휩쓸고 지나간 자리에는 백인 중산층 위주 고급 아파트가 지어져 민간 자본 확장이 이루어진 한편 재난 피해자들을 위한 공적 서비스 제공은 지체되어 재난에 더욱 취약해진다.

일본에서 2011년 대지진 이후 헌법 개정, 부계 혈족주의, 군대 등을 통해 남성성을 강화하여 국가 복원력을 이끌었고 이는 아베 신조가 장기간 우익 정부를 이끄는 동력으로 작용했다.[41]

마찬가지로 코로나 팬데믹 재난으로 인한 돌봄 위기는 여성에게 부담으로 돌아가고 취약 여성들의 어려움은 젠더 불평등 가속화라는 결과를 빚는다. 젠더 불평등 해법을 제대로 찾지 못하면 남성주의 강화라는 엉뚱한 길로 들어서게 된다.

우울증과
자살 증가

팬데믹으로 인한 삶의 변화는 여성에게 크게 나타났다. 변화는 대체로 부정적이다. 행복 지수는 떨어지고 스트레스는 증가하였다. 20대 여성의 56.7%, 30대 여성의 50.5%, 60대 여성의 57.9% 등 여성 대다수가 코로나 블루를 경험한다. 그 결과 우울증과 자살의 증가가 이어진다. 2020년 상반기, 우울증 같은 정서 장애로 병원을 찾은 19-44세 젊은 여성 환자가 전년 동기 대비 21.6%나 증가했다. 같은 연

---

41 김현미 「코로나 시대의 '젠더 위기'와 생태주의 사회적 재생산의 미래」 『젠더와 문화』 제13권 2호 (2020) pp. 47-77

령대 남성은 11.2%만 증가했다.[42]

2021년 상반기 우울증 진료 현황에서 성별 연령별로 분석한 결과 25-29세 여성 환자가 급격히 증가하여 가장 많게 나타났다. 이 연령대 우울증 진료 인원 연평균 증가율이 29.1%로 전체 평균보다 4배 이상 높았다. 주로 고령층에서 발생하던 우울증이 2020년을 기점으로 20대 청년 특히 여성에서 급격 증가하는 양상이다.[43] 사회 경제 환경 변화에 더해 팬데믹이 끼친 영향이다.

2020년 상반기 자살 현황에서도 20대 여성 자살률이 전년 동기 대비 43% 증가하였다. 보건복지부의 「2020년 응급실 내원 자살시도자 현황」 자료에는 응급 의료 기관 66곳에 실려 온 20대 여성 자살 시도자는 4,607명으로, 전체 인원 22,572명의 20.4%로 성별 연령별 구분에서 가장 높은 비율이다. 20대 여성 자살 시도율의 증가 추세는 2020년도에 이전보다 더 커졌다.[44]

거리 두기로 인한 고립감, 일자리와 급여 감소에 따른 재정 어려움, 양육과 돌봄 시간이 길어져 가사 부담 확증, 가정 폭력까지 늘어나 여성 삶의 질이 더욱 피폐해진 결과로 보인다.

42 배준열 「여성·젊은층에 더 짙게 드리우는 '코로나 블루'의 그늘」 『의사신문』 2020.12.6
43 김상기 「20대 여성 '코로나 블루' 심각…우울증 진료 인원 최다」 『라포르시안』 2021.9.26
44 임재우 「응급실서 확인한 '조용한 학살'…20대 여성 자살 시도 34% 늘었다」 『한겨레』 2021.5.3

14장 어린이, 청소년과 교육 위기

코로나 시기 어린이들은 '학교를 잃어버린 세대'이다. 어린이 돌봄에 비상등이 켜졌다. 돌봄 격차는 학습 격차로 이어지기도 한다. 어린이들은 생존권 발달권 보호권 참여권 등에서 피해를 입는다. 학교들이 전면 폐쇄되고 세계에서 15억 명 넘는 학생이 교육 중단을 경험한다. 저소득 국가 취약 계층 어린이들은 폭력에 노출되거나 돈벌이 노동에 참여한다. 홍역 같은 필수 예방접종 사업은 급속히 후퇴한다. 어린이들의 임신율과 조혼, 온라인 성 착취, '코로나 고아'까지 사회 문제로 떠오른다.

어린이 돌봄의 위기

코로나 유행으로 어린이집 유치원 학교 들의 정상 운영이 어려워지면서 어린이 돌봄에 비상등이 켜졌다. 코로나 유행 상황에 따라 등교와 온라인 수업이 번갈아 진행되면서 돌봄 공백으로 혼자 지내는 학생이 늘어난다. 코로나로 방과 후 수업도 전면 중단과 부분 운영이 반복된다.[45]

돌봄 시설과 학교의 중단이나 축소로 어린이들이 집에서 지내야 하는 시간이 늘어난다. 당장 식사부터 온라인 교육 준비까지 돌봄 부담이 급증한다. 맞벌이 부부에게는 곤혹스런 상황이다. 양육으로 인한 스트레스가 증가하고 보호자의 부정적 정서 심화 가능성이 커졌다.[46] 학교에서 생리대 등 필수 위생용품을 이용하던 청소년들은 더이상 학교를 통한 지원을 이용 못한다.

청소년 쉼터의 경우 좁은 공간에서 집단으로 일상 생활을 하므로 감염에 더 취약하다. 어린이와 청소년 돌봄 체계가 분절적으로 운영되어 긴밀하게 협력 못하는 평소 문제가 드러났다. 돌봄이 가장 필요한 어린이와 청소년일수록 돌봄 사각지대에 빠지는 일이 종종 있다고 전해진다.

코로나 백신 접종이 유치원, 어린이집, 초등 저학년 교사 및 돌봄 인력을 대상으로 먼저 진행되었고 그 다음 초중고 교사가 우선 접종 대상에 포함되었다. 그러나 어린이 복지 시설이나 청소년 복지 시설 종사자는 우선 접종 대상자에서 제외되었다.[47]

---

45 대부분이 여성인 방과 후 교사는 대표적인 비정규직으로 수업 없을 땐 급여를 못 받아 코로나 피해자의 대표 격

46 이봉주, 장희선 「코로나19 발생 이후 아동폭력 잠재유형화와 잠재유형별 결정요인에 관한 연구」 『아동복지학회』 70(1), 2021.3. pp. 147-180

47 서상희 「정부 코로나 보호에서도 관심 밖에 몰린 '쉼터 아이들'」 『프레시안』 2021.6.30

제도 교육의
위기

감염 위험으로 등교 수업이 불규칙하게 이루어진다. 팬데믹은 낯선 경험이어서 학교 차원의 방역 대책도 체계가 없고 매우 부실하였다. 방역 수칙이 제대로 지켜지지 않거나 반대로 지나치게 과도하여 학생 인권을 침해하는 상황도 발생한다. 개학 연기나 온라인 수업 등 학사 일정 운영에서 학생들 의견이 제대로 반영되지 않는다고도 지적된다.[48]

무엇보다 장기간에 걸친 휴교는 학업 결손과 교육 격차의 심화가 우려된다. 취약 계층 학생, 학업 성취도가 낮은 학생, 학습 동기가 낮은 학생과 그렇지 않은 학생들의 격차가 단시간에 커질 가능성이 크다. 교육은 온라인으로 대체되었는데 생소한 원격 학습 자체도 스트레스로 작용한다. 어린이 학대, 가정 폭력 문제, 영양 부족 등도 우려된다.[49]

교육 위기는 지구 전체에 불어닥쳤다. 학교들이 전면 폐쇄되면서 전 세계에서 15억 명 넘는 학생이 어떤 형태로든 교육 중단을 경험했다고 한다. 전 세계 학령기 인구의 90%에 해당하는 수치다. 이 중 최소 3분의 1은 원격 학습에 접근하기 어렵다고 추정한다.[50]

이렇게 전 세계가 동시에 교육 위기에 직면하기는 처음이다. 코로나 팬데믹으로 인한 교육 파괴는 규모나 속도 면에서 유례가 없다. 휴교 장기화는 취약 어린이들이 단지 학교 가지 않는 것 이상을 의미한다. 일부 국가에서는 집에 머무르게 된 어린이들의 강제 노동, 조혼, 학대

---

48 해온 「코로나19 관련 학생 인권 실태 조사 보고서」 「뉴스풀」 2020.12.15
49 김경애 외 「코로나 시대, 학교의 재탄생」 학이시습, 2020
50 박하얀 「전 세계 취약층 파고든 '코로나 휴교령'…"1000만 명, 학교에 영영 못 돌아올 수도"」 「경향신문」 2021.9.7

등 위험이 커진다.

독일은 정상 등교를 위해 노력한 나라다. 휴교로 인한 학습 불평등이 미래 세대 불평등으로 이어짐을 우려하여 대유행 시기 외엔 등교를 유지하였다. 이에 학교에 공기청정기를 설치하고 교실 환기를 위해 노력했다.[51]

미국의 경우 2021년 100만 명 이상의 어린이들이 코로나로 학교에 등록하지 않았다고 나타났다. 대부분 저소득층이어서 교육 격차가 증가하리라는 우려가 커졌다. 유치원 등록도 감소했는데 온라인 교육으로 이를 보충할 상황도 아니다. 학교 내 마스크 착용을 둘러싼 논쟁도 계속된다고 한다.

질병관리본부CDC가 마스크 착용을 강력히 권고하지만 플로리다 등 8개 보수 성향 주는 마스크 의무화를 아예 법으로 금지해 놓았다. 플로리다 교육위원회는 마스크 착용 의무화를 '코로나 괴롭힘'으로 규정하고 마스크 착용을 원치 않는 학생들은 사립학교로 전학시키며 비용도 지원한다.[52]

온라인 교육의 확대

팬데믹으로 교육 현장에 변화 바람이 거세다. 휴교에 따라 비대면 온라인 교육이 도입되면서 교사도 학생도 새로운 환경에 적응해야 했다. 온라인과 오프라인 교육을 병행하는 초유의 사건이었다. 생소한 온라인 교육은 많은 시행착오를 겪어야 했다.

---

51 이광빈 「방역 모범국 복귀한 독일의 '환기 전쟁'」 『연합뉴스』 2021.8.1
52 이경주 「미 100만 명 학교 등록 안해…코로나 시대 '슬픈 아이들'」 『서울신문』 2021.8.8

온라인 수업은 학생 혼자 감당하기 어려운 경우도 많다. 저학년일수록 더하다. 장비 문제도 있고 옆에서 이를 도와줄 부모나 다른 조력자의 역할도 영향을 미친다. 재택 수업은 교육의 위기이며 동시에 돌봄의 위기가 되었다. 갑작스럽게 도입된 온라인 교육 자체도 부실하기 짝이 없다.

대면 없이 온라인으로만 이루어진 교육의 학습 효과에 대한 부정 평가도 잇따르고 있다. 온라인으로 진행된 수업 내용에 대한 학생들의 수용도가 떨어져 대면 교육 시간에 반복 수업을 시행한다는 소식도 들린다. 읽기 쓰기 등 문해력이 떨어지고 그 결과 학생들 학력에도 직접 영향을 미치게 되는데 이는 학력 격차 또는 학력 저하로 귀결한다.

온라인 교육을 위해서는 온라인 플랫폼이 필요한데 나라마다 격차가 심하다. 우리나라는 비교적 신속한 전환이 가능했지만 그렇지 못한 나라들도 많았다. 이런 나라에서는 막대한 교육 손실이 예상된다.

온라인 교육의 확대는 디지털 격차에 의한 불평등 심화를 초래하리라고 예측된다. 2019년 기준으로 아프리카 지역의 인터넷 접속률은 40%에 미치지 못한다. 학교 폐쇄로 등교 못 하는 학생이 2억 명을 넘는 이 지역에서는 온라인 플랫폼이 취약해 교육 공백이 커진다.[53] 코로나 팬데믹 기간 저소득 국가의 등교하지 않는 학습자 절반이 가정용 컴퓨터에 접근 못 하고 43%에 해당하는 7억 6백만 명은 집에 인터넷이 없다고 조사됐다. 이 같은 디지털 격차는 특히 저소득 국가에서 심각한데, 사하라 이남 아프리카에서는 학습자의 82%가 인터넷 접근이 불가능했다.[54]

---

53 기모란 외 『멀티플 팬데믹』 이매진, 2020
54 박하얀 「전 세계 취약층 파고든 '코로나 휴교령'…"1000만 명, 학교에 영영 못 돌아올 수도」 『경향

필수 의료 지원의
축소

　　　　코로나로 전 세계 어린이들의 홍역 등 필수 예방접종 사업이 급속하게 후퇴했다. 팬데믹이 전 세계 어린이 예방접종 인프라 자체를 파괴하는 상황이다. 세계보건기구와 유니세프는 2020년도 예방접종 연기로 백신 접종을 받지 못한 어린이가 전년도보다 370만 명 증가해 2009년 이후 최고치를 기록했다고 밝혔다.

　한 번도 예방접종을 받지 못한 어린이가 최대 1,700만 명에 이르리라고 추정했는데 이 역시 전년도 대비 350만 명이 증가한 숫자다. 의료 자원과 인력이 코로나 대응에 집중된 탓으로 보인다. 파괴된 예방접종 인프라 구축에는 긴 시간이 걸릴 듯하다.[55]

어린이 인권의
후퇴

　　　　한국 어린이들은 코로나 팬데믹 과정에서 4대 권리 즉 생존권 발달권 보호권 참여권이 여러 면에서 침해당했다고 보인다.[56]

　생존권과 관련된 식생활 지표에서 여러 변화가 나타났다. 코로나 팬데믹 기간 아침 결식 어린이 증가가 나타난다. 2018년 어린이의 아침 결식률이 16.4%였으나 팬데믹 이후 33.4%로 증가한다. 맞벌이 가정이거나 가난할수록, 한부모 가정이거나 조손가정일수록 아침을 거르는 일이 많았다.[57]

　신문』 2021.9.7
55 고정민 「코로나19로 어린이 예방접종 인프라가 위협받는다」『청년의사』 2021.7.15
56 굿네이버스 『2020 코로나19와 아동의 삶 아동 재난대응 실태조사』 2020.12.31
57 전아름 「코로나19 영유아 부모 우울감↑…아빠보다 엄마 힘들었다」『BabyNews』 2021.5.26

유니세프는 영양 공급이 제대로 안 되어 영양결핍 상태의 어린이 수도 증가하였다고 밝혔다. 반면 세계보건기구가 유럽 36개 나라 6-9세 어린이를 대상으로 조사한 결과는 코로나 팬데믹 영향으로 어린이 비만의 악화 가능성을 밝혔다. 이는 봉쇄 조치로 인해 신체 활동이 크게 감소하였기 때문이다.[58]

어린이 수면 시간, 스마트폰 및 인터넷 게임 시간, 놀이 및 휴식 시간 등은 발달권과 관련된 지표이다. 수면 시간은 대체로 증가했는데 입시 부담으로 수면 부족 상황을 생각하면 좋은 점이기도 하다. 재가 시간이 늘면서 스마트폰이나 인터넷 사용 시간이 늘어났으나 이로 인해 가족 간 갈등 경험도 증가한 듯 보인다.

놀이와 휴식이 늘었으나 친구들과의 야외 놀이는 감소한다. 실제 코로나로 가장 많이 침해된 권리로 당사자인 어린이들이 '휴식 및 놀이, 여가를 누려야 할 권리'를 선택했다는 조사가 보인다. 놀이, 여가와 관련한 다양한 활동들을 자유롭게 하지 못한 어린이들의 답답함이 드러난 결과다.[59]

코로나 팬데믹은 어린이 발달에도 영향을 미친다. 다른 사람 접촉 기회가 줄고, 접촉 시에도 항상 마스크를 사용하니 언어 노출이나 발달 기회가 감소한다. 신체 운동이 감소하니 신체 발달에도 영향을 미친다. 야외 활동이 줄고 실내 생활이 늘면서 스트레스, 짜증, 공격 행동도 증가한다고 보고되었다.

보호권은 돌봄 문제와 직결된다. 어린이 혼자나 어린이들끼리만 가정에 머물기도 하고, 학대와 체벌 등에 노출되거나 온라인 공간에서

---

58 김경희 「코로나19 '집콕'에 유럽서 아동 비만 증가…WHO 경고」 『연합뉴스』 2021.5.11
59 굿네이버스, 같은 조사, 2020

폭언 및 성적 불쾌감 등을 경험한 어린이들도 확인된다.[60] 사회적 거리 두기로 가족들이 집에서 지내는 시간이 늘어나면서 가족 관계 스트레스가 증가하고 더불어 어린이 학대 증가도 보인다. 보호자가 정신 건강에 어려움을 느끼거나 양육 어려움에 처할 때 방임이나 학대 증가가 나타났다.

저소득, 취약 계층일수록 어린이를 방임하거나 신체 정서적으로 학대하는 경우가 많았다. 반면 등교를 하지 않는 날이 많아지면서 어린이 학대의 주요 신고자인 교사들과 만날 시간이 줄어 학대가 드러날 기회는 오히려 적어졌다는 지적도 보인다.

참여권도 어린이의 중요한 한 가지 권리다. 코로나 발생 이후 어린이 관련 재난 정책 및 제도 개선 과정에 어린이의 참여 기회는 제한되었다. 온라인 교육 및 대면 등교 일정, 수행 절차, 심리 회복 방안 등 어린이 정책에 대한 어린이 본인 참여 기회를 확대해야 한다. 실제 어린이들의 의견 수렴을 통해 어린이가 코로나 위기를 잘 극복하도록 지원해야 한다.[61]

위기
청소년들

코로나 유행으로 가정 밖 청소년들은 더욱 취약한 상황으로 내몰리고 있다. 이들에게 청소년 쉼터는 최후의 보루다. 그러나 코로나 확산으로 청소년 쉼터 운영에 차질이 빚어지면서 어려움을 겪는다. 그래서 노숙을 경험하는 등 열악한 주거 환경에서 지내는 경우

---

60 굿네이버스, 같은 조사, 2020
61 굿네이버스, 같은 조사, 2020

가 늘어난다. 대면 상담이 중단되기도 하였다.[62]

학교 밖 청소년들도 어려움을 겪기는 마찬가지다. 사회적 거리 두기로 고립감과 우울감이 심해진다. 청소년 지원 센터 활동도 축소되었고 위기 청소년 발굴 시스템도 사실상 중단되었다. 정신적으로 고통을 겪거나 범죄 피해자가 될 가능성이 커진다.[63]

코로나에 걸린 어린이들

만약 어린이 한 명이 코로나에 걸리면 어떤 일이 벌어질까? 웬만큼 성장하지 않았다면 어린이 혼자 생활 치료 센터나 전담 병원에 입원시키기 어렵다. 누군가 보호자가 동행해야 한다. 보호자 역할 가족에게도 혼란이 초래된다. 집에서 어린이를 간병하기도 쉽지 않다. 어린이가 겪어야 할 정신적 어려움도 문제다.

코로나로 인한 고아 발생

'코로나 고아'는 부모가 코로나에 감염되어 사망하면서 남겨진 어린이를 지칭한다. 코로나 가족 감염이 많아 부모가 모두 사망하는 경우가 종종 벌어진다. 환자가 대규모로 발생한 나라에서는 사회 문제가 되기도 한다.

의학 저널 『란셋 The Lancet』에 코로나 고아 보고서가 실렸다. 2020

---

62 김혜리 「코로나19로 갈 곳 없는 가정 밖 청소년 "오늘도 건물 옥상에서 자야 해요"」 『경향신문』 2021.8.9

63 장예지 「시험도 접종도 나홀로…코로나19 찬바람 '학교 밖 청소년'에게 더 맵다」 『한겨레』 2021.12.19

년 3월부터 2021년 4월까지 통계를 바탕으로 조사 대상 21개 나라에서 부모 중 한 명 이상을 잃은 18살 이하 전 세계 청소년을 113만 명으로 추산했다. 부모 또는 조부모 등 양육자 사망으로 실제 보호자 없는 고아는 약 156만 명이라고 한다.

이 기간 전 세계 코로나 확진자는 1억 4,500만 명이고 사망자는 300만 명 수준이었다. 멕시코는 부모에 해당하는 1차 양육자 사망으로 인한 신규 고아만 13만 명이고 여기에 조부모 등 2차 양육자 사망까지 합치면 14만 명이 넘는다고 한다.[64] 2021년 7월경 다른 언론 보도에 따르면 브라질은 6만 8천여 명, 인도도 3천 6백여 명 정도로 추산된다고 한다.

코로나 사망자가 가장 많은 미국의 경우 2020년 4월부터 2021년 6월까지 15개월 동안 12만 630명의 어린이가 1차 보호자를 잃었으며, 한집에 거주하는 조부모 같은 2차 보호자를 코로나로 잃은 어린이는 2만 2,007명이라 한다. 1차 보호자를 잃은 어린이 중 32%가 히스패닉, 26%가 흑인이었다.

백인의 경우 미국 인구의 60%를 차지하나 코로나로 부모를 잃은 경우는 35%였다. 유색 인종이 코로나로 인해 더 큰 피해를 입었다. 코로나 고아 발생 비율은 15% 증가했다고 추정된다.[65]

같은 자료에 따르면 동 기간 우리나라의 코로나로 인한 고아 발생은 최소 추정 29명, 1차 보호자 사망 최소 추정 33명, 1차 또는 2차 보호자 사망 최소 추정 74명이다. 다른 나라에 비하면 아주 적은 수치다.

코로나로 인해 부모가 사망하고 남겨지면 그 자체가 정신적 트라우

---

64 「코로나가 낳은 또 다른 불행, 13만 명의 고아 발생」 『The Korea Times Mexico』 2021.7.22
65 전홍기혜 「미 어린이 14만 명 코로나19 보호자 사망…흑인-히스패닉에 집중」 『프레시안』 2021.10.8

[표 1] 보호자가 사망한 아동의 지역에 따른 최소 추정치 (2020.3.1-2021.4.30) [66]

지역	고아 최소 추정	1차 보호자 사망 최소 추정	1차 또는 2차 보호자 사망 최소 추정
아프리카	131,300	144,000	173,600
아메리카	529,100	575,800	794,400
동부 지중해 국가	154,900	155,500	184,100
유럽	102,100	112,100	182,200
동남아시아	138,300	141,200	217,700
서태평양	8,300	9,020	13,330

마다. 고아로 남겨진 어린이들은 신체적 성적 폭력에 노출될 가능성이 커지기도 하고 경제적으로도 열악한 조건에 처하기 쉽다. 이 영향은 앞으로 몇 세대까지 이어질 듯하다.

코로나 백신 접종의 득실

어린이들은 코로나에 감염돼도 위중해질 가능성은 적다. 사망률도 극히 낮은 상황에서 백신 접종 필요성 논란이 생겼다. 화이자와 모더나 같은 '메신저RNA' [67] 백신이 드물게 어린이들에게 심근염을 일으킨다는 보고가 나오면서 유용성 논란이 가열된다. 백신 이점이 백신 부작용을 훨씬 넘어서야 유용하기 때문이다.

여전히 논란을 남긴 채 델타 바이러스 감염이 확산되면서 선진국에서는 만 12세 이상 나이에서 백신 접종을 진행하기 시작한다. 미국 일

---

66 "Children: The Hidden Pandemic 2021, A joint report of COVID-19 associated orphanhood and a strategy for action, 2021"
67 보통 mRNA라 표현, 굳이 우리말로 옮기자면 '전령리보핵산'

부 지역에서는 만 12세 이상 청소년 백신 접종을 의무화하고 접종한 경우만 수업 출석이 가능하도록 했다.

어린이들의
정신 건강

코로나 팬데믹 발생 이후 국내 어린이의 긍정 정서는 감소하고 부정 정서, 자살 생각은 증가했다. 그만큼 우울감, 불안감은 높아지고 삶의 만족도는 하락했다. 빈곤 가구 어린이들이 빈곤하지 않은 가구 어린이들보다 행복감이 더 떨어졌다.

팬데믹이 보호자의 양육 태도에 영향을 미쳐 신체적 정서적 학대 경험 어린이가 늘어났다.[68] 자살 생각을 했었다는 응답이 이전 대비 두 배 이상 증가했다는 조사도 보고되었다. 빈곤 가구, 한부모 가구, 조손 가구 어린이의 자살 생각 비율이 더 높다.[69]

코로나 팬데믹으로 저소득 국가 취약 계층 어린이들의 삶이 더 피폐해졌다. 코로나로 학교 문이 닫힌 후 정신적 신체적 폭력에 노출이 늘었다. 이런 가운데 정신 건강 서비스는 중단되거나 온라인으로 이동해 상황을 더욱 악화시킨다.[70]

---

68 김봉운 「코로나19 1년, 빈곤아동이 더 불행했다」 『환경일보』 2021.5.6
69 김민주 「코로나19와 아동의 삶…"혼자 있는 시간·결식률·우울감·자살생각 모두 증가"」 『BabyNews』 2021.4.16
70 조수완 「UN 사무총장 "아동 정신건강 문제, 코로나19로 인해 확대"」 『HiDoc』 2021.8.4

15장 　장애인의 고난

"코로나 대유행은 장애인의 삶을 위협한다. 코로나는 장애 가진 사람들에 대한 역사적 구조적 차별을 좀먹고 깊게 뿌리박으며, 우리 사회에 큰 타격을 준다. 장애인들 시설이 대유행의 중심이 됐다. 전 세계 정부는 모든 코로나 대응 조치가 접근 가능하고 장애를 포용하도록 빠르게 대응해야 한다."[71] 코로나 팬데믹은 장애인에게 지대한 고통의 시간이다. 장애인을 위한 체계적 지침은 존재하지 않는다. 시설 돌봄에도 공백이 발생해 고립감 불안감 우울감 사망률이 증가한다. 장애 여성, 노숙인, 격오지 거주 장애인 들은 더 큰 위험에 처한다.

---

71 전 유엔 특별보고관 카탈리나 데반다스Catalina Devandas의 발언 ("Disability rights during the pandemic, A global report on findings of the COVID-19 Disability Rights Monitor", 2020, 한국장애인단체총연합회 번역)

정신병원을 덮친
코로나 팬데믹

2020년 2월 코로나 1차 대유행이 확산될 무렵, 청도 대남병원에서 100명 넘는 입원 환자 대부분이 코로나에 감염되는 '사건'이 발생한다. 그동안 우리 사회 저 아래 묻혔던 정신 장애인 현실이 드러나는 사건이었다. 청도 대남병원은 정신 장애인을 수용하는 정신병원으로 일반 병원에 비해 같은 공간에 2-3배 환자가 입원한 상태였다. 한 방에 10여 개 매트리스가 있는데 이게 환자들의 잠자리였다. 한정된 공간에 많은 인원이 밀접 생활하니 집단 감염은 순식간이었다.

정부가 발표한 '장애인 거주 시설 코로나19 관련 대응 방안'에는 '지역 사회 접근성이 낮고, 무연고자가 다수인 시설 이용자의 특성을 고려할 때 자가 격리가 불가능한 바, 감염자의 경우 별도의 코호트 격리 방안을 마련하라'는 지침이 들었다.[72] 이에 청도 대남병원은 집단 감염 확인 직후 '코호트 격리' 조치를 당한다.

코로나 환자와 접촉자 그리고 직원을 감염이 발생한 원래 공간에 구분 없이 같이 격리하였다. 정신 질환자 폐쇄 병동 환경 자체가 시설 면에서 굉장히 열악하다. 환기가 제대로 안 되는 밀폐된 공간에 많은 환자가 밀집해서 지낸다. 바이러스 전파에 최적의 조건이다. 이런 곳에 환자와 접촉자 구분 없이 집단 격리함은 코로나 전파를 오히려 조장하는 최악의 방식이었다.

2월 19일 코로나 첫 사망자가 대남병원에서 발생한다. 이 환자는 대남병원에 20년 이상 입원했던 60대 조현병 남자로 체중이 42Kg이었

---

72 박정수 「코호트 격리는 실패했다」 『비마이너』 2021.1.8

다고 한다. 며칠 사이에 희생자가 계속 발생하면서 여론이 들끓기 시작한다. 장애인 단체들은 국가인권위원회에 긴급 구제 신청을 하고 정신 장애인 단체들도 성명서를 발표한다.

결국 환자들을 국립정신건강센터 등 다른 병원으로 옮기고 나서야 죽음의 행렬이 멈춘다. 청도 대남병원 집단 감염 사건은 '참사'로 기억되리라 본다. 코로나 팬데믹으로 정신 장애인의 열악한 입원 환경 그리고 장기 입원 현실이 세상 밖으로 모습을 드러낸다. 청도 대남병원 집단 감염 이후에도 몇몇 정신병원에서 코로나 집단 감염이 연이어 발생한다.

장애계 인터넷 언론인 『비마이너』는 2020년을 결산하면서 청도 대남병원 생존자들이 과연 어디로 흩어졌는지를 추적하였다. 초기 코호트 기간 정신 장애인 7명이 사망하며, 생존자 95명은 전국의 국가 지정 격리 병원으로 뿔뿔이 흩어져 치료받는다. 치료를 마친 후에는 국립 정신병원인 부곡병원과 공주병원으로 전원 조치되었다가 병상 부족 이유로 다시 사립 정신병원으로 옮겨진다. 결국 2020년 말 91명의 정신 장애인은 '여전히' 청도군을 비롯한 경상도 내 7개 정신병원에 수용되었다.[73]

코호트 격리의 악몽과
탈시설

3차 유행 시기 장애인 집단 수용 시설인 신아원에서도 집단 감염이 발생한다. 2020년 12월 25일, 서울 송파구 소재 이 시설

---

73 이가연 「청도대남병원 정신장애인들은 어디로 갔을까?」 『비마이너』 2020.12.31

에서 거주인 2명과 관계자 3명이 처음 확진 판정을 받고, 시설은 바로 코호트 격리에 들어간다. 이 시설에는 장애인 거주자 114명, 종사자 69명이 있었다. 처음 환자가 발생한 이후 시설 코호트 격리 조치를 하는 바람에 내부 확진자와 비확진자 사이에 빠르게 감염이 전파되었다. 시설 내부에 개인 독립공간이 없고 철저한 격리가 불가능한 조건에서 코호트 격리는 최악의 조치다.

이에 항의하여 장애인 단체들은 신아원의 '긴급 탈시설'과 장애인들의 탈시설을 촉구하며 농성을 벌였다. 2주가 지난 1월 11일에야 비확진자가 모두 긴급 분리 조치되었다. 2주 동안 신아원 내 비확진자들은 외부와 철저히 단절되었다. 이들은 누가, 몇 명이 확진되었는지도 알지 못했다. 워낙 폐쇄된 공간이 코로나 이후 더 폐쇄되어 외부의 접근은 거의 불가능했다. 결국 신아원에서만 거주자 56명, 종사자 20명으로 총 76명이 확진받는다.[74]

'코호트 격리'라는 단어는 장애인들에게 심각한 트라우마를 남긴다. 코호트 격리가 장애인들에게만 적용되는 개념은 아니나 시설 환자나 접촉자 발생으로 격리가 필요할 때 시행하는 방식이어서 장애인 시설과 노인 시설에 적용되는 경우가 대부분이었다.

처음 이 단어가 등장한 것은 청도 대남병원에 환자가 발생하고 이 병원 환자들을 원래 병원 공간에 그대로 코호트 격리하면서다. 코호트 격리의 결과는 참담했다. 정신병원이나 장애인 거주 시설 등 시설에 수용된 전체 장애인 수가 10만여 명에 이른다. 이 중 정신 장애인이 7만여 명 정도다. 이런 시설들은 팬데믹 기간 가장 취약한 공간이다. 시

---

74 김진주 「"단칸방에 다닥다닥" 코로나 '시한폭탄' 시설에 갇힌 장애인들」 『한국일보』 2021.1.18

설에 수용되면 장기간 머물기에 시설 거주자들은 점점 더 고령화되고 전염병에 약하다.

실제 시설의 많은 장애인이 코로나에 감염되기도 하고 사망하기도 하였다. 2021년 기준으로 볼 때 장애인 거주 시설 코로나 확진 환자 177명으로 전체 거주 시설 장애인의 0.71%, 1,000명당 약 7.08명으로 전체 인구와 비교해 4.1배 높은 것으로 나타난다.[75] 탈시설만이 예방책인 셈이다.

2021년 5월에 개최된 제19회 서울장애인인권영화제의 슬로건은 '1919193B20, 돌아가지 않겠다'였다. 앞부분은 마치 무슨 암호 같다. 처음 19는 영화제가 19회임을, 다음은 코로나19, 세 번째는 유엔 장애인권리협약 19조를 뜻한다. 협약 19조는 장애인의 지역 사회 완전한 통합을 규정하는 내용이다. 3B는 '빌딩 백 베터 Building Back Better'로 재난 이전 사회보다 더 나은 사회를 만들어야 한다는 의미다. 20은 2021년이 장애인 이동권 20주년임을 말한다.

'돌아가지 않겠다'라는 슬로건은 코로나 팬데믹 이전으로 돌아가지 않겠다, 시설로 돌아가지 않겠다는 강력한 의지 천명이다.

장애인 매뉴얼은 부재

방역 당국은 초기부터 코로나 방역에 대해 거의 매일 브리핑하는 자리를 마련했다. 그러나 일부 장애인은 이 전염병 관련 정보 접근에 제한을 느꼈다. 대표적인 이유는 초기 코로나 브리핑 현장

---

75 허현덕 「거주시설 장애인 코로나19 감염, 전체 인구 감염 4.1배」 『비마이너』 2021.3.3

에 수어 통역이 없어서였다. 농아인협회에서 항의하고서야 수어 통역사를 배치했다. 일부 방송에서는 수어 통역사가 통역하는데도 이를 화면에 잡지 않아 비판받기도 했다.

팬데믹이 장애인들에 미친 영향은 지대함에도 장애인을 위한 매뉴얼은 없었다. 메르스 유행 시 이를 지적받았으나[76] 개선되지 못했다. 그때그때 상황에 따라 대처할 뿐이었다. 팬데믹이 진행되면서 전 세계 장애인들의 곤란이 심해지자 2020년 4월, 유엔 인권최고대표사무소OHCHR는 팬데믹 기간 장애인 권리 보장을 위한 지침을 발표했다. 이 지침의 하나가 시설 거주 장애인에 대한 퇴소권 보장 및 시설 폐쇄와 탈시설 전력 강화다.[77]

정부나 지방자치단체의 방역 지침은 비장애인 기준이다. 장애인을 고려하지 않으니 장애인이 격리 입원하는 경우 행정 부서에서 제대로 대응을 못 하고 민간이 그 역할을 감당하게 된다.

2020년 2월 1차 유행 당시 대구 경북 지역 코로나 환자 급증으로 장애인들도 영향을 받게 되자, 지역에서 오래 활동해 온 장애인 민간 단체들이 본부가 되어 장애인 지원을 총괄하였다.[78]

사단법인 두루에서 전문가 심층 인터뷰를 통해 발간한 『코로나 시대의 장애인권과 장애인권운동』 연구 보고서에 따르면 정부나 지자체에서 코로나 상황에 대응해 제공하는 지침에 시설 내 감염 예방을 위한 지침은 많은 데 반해 집단 감염 발생 시 지침은 코호트 격리 조치

---

[76] 장애인차별금지추진연대는 2016년 10월 국가 상대로 낸 장애인에 대한 '감염병 위기관리 표준 매뉴얼 작성 및 운영' 등을 요구하는 소송에서 지침과 매뉴얼을 마련하라는 법원의 강제 조정 결정을 이끌어 냄. 하지만 정부는 이의신청서를 제출해 이를 거부하던 중 코로나 팬데믹을 맞음 (미류 외 『마스크가 답하지 못한 질문들』 창비, 2021)
[77] 미류 외 『마스크가 답하지 못한 질문들』 창비, 2021
[78] 미류 외, 같은 책, 2021

외에는 찾기 어렵다. 식사나 물품과 같은 현실 지원 역시 민간 영역에 온전히 맡겨졌다. 상황이 이렇다 보니 정보 제공부터 자가 격리, 코호트 격리, 입원에 이르기까지 장애인 대응은 난맥상의 연속이었다.

장애계의 요구가 거세자 정부는 2020년 6월 「장애인 감염병 대응 매뉴얼」을 마련하여 중앙행정기관과 지방자치단체에 권고하게 된다. 이 매뉴얼에는 정보 접근성을 높이는 방안, 이동 지원 서비스 제공, 장애인 우선 격리 조치, 비대면 진료, 공적 마스크 대리 구매, 돌봄 지원 등의 내용을 담았다.

장애인들은 코로나 관련 정보 취득이나 의사 소통에 어려움을 느꼈다. 한 조사 보고에서 장애인의 22.4%는 코로나 관련 정보를 습득하는 것이 어렵다고 답했다. 그 이유로 '정보를 찾는 방법을 알지 못함'(46%), '이해하기 쉬운 그림, 영상 등을 통한 안내 서비스 부족'(35%), '수어 통역 미비 및 화면 해설 부족'(23%) 등을 지적하였다.[79]

장애인들이 선별 진료소를 방문하여 코로나 검사를 받으려 해도 제대로 의사 소통이 되기 어렵다. 비장애인 기준으로 마련된 검사 과정은 장애인들에게 장벽이 된다.

장애인들에게는 소통 곤란 자체가 전염병 대응에 장벽으로 작용한다. 한편 감염 방지에 좋다는 소문이 돌면서 엘리베이터에 항균 필름을 많이 붙이는데 이게 점자를 가려 시각 장애인들이 어려움을 겪는다고 한다. 청각 장애인들은 상대방의 입 모양과 표정을 읽어야 하는데 마스크에 가려져 소통에 어려움을 겪는다.

---

79 국립재활원 「〈장애인의 코로나19 경험과 문제점〉 연구 결과 발표, 보도자료」 2020.6.24

장애인 돌봄의
공백

코로나가 확산되자 공공 시설, 돌봄 기관을 포함하여 많은 시설과 단체가 문을 닫거나 축소 운영되었다. 이들 기관을 이용하는 사람들에게는 당장 불편이 따랐다. 때로는 엄청난 혼란이 야기되기도 하였다. 장애인 복지관, 주간 보호 시설, 주간 활동 서비스 기관 등이 일시에 문을 닫았다. 이들 기관에 대한 의존이 높은 장애인들은 생활이 마비되는 초유의 상황을 겪어야 했다.

전제 장애인 중 32%가 돌봄 서비스를 받았었는데 이들 5명 중 1명이 돌봄 서비스 중단을 겪었다는 조사도 나왔다. 돌봄 서비스 중단으로 가족의 돌봄 부담이 늘어나고 외출이나 식사 준비 등 일상에서도 어려움을 겪는다.[80]

시설 중심 서비스는 중단되었으나 그나마 1:1 서비스인 활동 지원 서비스 등 사람 중심의 개인별 지원 서비스는 유지되었다. 팬데믹 경험을 통해 제공 기관 중심 서비스가 아니라 개인별 지원 체계 구축을 통한 사람 중심 지원 체계 구축 필요성이 제기된다. 포스트 코로나 시대의 방향이기도 하다. 장애인 돌봄에 한정된 얘기가 아니라 돌봄 체계 방향 전반에 해당한다.

팬데믹은 장애인의 정신 건강에도 영향을 미친다. 감염 걱정이 비장애인보다 높으며, 수면 시간 감소 및 외로움과 불안, 우울감이 증가했다.[81] 가족들의 고통도 가중되었다. 장애인 자녀를 둔 어머니의 비극적 자살 사건이 보도되기도 하였다.

---

80 국립재활원, 같은 자료, 2020
81 국립재활원, 같은 자료, 2020

치료 현장의
장애인

장애인이 자가 격리에 들어가거나 확진 받으면 문제가 복잡해진다. 비장애인과 달리 혼자 격리 생활 또는 입원 생활을 유지 못 하는 장애인이라면 누군가의 지원이 필요한데 그게 쉽지 않다. 인력 지원에 관한 제도적 규정이 없으며 감염 리스크 때문에 선뜻 나서는 사람을 찾기도 어렵다. 위험을 감수하는 자원 봉사자를 찾아야 한다. 혼자 입원이 가능하지 않은 장애인의 경우 입원 생활을 지원하기 위해 자원 활동가들이 방호복을 입고 입원실에서 같이 지내며 돕는 경우도 보았다. 이처럼 중증 장애인이 확진 받고 입원할 경우 지원이 가능한 인력 배치가 어려워 방치되거나 치료가 늦어지기도 했다.

2020년 12월 3차 유행 때 중증 근육 장애인 한 명이 확진 받았으나 전담 병상 부족으로 입원 못 하여 결국 환자 아내가 자택에서 방호복을 입고 돌봐야 했다. 이후 장애계 요구로 보건복지부는 「장애인 확진자 긴급 활동 지원 매뉴얼」을 만들었다.

매뉴얼에는 "확진자는 감염병 환자이므로 의료 기관에서 돌봄이 타당하나, 최근 코로나19의 확산 상황에서 활동 지원 수급자인 장애인에 대한 예외 조치임을 주지할 필요"가 있다면서 각 시도는 안전이 확보된 상황에서 의료 기관(보건소) 판단으로 식사 배변 등 일상을 지원할 돌봄 인력 배치를 명시했다.

그러나 현실은 이와 달랐다. 서울에서 중증 장애인 확진자가 나왔을 때 서울시는 '민간 활동 지원사가 확진자를 지원함은 감염병 위반'이라며 인력 지원을 거부하였다. 자가 격리자는 지원이 가능한데 코로나

환자는 안 된다는 입장이었다.[82]

　장애인 전용 병상은 3차 유행이 지나고 처음 국립재활원에 10병상이 마련된다. 여기에는 장애인의 일상을 지원하는 인력이 배치되었다. 그러나 인력 부족으로 6월 말에 중단되었다가 8월 초 재개하기는 하지만 지방 환자가 이용하기에는 어려움이 따랐다.

　마찬가지로 장애인을 돌보던 가족이나 활동 보조인이 감염되거나 자가 격리 상태에 들어가면 장애인 돌봄에 심각한 문제가 발생하게 된다. 팬데믹 초기에 중국에서는 가족이 감염되어 격리되는 바람에 장애인이 고립되어 지내다 사망했다는 보도가 있었다.

　코로나 의료 현장의 장애인 차별은 생명을 담보로 한 행위였다. 세계에서 의료 붕괴가 일어나면서 의료 자원의 절대 부족에 직면하게 된다. 중증 환자에 적용하는 인공 호흡기가 부족할 때 과연 어떤 환자에게 먼저 적용할지는 결코 고민하고 싶지 않지만 가장 현실 문제이자 당장 결정해야 하는 과제가 되었다. 미국 앨라배마 주는 중증 장애인과 인지 장애인을 후 순위로 해도 된다는 지침을 발표하고, 이탈리아는 젊고 건강한 환자를 우선 순위에 두고 나이나 장애를 고려해 의료 자원 할당을 주문했다.[83]

장애인의
코로나 사망률

　　　　전국장애인차별철폐연대(전장연)가 중앙방역대책본부에 질의해 얻은 장애인 사망률 통계가 2021년 11월 공개되었다. 2020년

82　강혜민 「코로나 확진 '사지마비 장애인', 기저귀 찬 채 5일째 요양병원에 방치」 『비마이너』 2021.8.6
83　미류 외 『마스크가 답하지 못한 질문들』 창비, 2021

12월 5일부터 등록 장애인 수를 별도 집계하기 시작했으니 2020년 통계는 불완전하다. 2021년 자료는 1월 1일부터 10월 18일까지의 통계다. 장애인의 경우 확진자 수 대비 사망자 비율은 2.61%로 비장애인의 0.44%에 비해 6배가량 높다.[84]

[표 2] 코로나19 확진자 및 사망자 통계

	2020년*		2021년**		총계	
	확진자	사망자	확진자	사망자	확진자	사망자
장애인	26	3	3,487	91	3,513	94
비장애인	60,700	1,324	279,232	1,250	339,932	2,574
전체	60,726	1,327	282,719	1,341	343,445	2,668

* 12월 5일 이후 통계　　** 1월 1일부터 10월 18일까지 통계

영국 자료를 보면 장애 남성은 비장애 남성보다 3.1배, 여성은 3.5배 코로나 사망 위험이 크다고 나타났다. 지적 장애인 경우도 사망 위험은 증가한다.[85] 우리나라 장애인의 코로나 사망률이 영국보다 더 높음도 확인 가능하다.

국제 사회의
보고

「코로나19와 장애인권 모니터링DRM 보고서」[86]는 전 세계 나라들이 대유행의 대응책에서 장애인 권리를 보호하는 충분한 조

---

84 하민지 「올해 장애인 코로나 사망률, 비장애인 6배」 『비마이너』 2021.11.1
85 Tom Shakespeare et al., "Triple jeopardy: disabled people and the COVID-19 pandemic", 『The Lancet Journal』 VOLUME 397, ISSUE 10282, P. 1331-1333, APRIL 10, 2021
86 2020년 4월 20일부터 8월 8일까지 7개 장애인 인권단체 컨소시엄으로 진행. 설문에는 134개 국가가 참여, 총 2,152개의 응답을 취합. "Disability rights during the pandemic, A global report on findings of the COVID-19 Disability Rights Monitor", 2020 (한국장애인단체총연합회 번역 참고)

치를 취하는 데 실패함을 지적한다. 보고서에 따르면 팬데믹 동안 시설 장애인의 생존권을 보호하는 데 실패하고 오히려 이미 존재하던 인권 침해가 더욱 악화되었다. 코로나로 인해 의료 서비스 접근 거부, 방문자 금지, 거주 장애인의 격리 등이 문제되었다. 시설 내 감염과 사망을 최소화하기 위해 식량, 필수의약품, 개인보호 장비 등이 필요한데 준비가 부족했고 시설 내 인력 부족과 미숙함도 지적되었다.

시설 거주 장애인의 자유 박탈은 오래된 문제인데 팬데믹으로 상황이 악화되었다. 방문자 금지, 외출 금지 등 정부 조치로 사회와 단절을 경험하게 된다. 시설이 닫혀 있는 동안 모니터링할 수 있는 방법이 없어 가족이나 장애인 단체들은 장애인들의 안전과 건강 그리고 인권 침해도 걱정하게 되었다.

어떤 나라는 인권 단체의 시설 인권 모니터링을 금지하기도 한다. 이런 고립 상황들은 시설 장애인들의 정신 건강에도 심각한 영향을 미치게 된다. 시설 거주 장애인들은 팬데믹과 정부의 긴급조치에 대한 안내를 받지 못했다. 스스로 방어할 수 있는 적절한 정보 제공도 없었다.

지역 사회 장애인 상황도 열악하기는 마찬가지였다. 장애인의 생활과 건강, 안전을 위한 조치는 취해지지 않았다. 많은 장애인은 정부로부터 버림받고 집에 갇히고 식량, 의약품 등 기본적인 물품에 접근하기도 어려웠다. 장애인 활동 지원이 중단되거나 축소되고 정부 재정 지원도 미미했다.

엄격한 통행 금지로 경찰의 협박과 폭력이 증가하기도 하였다. 장애인과 가족들은 음식과 의약품을 구하기 위해 통행 금지를 어기게 되는데 이 때문에 위험이 따랐다. 우간다에서 장애인 두 명이 통행 금지 시간에 밖에 있었다는 이유로 경찰의 총에 맞기도 했다. 이 둘은 농인으로 어떤 상황이 발생했는지 알지도 못했다.

장애인 중에서도 소외된 일부는 코로나 팬데믹으로 더 큰 부정적 영향을 받게 되지만 전 세계 정부는 이들 다층적 소외 그룹의 상황을 제대로 인지하지 못했다. 결국 잘 드러나지 않는 장애인, 즉 장애 어린이, 장애 여성, 장애 소녀, 노숙인 그리고 격오지 거주 장애인 등을 보호하고 포함하는 조치를 취하는 데 실패한다.

장애인들은 보건 의료 서비스 접근에서도 차별 받았다. 장애인이라는 이유로 코로나 치료를 거부당하거나 박탈당해 예방 가능한 사망자가 다수 발생했다는 증언도 나왔다. 캐나다에서 코로나 증상을 보이는 자폐 어린이가 코로나 검진을 거부당하기도 했다. 의사가 그를 검진하기 어렵다고 판단했다는 이유였다. 영국에서는 병원이 장애인 치료를 거부하기도 했다고 한다.

캐나다, 영국, 미국, 오스트리아, 네덜란드 등 여러 나라에서 병상이 부족할 경우 치료 우선 순위를 정할 때 장애가 있는 코로나 환자를 차별했다는 증언도 나왔다. 우선 순위 지침이 명시적이거나 암묵적으로 보건 의료 종사자들에게 장애 유무를 기준으로 사람의 생명권을 결정하라고 지시한 결과이다.

팬데믹 기간 전 세계 정부는 장애인 무시로 일관하며 장애인의 특별한 상황이나 요구와 권리를 전혀 고려하지 않았다. 특히 시설 수용이나 소수 장애인 경우는 더욱 그러했다. 결국 예방 가능한 수많은 생명을 죽음으로 몰고, 심각한 인권 유린을 결과했다.

16장 인종 차별과 이주민, 난민

팬데믹 기간 세계에서 인종 차별 문제가 악화한다. 동양인에 대한 혐오와 차별이 극성을 부렸고 선진국 흑인들은 다른 인종에 비해 감염률과 사망률이 높았다. 국경 봉쇄로 고립된 이주민들은 다양한 차별에 시달렸다. 우리나라에서도 이주민은 방역과 치료 과정에서 예외 인간으로 취급되었다. 난민은 소득 감소와 식량 부족을 겪으며 코로나에 무방비 상태로 백신 접종도 요원하다. 난민 여성과 어린이 학대와 폭력도 증가한다.

팬데믹 속 두드러지는 인종주의

재난 상황에서는 외국인이나 소수인종을 희생양으로 삼는 경향이 강화된다. 코로나 팬데믹도 예외는 아니었다. 전 세계에서 다양한 방식으로 인종 차별이 드러났다. 재난은 일상의 혐오와 차별을 증폭시키는 기능을 갖는 듯하다.

처음 중국 우한에서 코로나 유행이 알려지자 세계 여러 나라는 중국발 입국자에 대한 입국을 차단하기 시작한다. 중국인들은 코로나 유행의 공범으로 지목되고 낙인과 차별에 시달려야 했다. 서양에서는 박쥐를 잡아먹는 식습관은 야만적이라고 비난하였다. 언론에 중국인을 비난하는 기사가 공공연하게 실리기도 했다. 중국 봉쇄도 거세졌다. 중국에서 온 관광객이 첫 코로나 환자로 확인되자 이탈리아는 중국을 오가는 모든 항공편을 중단한다. 다른 나라들도 중국에서 들어오는 입국자들을 차단하기 시작한다.

미국에서는 트럼프 대통령이 직접 중국 공격에 나섰다. 신종 코로나 바이러스를 '중국발'로 낙인찍고, 국경 수비를 강화하고 망명 신청자를 적게 받아들일 구실로 팬데믹 사태를 활용했다.[87]

우리나라도 마찬가지였다. 처음 중국에서 코로나 유행이 확대되자 중국인 그리고 중국 출신 조선족은 경계 대상이었다. 이들의 출입을 금지하는 업소들이 늘기 시작했다. '중국인 출입 금지'가 붙은 식당이나 카페도 생겨났다. 국내의 중국 동포 커뮤니티는 극도로 조심하는 분위기여서 오히려 환자가 별로 발생하지 않았다. 중국 동포들은 일자리 구하기가 어려워졌고 하던 일을 그만두는 경우도 비일비재했다.

중국인 입국을 봉쇄해야 한다는 여론도 높아졌다. 중국인 입국을 금지해달라는 청와대 국민 청원에 60만 명 넘게 동의한다. 야당도 중국인 입국 금지를 주장했고 대한의사협회도 마찬가지였다. 국민 안전보다 중국 눈치 보기에 급급하다는 비난이 쏟아졌다. 전염병 명칭이 '코로나19'로 공식 명명되었음에도 일부에서 '우한 폐렴'이라는 명칭을

---

87 황정아 외 『코로나 팬데믹과 한국의 길』 창비, 2021

고수하는 분위기도 한동안 계속되었다.

중국에 이어 우리나라에서도 환자가 급증하자 이제는 한국인 입국을 금지하는 국가가 늘기 시작했다. 혐오와 차별이 따랐다. 코로나가 세계로 퍼져 나가자 이제는 중국인을 포함하여 동양인 전체가 서구 사회에서 코로나 전파 주범으로 지목되어 기피 대상이 된다. 공공장소에서 동양인에게 마스크를 쓰라고 협박하는 일도, 동양인이라는 이유로 구타당하는 일도 발생한다. 실제 서구에서 동양인에 대한 혐오 범죄가 증가하였다는 보고들이 나온다. 이처럼 인종 차별이 심해지는 것도 코로나 팬데믹의 한 단면이다.

인종 차별의 문제는 아니지만 비슷한 현상이 1차 유행 시기에 국내에서도 발생한다. 대구 경북에서 환자가 급증하자 이 지역은 낙후된 지역으로 낙인찍히고 기피 대상이 되었다. 지역을 봉쇄해야 한다는 주장이 나오고 이 지역 출신자의 출입을 막는 식당도 나타난다. 인종 차별과 궤를 같이하는 현상으로 보인다.

미국에서 코로나 팬데믹으로 인종주의가 다시 기승을 부린다. 초기에는 아시아계 미국인들이 표적이었으나 이후 유색 인종 전체로 확대된다. 코로나 확산 후 처음 1년여 동안 미국에서 아시아계 주민을 겨냥한 증오 관련 사건은 4천여 건이라고 보고된다.

이에 따르면 언어 폭력이 68.1%로 가장 높고 따돌림, 물리적 폭력 등이 이어졌으며 사건이 발생한 장소는 사업장, 길거리, 온라인, 공원, 대중 교통 순으로 높았다. 2021년 3월 16일 조지아주 애틀랜타에서 발생한 연쇄 총격 사건으로 한인 4명 등 8명이 숨지는 사건이 발생하는데 아시아계 겨냥한 혐오 범죄 가능성이 제기되었다.[88] 아시아계에 대

---

88 정의길 「코로나19 이후 '아시안 혐오범죄' 급증…1년간 약 4천 건」 『한겨레』 2021.3.17

한 혐오 범죄는 트럼프 대통령이 코로나에 대한 중국 책임론을 집요하게 제기하면서 심해졌다.

유럽의 상황도 비슷하다. 독일에서 나온 아시아계 대상의 한 설문조사에 따르면 응답자의 80%가 언어 공격과 신체 공격을 경험했다고 답했다. 팬데믹 발단이 중국이라는 보도가 이어지면서 차별이 늘고 심지어 마스크 착용 의무화 전에는 마스크를 착용했다는 이유로 모욕을 당하기도 했다.[89]

미국에서 코로나 유행이 한참이던 2020년 5월 25일 미국 경찰이 흑인 조지 플로이드를 체포하는 과정에서 목 조르기를 시도하다 사망하는 사건이 발생한다. 이 사건이 알려지면서 다음 날부터 시작된 시위가 미국 전역으로 퍼져 나간다. 미국에서 흑인들은 모자 달린 티셔츠만 입어도 범죄자 취급을 받게 된다. 이런 분위기는 마스크 착용을 기피하게 만드는 원인으로 작용하기도 한다.

코로나 리스크를 줄이려고 마스크를 쓰면 인종 리스크가 커지고 인종 리스크를 줄이려고 마스크를 벗으면 코로나 리스크가 커지는 상황이 미국의 유색 인종 현실이다.[90] 플로이드는 코로나 실직자면서 부검 과정에서 코로나 감염자로 밝혀지기도 했다. 공권력의 횡포에 대해 전국적으로 궐기와 저항이 일어났다.

미국에서 경찰에 의한 민간인 살해는 종종 생긴다. 플로이드 사건도 흔한 사건으로 지나칠 뻔했으나 현장 동영상과 목소리가 그대로 전파되면서 많은 사람의 심성을 자극하여 전국 시위로 번졌다. 팬데믹이 미국을 한창 덮치는 상황에서 정부의 갈팡질팡하는 모습과 무대책에

---

89 이율 「코로나가 부른 인종차별…"독일내 아시아계 80% 공격당한 경험"」 『연합뉴스』 2021.3.24
90 안치용 『코로나 인문학』 김영사, 2021

대한 분노 누적 배경도 작용한 듯 보인다.

아프리카계 미국인의 코로나 감염률과 사망률이 유독 높았던 사실도 이들의 저항 촉발 원인 중 하나로 꼽힌다. 흑인들 경우 재정 어려움으로 사회적 거리 두기가 쉽지 않은 경우가 많다. 흑인의 경우 재택 근무가 되는 직장을 구하기도 어렵다. 거주지도 밀집되었고 의료 서비스 접근이나 이용도 백인과 비교해 떨어진다. 코로나 감염 가능성도 증가하고 빠른 진단과 적절한 치료 가능성도 작다. 주변 사람들에 대한 전파 가능성도 큰데 그 주변 사람들이 흑인일 확률 또한 높다.

2005년 뉴올리언스에 허리케인 카트리나가 덮쳤을 때 백인보다 흑인 피해가 훨씬 더했다. 태풍 피해 당한 빈곤층의 70%가 흑인이었고 침수 지역 주민 80%가 흑인이었다. 이를 계기로 '환경 인종주의'란 말이 등장한다.[91]

이번 코로나 팬데믹도 예외는 아니다. '팬데믹 인종주의'라는 말이 적절해 보이는 상황이다. 영국에서도 코로나 감염이 가장 높았던 인종 집단은 흑인 남성이었다. 전염병에 극히 취약한 사회 불평등 구조가 팬데믹 과정에 드러났다고 보인다. 인종 차별과 낙인, 혐오 등은 이런 상황을 악화시킨다.

차별적인
방역 정책

이주 노동자들도 코로나 영향을 많이 받는다. 각국의 국경 봉쇄로 이동 자체가 어려워졌다. 그리고 소득도 감소하고 고용 불

---

91 조효제 『탄소 사회의 종말』 21세기북스, 2020

안정으로 일자리를 잃는 경우가 늘었다.[92] 일상의 차별 경험도 증가하였다. 이주 노동자는 밀접 밀집 밀폐, 3밀 환경에 거주하는 경우가 많다. 환자가 발생하면 같이 거주하는 사람들에게 따가운 눈길이 쏟아진다. 외부 외출이 허락되지 않기도 하고 스스로 자제하기도 한다. 이들에게만 더 엄격하다.[93]

코로나 방역 정책에서 이주민 차별 정책은 두드러졌다. 팬데믹 초기 마스크 부족으로 혼란한 와중에 공적 마스크 제도가 도입되는데 외국 출신 이주민은 배포 대상에서 제외되었다. 이에 시민 단체들이 국가인권위원회에 즉시 진정을 냈으나 한동안 반응이 없다가 수급이 안정된 10월에 가서야 기각 결정을 내렸다.

전 국민을 대상으로 재난 지원금을 지원할 때도 이들은 대상에서 제외되었다. 비판 여론이 일자 나중에 일부 지원 대상에 포함하기도 한다. 2020년 6월 국가인권위원회는 지자체 긴급 재난 지원금 정책에서 외국인 주민 배제는 평등권 침해라고 서울시와 경기도에 관련 대책 개선을 권고하였으나 정부 긴급 재난 지원금의 경우 외국인 차별은 정당하다고 결정하여 모순을 보인다.[94]

이주민 차별은 계속되었다. 2021년 3월 서울과 몇몇 지자체가 외국인 노동자들에게 코로나 검사를 의무화하는 행정 명령을 내린다. 외국인 전체 대상도 아니고 이주 노동자만 대상으로 했으며 같은 직장에서 일해도 한국인은 제외되었다. 나아가 경기도는 PCR 검사에서 음성 확

---

92 국내 한 조사에 따르면 코로나 팬데믹 기간 이주 노동자 65%의 월 소득이 77만 원가량 감소. 코로나로 인해 일터에서 노동 시간과 고용 형태가 변하는데 근무 시간의 유연 조정(44.9%) 임금 삭감(31.7%) 무급 휴가(16.9%) 해고(5.1%)로 나타남 (채윤태 「코로나 사각지대」 이주 노동자 65% "월 소득 77만 원 줄어", 「한겨레」 2021.6.3.)
93 김다솜 「코로나 속 일상생활도 차별받는 이주노동자」 『idomin.com』 2021.10.20
94 고기복 「이주 노동자 '투명인간' 취급하는 한국, 코로나 방역·경제에 모두 걸림돌」 『프레시안』 2021.7.8

인된 외국인만 신규 채용하겠다는 방침을 발표한다. 이러한 행정 조치는 당사자, 인권 단체들, 외국 대사관들이 항의가 빗발치자 철회하거나 완화 방식으로 변경된다.

코로나 백신 접종도 예외는 아니다. 접종 대상에 포함되기는 하였으나 의사 소통이 원활하지 않은 이주민들에게 충분한 정보가 제공되지 않아 백신 접종 예약 자체를 놓친 경우가 많았다. 현재 60세 이상 외국인이 전체 체류 외국인의 10%인 20만 명을 넘는다니 그만큼 미접종 취약 인구 집단이 남은 셈이다.

코로나 팬데믹 방역 과정에서 미등록 이주민이 느끼는 불안감은 매우 크다. 코로나 검사, 백신 접종, 감염 시 치료 과정의 신분 노출로 추방당할 두려움이 앞서 도피하거나 망설인다. 방역 효과를 높이기 위해서도 미등록 이주민 포용 정책이 필요하다.

2021년 5월 현재 국내 체류 미등록자는 39만 4천 명으로 전체 체류 외국인 199만 명의 19.7%를 차지한다. 이들은 정부 정책에서 처음부터 예외 존재들이었다. 이들에 대한 방역 부재는 이들이 코로나 전파의 중간자로 작용할 가능성 방치나 다름없다. 전염병 특성상 전체에 대한 방역이 아니면 제대로 된 방역이 어렵다는 사실을 놓치면 안 된다.

미국은 코로나 대응에서 미등록 이주민에 대한 전면 포용 정책을 시행했다. 미등록 이주민도 코로나 백신을 맞게 하고 접종 장소도 내국인과 동등하게 보장했다. 이민관세청이나 국경보호청은 백신 접종 장소 근처에서 활동하지 않겠다고 약속했다. 신분 노출에 대한 불안감을 해소하기 위한 적극적인 시도였다.[95]

유럽에는 지난 몇 해 동안 아프리카와 시리아 등지로부터 대규모 이

---

95 박주영 「'위드 코로나' 시대, 미등록 이주민을 생각하다」 『프레시안』 2021.9.30

주민과 난민이 유입되었다. 따라서 미등록 이주민과 난민에 대한 백신 접종 문제가 사회 이슈로 대두되기도 하였다. 대부분 유럽 국가들이 미등록 이주민에 대해 의료 서비스를 제공하지 않지만 코로나 과정에서는 예외로 의료 서비스를 제공한다. 특히 백신에 대해서는 차별 없는 접근성을 보장한다.[96]

태국은 미등록 이주민을 아예 합법화시켰다. 팬데믹이 진행되자 태국 정부는 주변 국가에서 온 미등록자 합법화를 추진하는데 2020년 11월 30일까지 55만 명 이상에게 체류와 취업을 허락하고 마스크와 소독제를 배포한 사실은 시사하는 바가 크다.[97]

그동안 미등록 이주민을 대상으로 진행되던 다른 필수 의료 지원 사업이 코로나로 인해 중단되기도 하였다. 우리나라 미등록 어린이의 경우 필수 예방접종을 보건소에서 무료로 맞았으나 방역 업무가 보건소에 집중되다 보니 예방접종 사업도 중단된 곳이 많았다. 그렇다고 이에 대해 다른 방안이 마련되지도 않아 해당 어린이들이 바로 피해를 입게 되었다.

팬데믹과 난민

우리나라에 들어온 난민들도 팬데믹으로 어려움을 겪는다. 사회적 거리 두기로 일자리를 잃고 소득도 크게 감소하였다. 심리적 불안감은 고조되었다. 우리나라 난민 심사 건수는 2021년 1분기 동

---

96 박효민 「외국인과 코로나19 백신 정책」 『Issue Brief』 이민정책연구원, No. 2021-02
97 고기복 「이주 노동자 '투명인간' 취급하는 한국, 코로나 방역·경제에 모두 걸림돌」 『프레시안』 2021.7.8

안 전년도 같은 기간 대비 4배나 증가했다. 코로나 팬데믹으로 신청자 수가 급증했다. 난민 인정 기준이 높아지면서 불허 판정을 받은 이들의 재심 청구가 늘었고 체류 기간을 넘긴 외국인이 국내에 더 머물기 위해 난민 심사장을 찾는 경우도 늘었다. 반면 난민 인정률은 사상 최저인 0.2%를 기록했다.[98]

전 세계 난민들 상황도 마찬가지이다. 여러 나라에 설치된 난민 캠프 상황은 열악하다. 밀집 생활을 하고 구호 물자를 타기 위해 줄을 서야 하기에 거리 두기가 극히 어렵다. 난민들 소득은 감소하고 식량 확보에도 곤란을 겪는다. 난민 여성과 어린이에 대한 학대와 폭력도 증가한다. 코로나에 대해서도 속수무책이고 예방을 위한 코로나 백신 접종도 요원하였다.

유엔난민기구UNHCR가 발표한 2020년 중간 보고서에 따르면 6월 30일 기준 강제 이주민은 약 7,900만 명으로 세계 인구의 약 1%에 해당한다. 이 중 난민은 2,640만 명, 난민 신청자는 420만 명으로 추정된다. 팔레스타인 시리아 베네수엘라 아프가니스탄 남수단 미얀마 출신 난민이 대부분이다.

코로나 팬데믹으로 많은 나라의 국경이 폐쇄되거나 출입국이 까다로워지면서 난민이 크게 감소한다.[99] 2020년도에 전 세계에서 새로 등록된 망명 신청 건수는 2019년보다 45% 감소했다. 난민 신청을 받아들이지 않는 국가도 늘어났다. 유엔의 난민 재정착 프로그램도 제대로 진행되기 어려웠다. 2020년 상반기의 난민 재정착률은 2019년에 비해 69%나 감소하였다.

---

98 이상서 「코로나 탓에 난민심사 사상 최대…난민 인정률은 0.2%로 최저」 『연합뉴스』 2021.5.23
99 박진영 「다닥다닥 캠프촌·국경폐쇄…난민에 더 혹독한 팬데믹」 『세계일보』 2020.12.22

월드비전은 2021년 6월 20일 '난민의 날'을 맞아 「난민에 대한 코로나19 백신 불평등」이라는 보고서를 발표한다. 보고서에 따르면 난민과 국내 실향민들은 코로나로 인해 가장 높은 위험에 처했지만 백신에 대한 접근성이 가장 낮았다. 고소득 국가가 전체 백신의 84%를 보유한 반면, 난민 4천만 명 이상을 수용하는 저소득 국가들은 전 세계 백신 공급량의 3%만을 보유했다고 조사되었다. 이번 보고서는 코로나가 가정과 어린이의 발달에 미치는 2차 영향력에도 주목했다.

설문 조사 결과 8개국 응답자 73%는 지난 12개월 동안 소득이 감소했고, 40%는 실직을 경험, 77%는 식량 확보에 어려움을 겪는 것으로 밝혀졌다. 우간다에서는 여성 및 여아 폭력이 38% 증가했고, 콩고민주공화국에서는 어린이 폭력 발생률이 15% 증가했다. 또한 난민 어린이 경우 열악한 주거 환경, 보호자 부재 등으로 폭력 방임 학대 등에 더욱 취약한 상황임이 확인됐다.[100]

2021년 여름 열린 도쿄 올림픽에 난민 선수단EOR이 참여했다. 11개 나라 출신 난민 29명이 참가하였다. 난민이 별도 팀으로 올림픽에 참가한 경우는 2016년 리우 올림픽에 이어 두 번째다. 케냐에 기반을 둔 난민 선수단은 케냐 대표팀과 함께 훈련했는데 당시 IOC의 백신 공급이 동등하지 않았다고 한다.[101]

100 조용철 「월드비전, '난민에 대한 코로나19 백신 불평등'에 대한 보고서 발간」 『파이낸셜뉴스』 2021.6.15
101 정승우 「'난민팀' 육상 선수 "백신 접종 동등한 기회 못 받았다"」 『연합뉴스』 2021.8.6

17장 낙인과 차별의 희생양, 성 소수자

팬데믹으로 성 소수자 혐오 문제도 강렬하게 드러난다. 혐오는 검사를 지연시켜 방역을 방해한다. 혐오 분위기가 커질수록 접촉자들은 숨어들고 동선을 숨긴다. 성 소수자들은 팬데믹 기간 차별과 혐오 이외에도 다양한 어려움에 직면한다. 평소 겪는 고용 주거 차별 식량 문제들에 이어 홈리스 가능성, 보건 의료 서비스 접근성, 정신 건강 위험 들의 상황이 악화한다. 전 세계에서 트랜스젠더 성전환 수술이 연기되고 호르몬 치료도 지연된다.

이태원 클럽 집단 감염과
성 소수자 혐오

2020년 5월 초 이태원 클럽에서 코로나 집단 감염이 발생하면서 성 소수자 혐오가 등장한다. 집단 감염의 첫 환자로 지목된 사람이 이태원의 유명 게이 클럽을 다녀갔다는 소식이 전해지면서 이태원 관련 확진자들을 동성애자로 간주하는 아우팅이 일어난다. 성 소수자 혐오 분위기가 극에 달하게 된다. 신천지 신도를 향하던 비난의 표적이 이들에게도 옮겨지는 분위기였다.[102]

이때 이태원 다녀온 사람들이 보건소에서 코로나 검사 받을 때 'HIV 검사를 받았냐'는 질문을 많이 받았다고 한다. 성 소수자 명단을 만들어 관리해야 한다는 주장이 나오기도 한다. 일부 언론들은 자극적 기사로 성 소수자 혐오를 부추기는 데 일조한다.

이들에 대한 낙인과 혐오도 정당하지 않을뿐더러 이러한 분위기는 이들을 숨게 만들어 방역에도 방해된다. 실제 성 소수자 커뮤니티에서는 검사받으면 안 된다는 얘기들이 돌았단다. 이태원 집단 감염 관련해 코로나 검사받는다는 사실이 알려지면 그 자체로 낙인찍힐 가능성이 우려되어 검사를 주저하는 상황이었다.

당시 학원 강사 한 명은 확진자와 접촉 후 보건소에서 검사를 받고 코로나 진단을 받았다. 동선 추적 과정에서 이태원 클럽에 방문했었다는 사실과 직업을 숨기고 말하지 않아 접촉자에 대한 검사가 늦어지고 결과적으로 감염자가 늘었다는 이유로 고발당해 법원에서 징역 6월을 선고받는다. 자신이 성 소수자라는 사실이 알려질까 두려워 사실을 숨겼다고 한다.

혐오는 검사를 지연시켜 방역을 방해한다. 혐오 분위기가 커질수록 접촉자들은 숨고 동선을 숨긴다. 당시 검사율 저하를 우려한 정부는 신속하게 익명 검사를 도입한다. 성 소수자에 대한 배려라기보다는 방

---

102 이런 상황에서 23개 관련 단체가 모여 '코로나19 성 소수자 긴급대책본부'를 구성, 성 소수자 혐오 기사를 쏟아내던 언론사들과 언론중재위원회 앞을 순회하며 '혐오 순회 방역 릴레이 기자회견'을 개최

역 필요성이 급해서였다. 익명 검사, 검사비 무료, 미검사자 처벌 등 정책이 발표되면서 검사자 수는 증가한다.

이태원 발 집단 감염 사태는 가라앉았어도 이때 드러난 성 소수자 혐오, 차별 인식은 그대로 우리 사회 과제로 남는다. 코로나 감염과 관련하여 성 소수자를 가장 비난하고 나선 것은 기독교 계열 신문이었다. 코로나 감염 문제를 방역 문제로 보지 않고 성 소수자 비난에 활용하여 오히려 방역에 혼란을 야기했다.

대구 경북에서 촉발된 신천지 신도들에 대한 혐오, 비난에도 보수 기독교가 앞장선다. 그러다가 8월 들어서는 수도권 지역에서 보수 교회 신도들 중심으로 유행이 확산되는 양상을 보인다. 이들은 방역에 비협조이거나 거부하는 태도를 많이 보였다.

트랜스젠더의 고난

트랜스젠더의 경우 신분증을 제시해야 하는 상황에서 늘 어려움을 겪는다. 수술과 법 절차를 거쳐 성별을 바꾼 경우는 8% 정도이고 대부분은 자기 정체성과 다른 법적 성별로 살아간다. 신분증을 제시하면 법적 성별이 드러나고 외모와 비교돼 차가운 눈길을 받는다. 트랜스젠더라는 이유로 진료를 거부당하기도 한다.

코로나 팬데믹은 방역 이유로 끝없이 신분을 확인한다. 팬데믹 초기 신분을 확인해야 했던 공적 마스크 구입이나, 출입 명부로 인해 곤혹스러움을 느끼는 경우가 많다. 신분 노출 때문이다.[103]

---

103 전훈잎, 남보라 「눈치 보여 병원 못 가고 상비약 삼키며 견딥니다」 『한국일보』 2021.3.28

코로나 팬데믹으로 전 세계에서 트랜스젠더 성전환 수술이 연기된다고 한다. 의료 자원이 코로나 대응으로 몰리면서 급하지 않은 치료는 중단되기 때문이다. 호르몬 치료가 쉽지 않았던 국가에서는 아예 치료를 받을 수 없는 상황이 이어진다.[104]

성 소수자 혐오 범죄의
증가

코로나 팬데믹 기간에 성 소수자들을 겨냥한 혐오 범죄가 증가한다는 분석들이 나온다. 2021년 4월 4일 크레인 기사로 일하는 42세 게이 남성이 벨기에 베베른의 한 공원에서 숨진 채 발견되었다. 그는 성 소수자 데이팅 앱을 통해 약속을 잡고 나갔다가 봉변을 당했다고 한다.

범인은 16-17세 소년들이었다. 범인들은 약속 장소 근처에 숨었다가 범죄를 저질렀다. 동성애자들 피해가 커진 이유는 팬데믹으로 사회활동과 모임이 차단되면서 데이팅 앱을 통한 만남 의존도가 늘었기 때문이라는 분석이 나온다.

팬데믹으로 인한 거리 두기와 폐쇄로 인한 외로움, 친숙한 퀴어 공간에 대한 접근 부족이 성 소수자로 하여금 훨씬 더 많이 데이팅 앱을 사용하도록 만든다. 이 데이팅 앱이 혐오 범죄 유도 수단으로 이용되는 셈이다. 유럽 LGBT 단체에 따르면 네덜란드에서 2020년 거의 매주 동성애 혐오 범죄가 발생하고 프랑스에선 2020년까지 4년 연속 동성애 혐오 범죄가 증가했다.[105]

---

104 메그하 모한 「코로나19 봉쇄로 트랜스젠더 취약성 더 커져」 『BBC NEWS 코리아』 2020.4.29
105 장은교 「팬데믹 속 동성애 혐오범죄가 늘고 있다」 『경향신문』 2021.4.5

거리 두기로 집에 머물러야 하는 시간이 증가한다. 성 수소자 정체성에 대한 이해가 부족한 가족이라면 접촉이 늘면서 스트레스가 증가할 여지를 갖는다. 간혹 폭력이 따르기도 한다.

팬데믹 정치의
희생양

팬데믹 와중에 전 세계에서 성 소수자 혐오, 차별을 조장하는 정치가 기승을 부렸다.

2021년 6월 15일 헝가리 의회는 성 소수자 관련 콘텐츠를 만 18세 미만 미성년자에게 보여 주는 것을 금지하는 '소아성애방지법'을 통과시켰다. 어린이 보호를 명분으로 내걸었다. 유럽연합이 문제 제기하자 헝가리 오르반Orbán Viktor Mihály 총리[106]는 국민투표 실시 계획을 발표하기도 했다. 헝가리 집권당은 트랜스젠더의 법적 성별 정정을 금지하는 법안을 통과시켰다.

폴란드에서는 성 소수자가 특정 장소에 입장하지 못하는 'LGBT 프리존'이 생겼고 동성 커플이 어린이를 입양하면 형사 처벌이 가능한 법안이 통과되었다. 극우 세력들이 정권을 잡으면서 공개적으로 드러내는 혐오 정치인 한편 코로나 부실 대응 비난을 피하려고 '공공의 적'을 만드는 전략이기도 하다.[107]

---

106 '동유럽의 트럼프'라 불리는 오르반은 언론과 사법부에 대한 정부 통제를 강화하는 등 '자유 제한 국가'를 꾸준하게 추진. 난민, 성 소수자에 대해서도 적대적 정책 시행
107 윤기은 「유럽 곳곳에서 부활하는 성 소수자 혐오…'공공의 적' 만드는 우파 정부」 『경향신문』 2021.6.24

성 소수자가 직면한
사회 경제 어려움

　　　　팬데믹 상황에서 성 소수자 차별과 혐오가 일시적 관심을 불러 일으키기는 했으나 이외에도 이들은 다양한 사회 경제 어려움에 직면했다. 성 소수자가 평소에 직면하는 고용 주거 차별 식량 문제들에 이어 홈리스 가능성, 보건 의료 서비스 접근성, 정신 건강 등이 팬데믹으로 악화되는 상황이다.[108] 이에 대한 한국의 상세한 조사 보고는 없지만 다른 나라 연구 결과로 유추 가능하다.

　미국에서 Movement Advancement Project(MAP)는 2020년 12월 코로나 팬데믹이 성 소수자 가구에 미친 영향에 대한 조사 보고서를 발표한다.[109] 팬데믹이 시작된 이후 성 소수자 가구의 66%가 심각한 재정 어려움을 경험한다. 성 소수자가 아닌 경우 44%에 비해 매우 높은 수치이다.

　어린이가 있는 성 소수자 가구의 52%가 교육 문제로 어려움을 겪는다. 이는 성 소수자 아닌 경우 36%에 비해 높았다. 29%의 성 소수자 가구가 인터넷 연결에 어려움을 겪는다. 이는 성 소수자 아닌 가구의 17%에 비해 높았다. 실직도 64%로 45%에 비해 높았다. 직장에서 코로나 위험 경험도 64%로 성 소수자 아닌 경우 46%에 비해 높았다.

　미국 인구조사국도 코로나 팬데믹이 미국 가정에 미치는 사회 경제적 영향을 파악하기 위해 조사를 진행한다. 2021년 8월 발표된 보고에 따르면 성 소수자 성인은 식량이나 경제 불안정을 더 경험한다고 나타

---

108 Jillian Eugenios, "'It is bleak': How the pandemic economy has affected LGBTQ people", 『*NBC News*』 2021.3.26
109 Movement Advancement Project, "THE DISPROPORTIONATE IMPACTS OF COVID-19 ON LGBTQ HOUSEHOLDS IN THE US", DECEMBER 2020

났다. 성 소수자 성인은 영양 섭취에서도 취약하고 생활비를 지불하기도 더 어렵다고 조사되었다. 실업 타격도 더 크게 받았다고 보인다. 미국에서 성 소수자는 최전선 서비스업에서 일하는 경우가 많은데 근무 시간 단축 영향을 많이 받게 되고 주택 및 고용 차별에 직면할 가능성도 높다.[110]

정부 기구가 성 소수자 실태에 대해 공식 조사하고 결과를 공개하는 자체가 고무적이긴 하다. 여기서 알 수 있듯이 성 소수자는 다양한 사회 경제적 어려움에 봉착했다.

---

110 박하얀 「미 성소수자의 3분의 1 "생활비 내기도 어렵다"…미 인구조사국 "LGBT 차별 코로나19로 심화"」 『경향신문』 2021.8.12

18장 막다른 골목의 노숙인

기차역 휴게실 등 노숙인이 지내던 시설 출입이 제한되며 노숙인 공간 자체가 축소된다. 무료 급식소와 무료 진료소 운영도 중단된다. 공공병원들이 대부분 감염병 전담 병원으로 전환되면서 노숙인 진료가 중단된다. 재난 지원금도 제대로 받기 어려웠고 백신 접종도 쉽지 않았다. 노숙인들은 코로나 자체보다 코로나로 밀어닥친 혐오와 빈곤으로 더 고통받으며 죽어갔다.

방역 사각지대, 노숙인

팬데믹으로 노숙인 상황이 나빠지자 2020년 4월 28일, 유엔 주거권 보고관은 「코로나19 지침: 홈리스들에 대한 보호」를 발표한다. 이 지침에서는 '가정' 중심 방역 대책이 노숙인에게 맞지 않으니 국가가 노숙인 주거 문제를 해결하라고 주장한다. 호텔이나 모텔 등의 객실을 확보하거나 사용 않는 군대 생활관이나 빈 건물을 개조하여 노숙인에게 제공하도록 제안한다.

그리고 코로나로 통행 금지 또는 봉쇄 조치를 시행할 때 노숙인들을 범죄자 취급하여 벌금을 내게 하거나 처벌 않도록 하고, 개인 물건 또는 거리 청소에 대한 불안감을 포함해 소외를 증가시키는 법 집행의 관행을 중단하라고 밝혔다.[111]

방역 당국은 코로나 전파를 위해 사람들에게 사회적 거리 두기와 집에 머물기를 주문했다. 그러나 애초 머물 집이 없어 거리로 나선 사람들이다. 팬데믹 과정에서 노숙인 방역 대책은 '시설 중심주의' 기조가 계속된다. 그런데 이들이 지내던 시설에도 출입이 제한되면서 삶의 공간이 점차 축소되는 상황에 빠진다.

노숙인 돌봄 체계의
중단

코로나가 확산되자 노숙인들을 위한 무료 급식소 운영이 중단된다. 노숙인들은 코로나보다 끼니를 더 걱정해야 했다. 종교단체 등 민간 운영 급식소가 문을 닫자 공공 무료 급식소로 몰렸는데 일부 대상자를 선별하면서 비판이 인다.

서울시는 2020년 9월부터 감염 예방을 빌미로 급식을 제공하던 따스한채움터[112]에 무선 인식 RFID 방식의 '노숙인 밥증'을 발행하기 시작한다. 일종의 노숙인 증명서인 셈이다. 이것이 있어야 밥을 제공받는다. 다른 급식소가 폐쇄되어 밥을 굶는 노인, 기초 수급자, 쪽방 주민

---

111 허현덕 「코로나19 방역 빌미로 삶의 터전·살림 뺏긴 홈리스들」 『비마이너』 2020.5.28
112 서울역 실내 급식장. 서울시가 위탁 운영하는 노숙인 지원 기관

들, 주민증 없는 노숙인, 외국인 노숙인, '노숙인처럼 보이지 않는' 여성 노숙인들은 무료 급식에서 배제되었다.[113] 이 RFID 밥증은 노숙인 신분증으로 기능하여 이들을 통제 관리하는 강력한 수단으로 쓰인다.

노숙인 건강을 챙기던 무료 진료소도 중단된다. 노숙인들이 이용하던 공공병원이 대부분 '감염병 전담 병원'으로 전환되어 노숙인 진료가 중단되었다. 입원했던 노숙인 환자들마저 무대책으로 퇴원하게 된다. 아파도 갈 병원이 없어졌으나 당국은 아무 대책도 내놓지 않았다. 노숙인은 아파도 제대로 치료를 못 받는다.

연말이면 서울역 앞에서 시민 단체 주최로 노숙인 추모제가 열린다. 2001년부터 진행된 행사로 한 해 사망한 노숙인 이름이 서울역 앞 계단에 전시된다. 2020년 말 추모제에는 사망자 295명 이름이 전시되었다. 2019년 166명보다 두 배 가까이 늘었다.

야간에 역 휴게실이 폐쇄되어 노숙인 공간 자체가 축소되고 만다. 코로나는 이들을 역에서 쫓아낼 좋은 구실을 제공한 셈이다. 거리 노숙의 위험을 피해 여성 노숙인들이 싼값에 지내던 피시방, 만화방이 문을 닫고 찜질방 출입도 쉽지 않게 되었다.

애용되던 공중 화장실이나 개방형 화장실들의 단속이 강화되거나 폐쇄되었다.[114] 2020년 5월 6일부터 심야시간대 부산역 대합실이 폐쇄되고 5월 22일 서울역 광장 노숙인들의 옷가지, 이불 등 물품을 쓰레기로 처리하는 '행정 대집행'도 있었다.

노숙인 시설 이용도 축소되었다. 팬데믹 초기 수원 노숙인 자활 센터에서 이용자 일부를 쫓아내는 사건이 벌어진다. 밖으로 일하러 다니

---

113 미류 외 『마스크가 답하지 못한 질문들』 창비, 2021
114 미류 외, 같은 글, 2021

3부 사회 약자와 소수자의 고난

205

는 노숙인은 병균을 옮겨 오므로 나가라는 요구였다.

시설에 머물려면 일을 그만둬야 하는 상황이다. 일용직 자체도 감소하는 상황이니 이중 제약 조건에 처하게 된다. 노숙인은 여러 영역에서 삶의 위기를 동시에 그리고 전면적으로 겪는다.

쪽방도 마찬가지다. 급식 제공 등 다양한 지원 서비스가 중단되었다. 고립이 점점 깊어졌다. 쪽방촌 주민이 코로나에 감염되자 주민들은 자가 격리 통보를 받는다. 그러나 쪽방촌이 대개 혼자 살아도 공동화장실, 공동 취사장을 사용하므로 애초 접촉 않는 자가 격리가 불가능한 구조다. 이런 상황은 우리나라만의 문제가 아니었다. 프랑스 경찰은 락다운 조치를 어기고 밖으로 나왔다는 이유로 집 없는 노숙인들에게 벌금을 물리기도 했다.[115]

전 국민에 지급되는 긴급 재난 지원금을 노숙인은 받지 못했다. 거주 불명, 주민등록지와 노숙 지역 불일치, 가구 분리 문제, 지불 수단(카드) 문제 등 노숙인에게는 여러 장벽이 작용했다. 전 국민 수령률이 99.5%라는데 서울 노숙인은 35.8% 받았다. 가족들이 오래전 실종, 사망 신고하기도 했고, 재난 지원금 자체를 모르기도 했다.[116]

노숙인 집단 감염과
방역 대책

서울시의 노숙인 집단 밀집 시설에서 2021년 1월 말 100여 명에 이르는 노숙인이 집단 감염되는 사건이 발생한다. 노숙인 센터에서 시작되어 서울역 노숙인들에게 퍼져 나갔다.[117]

---

115 황정아 외 『코로나 팬데믹과 한국의 길』 창비, 2021
116 미류 외, 같은 글, 2021
117 1월 말 집단 감염이 발생하자 서울시는 관광 호텔을 빌려 임시 생활 시설을 마련, 확진자와 밀접 접촉

이후 서울시는 노숙인 지원 기관과 서비스 이용자들에게 매 주 코로사 검사 받기를 요구하였다. 7일 이내 발급된 '코로나19 음성 확인서'가 있어야 했다. 노숙인 지원 기관에 상담하러 가거나 급식을 먹으려 해도 검사 결과를 제출해야 한다. 당연히 노숙인의 지원 기관 접근성이 떨어진다.

5월 13일 발표한 서울시 여름철 대책에는 거리 홈리스 대상 11개소, 쪽방 주민 대상 13개소의 '무더위 쉼터'를 설치하고, 이들 시설 일부에 '머리부터 발끝까지 소독 약품을 방출'하는 '전신 자동 살균기'까지 도입하겠다고 밝힌다.[118] 노숙인을 바이러스 보균자로 취급하는 행정 폭력성을 드러낸 정책이다.

5월 18일에는 서울시 인권위원회에서 '코로나19 재난 상황 주거 취약계층 인권보장을 위한 서울특별시 인권위원회 권고'를 발표한다. 발표 내용 중 우선 시행할 긴급 과제는 다음과 같다.

먼저 급식 관련해 급식소를 규정에 맞게 운영하고 제공되는 음식은 코로나 검사를 조건으로 하지 않는다. 의료 부문에서는 서울 각 자치구에 병원급 이상 의료 기관을 1개소 지정하고 긴박한 상황 시 지정 병원이 아니어도 일차 진료를 받도록 한다. 주거 관련해 노숙인이 밀접 접촉자로 분류되지 않아도 독립된 화장실과 욕실 갖춘 숙소를 충분히 확보 제공한다. 이러한 주거 공간은 코로나 사태가 극복된 후에도 계속 사용하도록 조치한다.[119]

위드 코로나 정책이 시행되면서 재택 치료가 전면 시행되었으나 거

자를 분리. 10월부터는 노숙인 감염 확진자가 170명을 넘었으나 서울시는 아무 대책을 내놓지 않음
118 홈리스행동 「[논평] 서울시는 "노숙인 등 인권보장을 위한 서울특별시 인권위원회 권고"를 즉시 수용하고 충실히 이행하라」 2021.5.19
119 안형진 「저조한 거리홈리스 백신접종률, 해결방안은 있는가」 『홈리스뉴스』 제90호, 2021.6

주할 곳 없는 노숙인은 가능하지 않았다. 노숙인 같은 거주 취약 계층은 생활 치료 센터 우선 입소 대상이지만 이 또한 여의치 않았다. 바로 입소가 안 되면 방치 상태에 놓인다.

노숙인
백신 접종

코로나 백신이 도입되면서 노숙인도 질병관리청의 '코로나19 취약시설 대상 예방접종 계획(2021.4.2)'에 포함되었다. 그러나 노숙인 현실을 전혀 고려 않은 지침이라고 비판 받았다. 주거지와 연락처 없는 노숙인을 대상으로 이상 반응 모니터링을 어떻게 할지, 접종 대상자 명단을 어떻게 확보할지, 광역지자체와 기초지자체 사이 역할 배분은 어떻게 할지 명확하게 제시 못했다.[120]

실제 노숙인 실제 접종률은 다른 시설 대상자와 비교해 현저하게 낮다. 시설 직원 또는 이용자 중심으로 진행되어 접종 사실을 몰랐던 노숙인이나 신분증 없는 노숙인은 접종에서 배제되었다. 백신 접종 후 휴식 때나 유증상 시 필요한 해열 진통제인 타이레놀 복용도 여의치 않았다.

6월 17일 서울시는 노숙인의 1차 백신 접종률이 79.2%라고 밝혔다. 취약 시설의 88.1%보다는 낮지만 그래도 비교적 높은 수치다. 하지만 대상자 자체를 좁게 잡았고 거리 노숙인은 포함되지 않은 듯하다. 거리 노숙인 백신 접종률은 42.95%에 그친다는 조사 보고도 나왔다.

---

120 안형진, 같은 글, 2021

19장   군대와 교정 시설, 보호 시설의 취약성

군대와 교정 시설, 보호 시설은 밀집 공간이어서 방역과 감염 관리가 어렵다. 군대에서는 사생활과 신체 자유 침해 호소가 늘고 장기간 휴가 통제로 불만이 누적된다. 교정, 수용 시설 들은 정원 초과 과밀 상태여서 코로나 감염에 취약하다. 방역 차원에서 수감자 접견을 전면 중단하고 법원 출정 등 외부 출입도 최소화하여 수감자 처우는 더욱 악화했다. 기본 방역 수칙도 지키기 어려워 동부구치소 대규모 집단 감염 사태도 발생한다.

군대에 닥친
펜데믹

군대는 밀집 생활을 해야 하므로 집단 감염에 취약하다. 감염 예방을 위해 엄격한 방역 수칙 적용이 필요하지만 과도한 제약은 또 인권 침해 소지를 남기기도 한다.

군인권센터가 내놓은 2020년 군인권센터 연례 보고서에 따르면 팬데믹 기간 사생활의 자유나 신체의 자유 침해가 가장 많이 호소되었다. 영내 코로나 발생을 차단하기 위한 여러 조치 때문으로 보인다. 군대 내 성폭력으로 인한 상담 건수도 큰 폭으로 상승했다고 한다.[121]

무엇보다 장병 휴가 통제가 장기간 계속되어 피로와 스트레스가 누적되었다. 군대에서는 환자를 접촉하거나 휴가에서 복귀하면 일정 기간 격리 조치를 취하는데 이 기간 내 부당한 대우가 문제되기도 하였다. 격리 장병의 부실한 급식이 도마에 오르기도 하고, 훈련소에서는 입소 후 3일간 양치와 세면을 금지하고 화장실 이용도 제한한다는 고발도 나왔다.

2021년 7월에는 해외 파병하여 아덴만 등에서 활동하는 청해부대에서 집단 감염이 발생한다. 전체 부대원 중 90% 가까이 감염되어서야 확진 사실이 알려져 비판을 받는다. 청해부대 집단 감염 사태는 군부대 방역의 취약성을 보여 준다.

코로나 진단이 늦어졌다는 사실이 우선 비판받았다. 파병 부대에 백신을 우선 접종하지 않았던 점, 그리고 PCR 검사는 어렵더라도 신속 항원 검사 키트를 준비해야 하는데 엉뚱하게도 신속 항체 검사 키트를 준비해 갔다는 점 등도 문제였다.[122]

2021년 10월 10일 기준 군대 내 코로자 확진자는 1,915명이며 이중 돌파 감염은 259명이었다.

---

121 최민지 「코로나19 여파? 군인권센터 "지난해 군대 성폭력, 인권침해 모두 증가"」 『경향신문』 2021.5.10
122 감염 초기에는 신속 항원 검사를 시행해야 함. 신속 항체 검사는 감염이나 백신 접종 후 어느 정도 시간이 지난 다음에 확인하는 검사. 청해부대는 신속 항원 검사와 신속 항체 검사의 차이를 정확히 모른 채 신속 항체 검사 키트를 가져갔다고 보임

교정 시설 수감자의
코로나 감염

우리나라 교정 시설과 수용 시설은 정원보다 많이 수용된 과밀 상태이다. 밀접 환경이어 코로나 감염에 매우 취약하다. 의료 인력도 부족하고 기저 질환자의 경우 자체 관리뿐만 아니라 외부 의료 시설 이용도 여의치 않은 현실이다. 집중 관심 대상이어야 하나 그렇지 못하다.

코로나 팬데믹이 시작되자 방역 차원에서 수감자 접견을 전면 중단하고 법원 출정, 검찰 소환 조사 등 외부 출입도 최소화하면서 수감자 처우는 더욱 나빠진다. 운동이나 교육도 제한되어 수용실에 머무는 시간이 늘어나자 교정 사고 비율도 증가한다.[123]

팬데믹 중에 교정 시설도 집단 감염을 피하지 못한다. 2020년 12월 서울 동부구치소 수용자 사이 감염이 확인되는데 그 수가 가파르게 증가하여 1,200명을 넘어간다. 우리나라 단일 시설 최다 확진자를 기록하며 그만큼 취약하다는 사실을 드러냈다.

집단 감염 당시 동부구치소는 117%에 달하는 과밀 수용 상태였다. 동부구치소는 아파트 형으로 건축된 신축 구치소로, 개방된 야외 공간이 없고 승강기로만 층간 이동이 가능하다. 내부 환기도 어려운 밀집 환경이라 집단 감염에 매우 취약한 구조였다.

교정 시설의 특성상 집합 금지 조치도 못 내린다. 정원을 넘어서는 과밀 수용도 집단 감염 발생에 한몫하였다. 결국 구치소 안에서 사망자가 발생한다. 후에 국가인권위원회는 코로나에 감염되어 사망한 수

---

123 이배운 「[교도소, 코로나 사각지대①] "살려주세요" 두 번 우는 수감자들」 『데일리안』 2021.8.4

용자의 인권 침해를 확인하는 결정을 발표한다. 이에 따르면 교정본부의 코로나 대응 지침에는 취약한 기저 질환 수용자의 건강권을 보장하려는 조치가 규정되지 않았다.

기저 질환을 고려한 신속한 병상 배정 요청도 이루어지지 않았고 확진된 수용자들의 건강 상태 파악은 해상도 낮은 CCTV를 통해 소홀하게 이루어졌다. 의식 잃은 수용자에게 적절한 응급 조치를 하지 않아 사망하기까지 한다. 당시 동부구치소는 코로나 검사 결과를 당사자들에게 통지하지 않았고 결과 확인도 거부하였다 한다.[124]

집단 감염이 발생하기 전 감염 확산 우려에도 불구하고 교정 시설 수용자들에게 보건 마스크를 제때 나눠주지 않았고 직접 구매하겠다는 요구도 외면했다고 한다. 마스크가 제공된 것은 팬데믹이 시작되고 한참 지나서다.[125] 코로나 집단 감염이 시작된 이후에도 교정 시설 내에서 손 소독이나 발열 체크 등 기본적인 방역 수칙이 지켜지지 않았다는 증언도 나왔다.

다른 나라 교정 시설에서도 코로나 집단 감염 사례가 속출한다. 최악의 코로나 감염 국가인 미국에서 수감자들 건강권은 심각하게 침해받고 있다. 미국 교도소 내 코로나 감염 실태를 조사하는 '마셜 프로젝트'에 따르면 2020년 12월 기준 수감자 130만여 명 가운데 27만여 명의 수감자가 코로나에 감염되고 1,700여 명이 사망했다. 수감 기간 코로나에 걸린 비율은 20.6%로 일반인 5%보다 4배나 높았다.

치명률은 일반인보다 45% 높았다. 오하이오 주 마리온 교도소는 약

---

124 국가인권위원회 2021.6.16자 21진정0037701 결정
125 김윤주 「법무부, 수용자 보건마스크 안 주고…'자비 구매'도 불허했다」 『한겨레』 2021.1.3

2,500명의 수감자 중 80%가 코로나에 감염되었다.[126] 미국 교도소의 재소자 수용 능력보다 수용 인원이 10% 늘어날 때마다 코로나 감염 위험은 14% 더 높아졌다. 주변 지역 사회 감염이 증가하면 교도소 내 감염도 증가하였다.[127]

중남미 일부 나라에서는 코로나 감염 위험과 면회 제한에 불만을 품은 재소자들의 폭동이 속출하기도 했다.

감염 위험과
가석방

수용자들의 피해를 막기 위해서는 과감한 조치가 필요하다. 비구금 제재 조치를 취하거나 특정 수용자들은 과감하게 석방 조치할 필요도 크다. 미결구금 대상자, 경범죄, 정치범, 형 만기에 가까운 수용자들이 우선 대상이 된다. 석방이 어려운 경우는 반드시 적절한 보건 의료 서비스를 제공하도록 권한다.[128]

가장 먼저 수감자 조기 석방에 나선 것은 코로나 환자가 많았던 이란으로 2021년 3월에만 8만 5,000여 수감자를 석방한다. 많은 나라에서 조기 석방을 추진하거나 계획하였다. 수감자의 조기 석방이 교도소 코로나 감염 대책의 하나기는 하지만 여론 반발도 만만치 않다. 이탈리아는 마피아 출신 죄수들까지 대거 석방했다가 여론의 질타를 받기도 한다.[129] 유럽과 북미 국가를 포함하여 다른 지역 국가들도 수감자

---

126 정상원 「미 감옥 코로나 확진은 사형 선고…죽어가는 수감자 지켜봤다」 『한국일보』 2020.12.20
127 김영섭 「교도소 재소자의 코로나19 감염 위험은?」 『코메디닷컴』 2021.8.12
128 유엔 「코로나 바이러스감염증-19 그리고 인권」 2020년 4월
129 김하나 「[교도, 코로나 사각지대③] 윤리와 여론 사이…딜레마에 빠진 세계의 교정당국들」 『데일리안』 2021.8.6

조기 석방에 합류했다.

우리나라는 동부구치소 집단 감염 발생 이후 법무부가 '가석방 업무 지침'을 전면 개정하고 비상 상황 시 가석방 기준일과 횟수를 임의로 조정하도록 했다. 이에 따라 2021년 초 가석방 적격심사위 개최 횟수도 늘고 적격 판정 비율도 높아졌다. 그러다 백신 접종이 시작된 이후에는 다시 적격 판정 비율이 낮아졌다.[130]

방역 대책과
백신 접종

동부구치소 집단 감염 사건 이후에야 교정 시설 방역 대책이 구체화했다. 신규 입소자에 대한 검사 지침이 마련되고 예방 격리 기간도 2주에서 3주로 연장되었으며 직원들도 주 1회 PCR 검사를 받도록 했다. 확진자에 대한 격리 공간과 환자 이송 대책 등도 마련하였다.[131]

방역 대책과 더불어 수용자에 대한 백신 접종 여부도 관심 대상이 되었다. 의료에서 볼 때 과밀 인구 집단인 수감자들은 백신 우선 접종 대상이 되는 게 맞다. 실제 캐나다는 2021년 1월부터 70세 이상, 600여 명의 수감자에 대한 백신 접종을 시작했다. 미국의 일부 주에서도 수감자 대상 접종을 시작했다. 그러나 일반 시민보다 앞서 수감자에게 백신 접종을 시행하는 데 대한 여론 거부감도 상당하다.

우리나라 경우 교정 및 보호 시설의 백신 접종은 관심에서 멀어져 후 순위로 밀렸다. 20201년 6월 17일 발표한 '코로나19 예방접종 3분

---

130 강한 「코로나 가석방 급증…'고무줄' 심사 기준 빈축」『법률신문』 2021.5.10
131 김채현 「"코로나19 대응차원"…법무부 내일 900여명 조기 가석방」『서울신문』 2021.1.13

기 시행계획'을 보면 9월 말까지 국민 70% 이상인 3,600만 명의 1차 접종 완료였다.

그러나 이 계획에 교도소 구치소 치료 감호소 등 교정 시설 수용자들과 소년 보호 시설, 외국인 보호소 등 보호 시설 수용자들은 대상으로 들지 않았다. 다만 시설 종사자들은 대부분 2분기에 예방접종을 마쳤고 75세 이상 수용자 207명도 접종을 마쳤다.

교정 시설 담장 안에는 5만 명 정도의 수용자가 지낸다. 수용자들은 담장 밖의 같은 연령대 예방접종 일정보다 훨씬 늦게 접종되었다. 수용 환경을 고려하면 서둘러야 하는 상황임에도 전혀 반영되지 않았다.[132]

---

132 민주사회를 위한 변호사모임 외 「교정 및 보호시설 수용자의 백신 접근권을 보장하라」 공동성명, 2021.7.25

4부

변화에 직면한
우리 사회

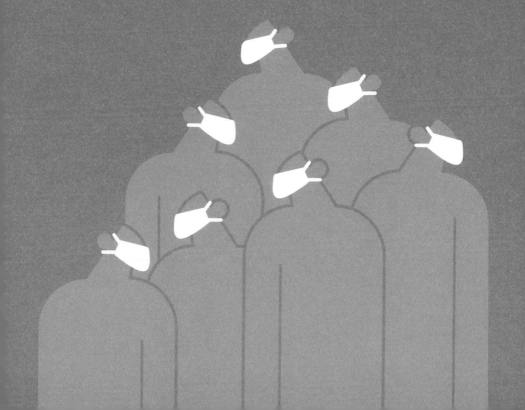

20장 노동 변화와 필수 노동자의 위기

코로나는 고용 위기, 고용 불확실성을 증대시켰다. 안정된 직장은 줄고 그만큼 불안정하고 불확실성이 높은 직업군이 증가하였다. 재택 근무 방식이 확대되는 가운데 자리를 지켜야 하는 필수 노동의 중요성이 더 부각된다. 필수 노동의 대표 업종은 보건 의료 분야다. 대면 서비스가 필수고 코로나 환자를 직접 진료하거나 접촉할 기회가 많아 감염 위험이 높다. 특히 돌봄 위기와도 맞물리는 여성 노동자들의 노동 조건은 더 악화한다.

노동의
변화

미국 버클리대 공공정책대학원 로버트 라이시 Robert Reich 교수는 코로나로 미국 사회에 새로운 4개 계급이 출현했다고 주장한다.¹ 첫 번째 계급은 '원격 근무 가능한 노동자The Remotes'로 전문, 관리, 기술 인력이다. 이들은 노트북으로 장시간 업무를 해내고, 화상 회의를 하거나 전자 문서를 다룬다. 이들은 코로나 전과 같은 임금을 받으며 '위기를 잘 건너는 계급'이다.

두 번째 계급은 '필수적 일을 해내는 노동자The Essentials'다. 의사, 간호사, 재택 간병인과 육아 노동자, 농장 노동자, 음식 배달자, 트럭 운전자, 창고나 운수 노동자, 약국 직원, 위생 관련 노동자, 경찰관 소방관 군인 등이다. 위기 상황에서 꼭 필요한 직업인으로 일자리를 잃지는 않으나 감염 위험 부담이 뒤따른다.

세 번째 계급은 '임금을 받지 못한 노동자The Unpaid'다. 소매점 식당 등에서 일하거나 제조업체 직원들로 코로나 위기로 무급 휴가를 지내거나 직장을 잃은 사람들을 가리킨다.

마지막 계급은 '잊힌 노동자The Forgotten'다. 이들은 감옥, 이민자 수용소, 이주민 농장 노동자 캠프, 아메리칸 원주민 보호 구역, 노숙인 시설 등 일반 미국인이 만나기 어려운 장소에서 일한다. 이들은 물리적 거리 두기가 불가능한 공간에 머물기에 코로나 감염 위험이 가장 크다.

라이시 교수의 분류는 우리 사회에도 적용 가능하겠다. 계급에 따라 팬데믹 위기에 따른 영향은 다르게 작용한다. 코로나 유행이 진행하면서 재택 근무로 전환하는 사업장들이 생겨났으나 실제 전체 사업장 중 그 수는 그리 많지 않았다.

근무 조건에 따라 집단 감염 위험이 높은 직종이 보였고 팬데믹으로

---

1 김향미 「코로나 시대의 4계급…당신은 어디에 있나」 『경향신문』 2020.4.27

인한 노동 강도 악화가 건강에 위협으로 작용하기도 하였다. 대면 접촉이 필수이고 재택 근무가 불가능한 직업 노동자들은 대부분 비정형, 비정규직이 많았다.[2]

코로나 팬데믹과
실업

코로나가 노동 시장에 미치는 1차 충격은 특수 형태 노동자, 프리랜서, 영세 자영업자들에게, 2차 충격은 대기업 구조 조정으로 직장을 떠나야 하는 40-50대 가장들에게, 3차 충격은 청년 채용 절벽으로 나타날 듯하다.[3]

재난에는 항상 실업 문제가 따른다. 가장 먼저 노동의 박탈 즉 해고를 고려해야 한다. 직장에서 해고되거나 고용 시장에 진입하지 못해 실업 상태인 경우다. 2020년 1월 이후 본인 의지와 무관한 실직이 비정규직의 35.8%에 달했다고 조사되었다. 정규직 7.2%에 비해 5배가량 높은 수치다.[4]

코로나로 경제 위기가 길어지자 기업들이 구조 조정에 나선다. 비정규직들이 먼저 무급 휴가에 들어가거나 해고당하기 일쑤였다. 회사나 가게가 문을 닫으면 직원들이 전부 직장을 잃는다. 업종에 따라 다르겠지만 사회적 거리 두기와 이동의 제한으로 직접 피해 입는 업종들이 생긴다. 여행 항공 숙박 관광 관련 산업이 초토화되고 많은 인력이 고용 시장에서 밀려난다.

---

2 황영자 외 『코로나 팬데믹과 한국의 길』 창비, 2021
3 황영자 외, 같은 책, 2021
4 박정훈 「코로나 이후 비정규직 35.8% '실직'…정규직의 5배」 『오마이뉴스』 2021.3.29

코로나 팬데믹이 퇴직을 앞당긴다는 보고도 있다. 미국에서 적어도 170만 명에 달하는 고령 노동자들이 팬데믹으로 실업 위기에 처했다. 학위 없는 65세 이하 흑인 노동자의 은퇴 비율이 가장 높다고 나와 계층 간 차이도 드러난다.[5]

자영업의 위기

사회적 거리 두기가 강화될수록 자영업자들은 막대한 영업 손실을 감내해야 한다. 우리나라는 자영업 비율이 25%로 OECD 평균 15%보다 상당히 높다. 자영업 중에서도 술집 식당 카페 등 사람이 모이는 업종에 집중되어 코로나 영향을 많이 받는다.

통계청 자료로는 2021년 7월 고용원을 둔 자영업자가 127만 4천 명으로 코로나 이전인 2019년 7월 152만 명보다 24만 6천 명 감소했다. 전년 동월 대비로도 7만1천 명이 감소, 32개월 연속 감소세를 보인다. 이는 1982년 통계 작성 이래 최장 기간 감소라 한다. 코로나 팬데믹 장기화로 아르바이트생 등 고용원을 내보내고 1인 자영업자로 영업을 유지하는 셈이다.[6]

코로나 4차 유행으로 사회적 거리 두기 4단계가 시행되었다. 오후 6시 이후 사적 모임 허용 인원이 2명으로 제한되어 소규모 자영업자가 큰 타격을 받는다. 자영업자들은 '인원 제한을 풀라'며 새벽까지 서울 도심에서 차량 시위를 벌인다. 백화점이나 대형 마트는 전자 출입 명

---

5 강다은 「코로나19로 베이비부머 은퇴 급증…"학위·인종 따라 달라"」 『한국경제TV』 2021.6.4
6 윤지원 「"코로나 최저임금 쇼크 이 정도일 줄이야"…직원 둔 자영업자 1991년보다 줄었다」 『매일경제』 2021.8.15

부도 없이 손님이 가득한데 소규모 자영업 가게만 영업을 제한받는다는 상대적 박탈감도 작용했다.

자영업자들은 폐업하고 싶어도 하기 어려운 상황이다. 폐업하면 권리금과 인테리어 비용 회수는 고사하고 그동안 받은 대출금을 한꺼번에 상환해야 해 많이들 그냥 버틴다.

코로나 이후도 자영업의 미래가 순탄해 보이지 않는다. 비대면 경제에 익숙해진 소비 패턴이 쉽게 변하지 않을 가능성도 보이고 대기업들이 자영업종에 앞다퉈 뛰어들면서 자영업 사업 환경이 나빠지는 경향도 보인다.[7]

필수 노동자의 위기

팬데믹은 우리 사회에 필수 노동자의 존재를 일깨웠다. 거리 두기로 사회 연대가 끊기고 고립이 심화될수록 정말 우리 사회에 필요한 노동이 어떤 것인지 확인하게 되었다. 의료 노동자와 돌봄 노동자, 택배와 배달 노동자, 경찰 소방 환경미화 콜센터 직원 그리고 대중 교통 기사까지 필수 노동자 범주는 광범위하다.

필수 노동자는 팬데믹 기간 우리 사회를 지탱하는 버팀목이 되어주었다. 중단할 수 없는 필수 서비스를 대면으로 제공하는 만큼 감염 위험을 감수해야 했다. 노동자지만 근로기준법 적용을 벗어난 경우도 많다. 일은 고되고 감염 위험에 노출되며 저임금에 눈에 잘 띄지도 않는 '그림자 노동'이 이들 몫이었다.

---

7 안영춘 「빚 족쇄에 폐업도 못해…자영업자는 '코로나 이후'가 더 두렵다」 『한겨레』 2021.7.21

「코로나19로 인한 필수노동자 노동피해 실태조사」에 따르면 응답자의 67.7%가 코로나 확산 이후 업무 강도가 '힘들어졌다'고 답했다. 환경 미화원, 사회복지사, 요양 보호사. 보육 교사, 장애인 활동 지원사 순으로 높게 나왔다. 소독 업무 등 새로운 업무 추가와 노동 강도 강화 때문으로 보인다. 방역 물품의 과도한 사용으로 인한 체력 부담도 크고 임금 저하와 고용 불안도 느낀다고 조사되었다.[8]

필수 노동에 대한 논의는 코로나 확산이 고조되었던 영국, 미국 등에서 먼저 시작되었다. 강력한 거리 두기와 봉쇄는 필수 노동자의 존재 없이는 가능하지 않았기 때문이다. 이들을 지원하는 것이 방역의 전제가 되었다. 필수 노동에 대해서는 나라마다 경제적 사정이나 문화에 따라 다르게 정의한다.

의료 노동자의 고난

필수 노동의 대표 분야는 보건 의료 업종이다. 대면 서비스가 필수인 데다 코로나 환자를 직접 진료하거나 접촉할 기회가 많아 감염 위험이 크기 때문이다.

영국에서 의료계 종사자의 감염 위험도가 비필수 노동 업종보다 약 7배 높다는 연구가 나왔다. 의료 기관에는 의사와 간호사 외에도 감염 위험을 감수하고 일하는 다양한 직역 직원들이 많다. 간병 식사 청소 보안 등 많은 업무를 나눠 맡는다.

직접 고용도 있고 외주로 운영하기도 한다. 폐기물 처리 담당하는

---

8 김영 외 「코로나19로 인한 필수노동자 노동피해 실태조사」 『연구보고서 2020-4』 부산노동권익센터, 2020

직원은 오염된 온갖 폐기물을 처리해야 한다. 보안 담당자는 수많은 사람을 마주해야 한다. 병원이 돌아가기 위해서 모두의 노력이 필요하다. 그러나 방역을 위한 준비는 모두에게 공평하지 않았다.

돌봄 노동자의
노동 현황

우리나라 돌봄 노동자는 110만 명 정도로 추산된다. 집이나 요양 시설에서 노인이나 환자를 돌보는 요양 보호사, 병원에서 환자를 돌보는 간병 노동자 등은 대부분 여성이고 50대 이상이 많다. 2020년 기준 요양 보호사의 평균 연령은 59.6세고 94.9%가 여성이다.[9]

임금 수준도 다른 노동에 비해 낮고 실질적 생계 부양자인 경우가 상당수다. 저임금이어도 일자리가 절실한 경력 단절 여성 쏠림 현상을 보인다. 고령일수록 노동 시간이 줄고 근속 연수가 높을수록 임금이 줄어든다.

노동 과정도 문제다. 기저귀갈기 목욕시키기 청소 빨래 식사준비 등 노동 강도가 센 편이다. 온갖 집안 허드렛일을 담당하기도 한다. 요양 보호사 10명 중 8명이 "일하는 중에 폭언 폭행 성희롱을 당해 봤다"고 한다. 고용 불안으로 소속기관에 밝히기도 어려워한다.

병원 환자 곁을 지키는 간병 노동자는 공식적인 의료진이 아니기에 코로나 백신 우선 접종에서도 제외된다. 마스크가 제대로 공급되지 않기도 했다. 그동안 간병은 노동으로 인정받지 못해 고용 보험이나 산재 보험도 들지 못했다.

---

9 전혼잎 「'돌봄=여자 일' 규정하고 임금 후려치기 팽배」『한국일보』2021.11.10

닭장 같은
콜센터

　　초기에 집단 감염이 발생하여 주목을 끈 곳이 콜센터였다. 2020년 3월 10일 서울 구로구 19층 주상복합 건물에 입주한 보험회사 콜센터에서 집단 감염이 발생하면서 그들의 열악한 근무 환경이 드러났다. 하루 7시간 이상 전화 통화해야 하는 노동 강도, 마스크 착용이 어려운 업무 특성, 개인 간 거리가 1미터도 되지 않는 밀집된 사무 공간 등, 비말을 통해 바이러스가 쉽게 퍼질 최적의 조건이었다.[10]

　콜센터 사무실을 닭장에 비유했다. 환기창이 없는 곳도 많고 화장실을 제대로 가기 어렵다. 재택 근무도 불가능했다. 이런 콜센터가 전국에 1,000여 곳, 서울에만 520여 곳이며 40만 명이 넘는 노동자가 일한다.[11]

　'직장갑질119'가 2021년 5월 「코로나19 이후 콜센터 노동 환경 심층면접 조사」 보고서를 발표했다. 콜센터 노동자들은 코로나 확산 후 비대면 업무가 늘고 퇴사자나 자가 격리자가 발생하면서 노동 시간이 늘고 업무 강도가 강해졌다.

　특히 방역을 이유로 회사가 동료와의 접촉을 제한하고 휴게 공간을 폐쇄하면서 스트레스가 심해졌다. 더불어 노동자들의 고립감과 우울감이 증폭됐다고 한다.[12]

---

10 추지현 외 『마스크가 말해주는 것들』 돌베개, 2020
11 황정아 외 『코로나 팬데믹과 한국의 길』 창비, 2021
12 박다해 「코로나 환자 돌보며 우울증, 산재 아닌가요」 『한겨레21』 2021.8.16

배달 노동의
확대

콜센터 집단 감염이 가라앉자 쿠팡 물류센터에서 환자가 발생한다. 코로나로 배달 물량은 크게 늘었으나 노동자 수는 비례해 늘지 않아 1인 감당 물량이 증가한다. 물류센터만의 문제가 아니었다. 배송 노동자의 노동 강도도 악화했다.

쿠팡에서는 코로나 환자 발생 이전인 3월 초 수습 노동자가 새벽 2시 배송 업무 중 승강기 없는 5층 빌라를 반복해 다니다 심정지로 사망하는 사건이 발생한다. 내부 경쟁 시스템으로 실적 압박에 시달리는 조건에서 쉬지 못하고 일하다 쓰러졌다. 배송을 실시간 모니터하던 전자 감시 시스템이 그를 발견했다.[13]

택배 업무량 증가로 과로사에 이르기도 한다. 회사 직접 고용이 아니어서 택배 노동자는 근로기준법 적용 노동자가 아니라 개인 사업자로 분류된다. 과로사가 이어지는 원인 중 하나다. 코로나 팬데믹의 어두운 이면이다.

코로나 유행으로 모임 외식 쇼핑이 줄고 택배와 음식 배달이 가파르게 늘었다. 실제 2020년 택배 물동량은 전해 대비 20.93% 정도 증가했단다. 한해 총 33억 7천만 개의 택배 물품이 배달되었다니 쉽게 상상되지 않는 규모이다. 해마다 10% 정도 증가세를 보이던 중 코로나 팬데믹으로 폭증했다.

택배 산업 특성상 이 업무들이 고스란히 택배 노동자들 몫이다. 택배 노동자는 보통 각자 움직이나 물류센터에서는 같이 모여 일하기 때

---

13 추지현 외, 같은 책, 2020

문에 여기서도 코로나 집단 감염이 발생한다.

코로나로 외식을 하지 않으면서 음식 배달이 폭발적으로 증가한다. 평소 배달을 하지 않던 매장들도 플랫폼과 계약을 맺고 배달 서비스를 제공하기 시작했다. 배달업이 호황을 맞아 배달 노동자들 수도 증가한다. 그러나 이들 상황은 그리 녹록하지 않다. 업무 특성상 물건이나 음식을 배달하려면 사람과 마주쳐야 한다.

택배는 그냥 문 앞에 놔두는 경우가 대부분이나 음식은 직접 건네야 할 때가 많아 얼굴을 마주해야 한다. 팬데믹 초기 배달 라이더들 사이에서도 정체불명의 전염병에 대한 공포감이 돌았다고 한다. 한 배달노동조합에서 중국인 밀집 지역 배달을 금지해 달라고 했다가 여론의 지탄을 받고 사과했다.[14]

반면 그들 자신이 경계 대상이 되기 일쑤였다. 배달 노동자가 전염병의 전달자일 가능성 때문이다. 필요하지만 불편한 존재인 셈이다.

---

14 미류 외, 같은 책, 2021

21장 돌봄 위기

팬데믹으로 돌봄 영역 위기는 '돌봄 재난' 상태로까지 이어졌다. 사회적 돌봄이 해체 또는 축소되면서 다시 가정 돌봄으로 회귀하고 대부분 여성의 몫으로 할당된다. 포스트 코로나 사회에서는 돌봄 책임을 민주적으로 분배하자는 논의가 활발하다. 돌봄에 대한 국가 책임도 강조해야 한다. 돌봄을 위한 공공 인프라를 확충하여 시장 의존에서 벗어나야 한다. 돌봄 현장에서는 지방 정부와 지역 사회 역할이 중요하다.

팬데믹과
돌봄 위기

팬데믹으로 사회 돌봄 영역이 총체적 위기를 맞는다. 어린이집 지역아동센터 유치원이 문을 닫고 학교가 등교를 중단하고 비대면 교육으로 전환된다. 노인 돌봄 센터도 문을 닫고 요양원은 면회가 중단된다. 돌봄 최전선의 공공기관들이 안전을 이유로 제일 먼저 문을 닫아 버렸다.

이 공백을 어떻게 메울지 고민이나 대안은 없었다. 돌봄 시설과 기관 운영이 중단되거나 축소되면서 돌봄 기능은 전적으로 가정에 내맡겨진다. 가정은 그야말로 혼란에 빠졌다. 돌봄을 위해 부모가 직장을 포기해야 하는 상황이 발생한다. 자녀들과 많은 시간을 보내야 하고, 새로 시작된 온라인 교육도 도와야 한다.

급변한 돌봄 환경에서 사회 시스템이 이를 뒷받침하지 못했다. 코로나 재난이 '돌봄 재난'으로 이어졌다. 사회 돌봄이 해체 또는 축소되어 가정 돌봄으로 회귀하는 과정에서 누군가의 희생이 불가피했다. 팬데믹을 거치면서 전 세계가 돌봄 위기를 경험한다. 위기는 돌봄의 결핍에서 비롯한다.

그동안 신자유주의의 강고한 흐름은 돌봄의 공적 보장을 후퇴시키고 시장화를 부채질했다. 수익이 나는 돌봄 서비스만 시장 기제를 통해 제공되고 나머지는 축소되었다.

돌봄에서
여성의 역할

개별 가정이 변화된 돌봄 환경에서 알아서 대응해야 할 때면 대체로 여성 역할에 의존한다. 이는 여성들에게 큰 부담으로 다가간다. 전업 돌봄도 많이 발생한다. 외환 위기 당시 주로 남성이 실직했다면 코로나 팬데믹은 여성을 실직으로 내몬다.

실제 여성 고용률이 남성보다 더 크게 감소한다. 경제 활동을 못 하는 여성들이 증가하는 원인 중 하나가 가정 돌봄이다. 돌봄과 돌봄 노동은 오래전부터 여성적 또는 비생산적이라고 여겨지는 돌보는 직업과 연관되어 평가 절하되어왔다. 그래서 돌봄 노동은 변함없이 저임금과 낮은 사회적 지위에 머문다.[15]

팬데믹을 거치면서 돌봄 노동의 가치에 대한 재평가 요구가 증가한다. 코로나 이후 시기 사회를 전망하면서 돌봄의 책임을 민주적으로 분배하자는 '돌봄 민주주의'나 '돌봄 뉴딜'에 대한 요구도 등장한다.[16]

시장에서 관리되는
돌봄

과거에 돌봄은 노예나 피고용인이 하는 때를 빼고는 주로 가족이 맡았다. 핵가족화와 고령화 진전으로 이제는 가정 내에서 모든 걸 해결하기 어려워 오랜 기간에 걸쳐 돌봄이 사회화한다. 국가나 시장이 이를 나눠 맡았다.

돌봄 비용이 급격하게 증가하자 국가가 이를 시장으로 넘겨버리는 경향이 늘어난다. 시장에 의해 관리되는 돌봄은 불평등하다. 지불 비용에 따라 구입 가능한 돌봄 서비스가 다르다.

시장은 중재를 거친 상품화한 돌봄 유형들을 제공한다. 신자유주의는 모든 형태의 돌봄 그리고 이윤 추구에 부합하지 않는 돌봄 행위를 심각하게 평가 절하한다.[17]

우리나라에서는 외환 위기 이후 돌봄 시장이 본격적으로 형성되기 시작한 듯하다. 가계를 책임지던 남자들이 일자리를 잃고 수입이 줄자

---

15 더 케어 컬렉티브 『돌봄선언』 정소영 옮김, 니케북스, 2021
16 백영경 「코로나19 시대의 '돌봄 커먼즈'의 위기와 해법」 『공유허브』 2021.1.29
17 더 케어 컬렉티브 『돌봄선언』 정소영 옮김, 니케북스, 2021

여자들이 생계를 위해 일자리를 찾아 나섰다.

그러나 가능한 일거리는 제한되었다. 가사 도우미, 육아 도우미, 간병, 요양 보호사, 청소 대행 등 돌봄 산업이 중요한 일자리로 부상한다. 팬데믹으로 돌봄 시장도 혼란을 겪는다. 상품으로 구매하던 가사 및 돌봄 노동의 이용 또한 사회적 거리 두기가 강화되면서 제한된 형태로만 공급되었다.

어린이 환자 노약자 장애인 들을 가족으로 둔 여성은 상업화한 돌봄 노동, 긴급 돌봄 체계와 같은 공적 돌봄, 부모나 자매 등 가족과 친족 등 사회 관계를 통한 돌봄을 이리저리 엮는다. 우왕좌왕 횡단하고, 비용을 조절하면서 위기 상황에 대처한다.[18]

돌봄 시장 혼란에 대해 정부는 2020년 11월 초 '온종일 돌봄 체계 운영 지원에 관한 특별법안'을 제안하지만 돌봄 전담사들은 파업으로 대응한다. 이 법이 통과되면 비용 절감을 위해 돌봄이 민간 위탁 방식으로 민영화되면서 서비스 질이 떨어지고 공공성이 약해질 것이라는 지적이 따랐다.[19]

돌봄 패러다임의 전환

재난을 겪으면서 돌봄 붕괴 현실에 직면하고 돌봄 중심 사회로의 전환이 필요하다는 공감이 넓어진다. 사회 패러다임의 전환이 요구되는 지점이다. 이런 전환은 돌봄 노동에 대한 재평가가 전제

---

18 김현미 「코로나 시대의 '젠더 위기'와 생태주의 사회적 재생산의 미래」 『젠더와 문화』 제13권 2호 (2020) pp. 41-77
19 백영경, 같은 글, 2021

되어야 한다. 그동안 돌봄 노동은 사회에서 공식 노동으로 인정받지 못하였다. 가정 영역에서 이루어지던 비공식 노동의 하나일 뿐이었다.

사회 변화로 인해 돌봄의 사회화 논의가 시작되었으나 국가의 외면 속에 시장에 맡겨져 왔다. 돌봄 서비스를 하나의 상품으로 취급하며 서비스 이용자와 제공자가 구매자와 판매자의 위치에 선다. 돌봄 서비스 민간 시장은 계속 확대된다.

돌봄 노동의 가치 재평가 요구는 이를 민주적으로 분배하자는 돌봄 민주주의나 돌봄 뉴딜 요구로 나타난다. 돌봄의 성 평등한 나눔과 여성 노동자 지위 향상도 필요하다. 한국판 뉴딜에는 돌봄에 대한 고려가 배제되었다. 정부 주도 한국판 뉴딜은 생태적 사회적 대전환을 제기하면서도 돌봄의 문제는 도외시해 왔다.

코로나 이후 사회 전망에서 돌봄 민주화가 빠져서는 안 된다는 요구가 강력하다.[20] 한국판 뉴딜은 기존 젠더 불평등을 전제하거나 그에 의존해 기획되는 또 다른 젠더 불평등 체제로, '통합된 체계'로의 요구를 못 담아낸다는 경고에 주의해야 한다.[21]

코로나 위기에 대한 포괄 대응을 위해 '사회 재생산 모델'로의 전환을 주장하기도 한다. 이는 생산 중심 경제 모델에 대한 비판과 대안적 사회 기획이다. 모든 구성원의 생존을 위해 필수적인 물적 자원의 제공뿐만 아니라 불평등 차별 위기 해결을 통해 모든 구성원의 동등한 사회 참여를 보장하는 과정을 포함한다.

사회 재생산 모델에서 강조하는 돌봄 사회로의 전환을 위해 국가 기업 지역사회가 돌봄 윤리를 중심 가치로 품어야 한다. 사회 모든 구성

---

20 백영경, 같은 글, 2021
21 김현미, 같은 글, 2020

원이 돌봄 자질을 갖춰야 하며 훈련과 실천을 통해 돌봄 노동의 숙련도를 높여야 한다. 노동 시간 단축과 노동 조건 개선을 통해 이를 가능케 하는 사회 조건 변화를 끌어내야 한다.

국가의 돌봄 역량도 강화시켜야 한다. 경쟁에서 밀리는 취약한 집단에 공적 돌봄을 제공할 필요가 있다.[22] 돌봄에 대한 국가 책임을 강조해야 한다. 돌봄을 위한 공적 인프라를 대대적으로 확충해 시장 의존에서 벗어나야 한다. 일선에서는 지방 정부와 지역 사회 역할이 중요하며, 돌봄 일자리 향상을 위해 고용 안정과 급여 보장이 필요하다. 양질의 돌봄 일자리 확충은 더 많은, 더 좋은 돌봄 서비스를 결과한다.

돌봄의 일차 주체인
국가

국가가 이제 돌봄의 일차 주체가 되어야 한다. 코로나 팬데믹이 우리에게 남긴 교훈이다. 돌보는 국가는 결코 가부장이거나 인종 차별자가 아니다. 국가는 공동체와 돌봄 시장에 대한 시민들의 활발한 민주 참여를 독려해야 한다.

돌보는 국가는 요람에서 무덤까지 돌봄 인프라를 구축하고 양성한다. 국적 등의 소속, 시민권, 권리에 대한 새로운 개념도 만들어 내리라. 돌봄이 모든 국가의 원칙이 되어 경제 불평등과 대량 이민이 감소하고 환경 관련 불공정도 해소되길 기대한다.[23]

---

22 김현미, 같은 글, 2020
23 더 케어 컬렉티브 『돌봄선언』 정소영 옮김, 니케북스, 2021

22장 다양한 변화에 직면

일상의 변화가 지대하여 과거 일상이 어색해질 정도다. 마스크는 필수 일상용품이 되었다. 노인이 많은 농촌은 고립이 심해졌고 학교 급식에 의존하던 농가들에도 피해가 크다. 종교도 언론도 변화 압력에 직면한다. 종교 행사는 코로나 전파의 주요 통로로 작동하기도 하였다. 미디어는 과학적 근거보다 직관 또는 짐작에 근거한 기사 양산으로 방역의 최대 방해물이 되기도 한다.

우리 일상의
변화

코로나 팬데믹을 거치면서 우리 일상의 변화를 체감한다. 마스크 착용이 일상화되고 직장에서 회식이 사라졌다. 친구 모임이 쉽지 않고, 회의가 취소되거나 비대면 회의로 대체된다. 가족 모임이 축소되고 결혼식이나 장례식장 등 사람이 많이 모이는 장소 방문도 여의치 않다. 병원에서 이루어지던 주민들의 자원봉사가 중단되고 직원들의 자원봉사도 중단되었다. 구내식당에는 자리마다 칸막이가 놓였다.

해외 여행은 거의 불가능해졌다. 국내 유명 여행지에서도 손님들을 마냥 반기진 않는다. 영화관처럼 사람 많이 모이는 곳들은 썰렁해졌다. 흩어져야 산다는 슬로건도 등장했다.

마스크는 필수 생활용품이 되었다. 집을 나서면 마스크를 착용한다. 마스크 벗을 곳은 집이 거의 유일했다. 거리에서 마스크 안 한 사람을 볼 수 없다. 병원에서 만나는 직원이나 환자, 보호자도 모두 마스크를 해 마스크 안 한 얼굴을 못 본 지인도 많다. 나중에 마스크를 벗으면 과연 상대방을 알아볼까 싶을 정도다.

엘리베이터의 버튼 누르기도 꺼리는 분위기다. 헬스장도 문 닫거나 축소되어 운동도 쉽지 않다. 진료실에서 환자들에게 운동하라고 강조하지만 여건이 더 어려워졌음을 부인하기 어렵다.

농촌의
경제 위기

농촌은 인구 밀도가 낮아 사람들이 밀집할 일이 잦지 않다. 그만큼 감염 위험은 낮다. 그러나 고령 인구가 많아 한번 전파되면 마을 전체가 위험해진다. 농촌 마을 노인들은 마을회관에 모여서 같이 시간을 보내거나 공동 급식을 할 때가 많다. 코로나로 마을회관 운영이 중단되면서 모일 기회가 적어지고 노인들은 고립 위험에 놓였다. 명절에도 가족들이 모이기 어려우니 농촌 노인 고립감은 더 심해진다.

전국에서 시행되는 학교 급식으로 우리 농업에서 가장 큰 소비처는 학교다. 코로나로 등교가 연기되면서 학교 급식이 중단되어 식자재를 공급하던 농가들이 피해를 고스란히 입는 상태다.

농촌 인구가 고령화하면서 외국인 이주 노동자들이 많은 농사를 감당한다. 노동력이 크게 필요한 축산업은 이주 노동자 빼고는 돌아가지 않을 정도다. 계절에 따라 노동력 수요가 더 커진다. 2015년 도입된 외국인 계절 근로자 제도는 바쁜 계절에 일손을 제공하는 유용한 제도다.

그러나 코로나 팬데믹으로 이 모든 게 멈춰 섰다. 입국 후 자가 격리 비용을 부담하기가 쉽지 않고, 많은 외국인 입국에 여론도 그리 우호적이지 않다. 그러자 시기를 놓치면 제대로 수확 못 하는 농작물을 위해 지자체가 나서 외국인 노동자 입국을 추진했지만 제대로 이루어지지 않았다.[24]

이주 노동자들의 계절 노동이 사라지자 농촌 주민 노동 강도가 세졌다. 유럽 농촌도 외국에서 오는 계절 노동자에 의존하는데 팬데믹 국경 폐쇄로 농업 생산에 문제가 발생한다.

종교 단체들과
팬데믹

팬데믹이라는 특수한 상황에서 종교는 어떻게 대응해야 합당한가? 우리나라에서 가톨릭교회와 불교는 비교적 방역 당국의 방침을 충실히 이행하는 반면 개신교 계통의 많은 교회가 끊임없이 비판대에 올랐다. 이단이라고는 하지만 기독교 분파인 신천지 교회가 1차

---

24 황정아 외 『코로나 팬데믹과 한국의 길』 창비, 2021

유행의 중심이었고 극우 정치권과 결합한 사랑제일교회가 8월의 2차 유행을 촉발했다.

신천지 교회 내 집단 감염은 의도성이 보이지 않으나 전광훈 주도 사랑제일교회는 의도적으로 방역 부정 행태를 보였다. 이후로도 많은 교회와 신도 모임에서 코로나 집단 감염이 발생한다.

미디어의 역할과 '인포데믹'

재난 상황에서는 미디어 역할이 중요하다. 모든 사람이 미디어가 내놓은 정보에 눈과 귀를 집중하는 팬데믹 상황에 미디어가 지금껏 어떤 역할을 했는지 평가해야 한다. 미디어는 방역이 제대로 되는지 평가하고 대안을 제시해야 한다. 신종 감염병에 대한 정확한 정보를 제공하여 사람들이 막연한 공포에서 벗어나도록 도와야 한다. 시민들의 심리 방역에도 도움 되면 더욱 좋다.

그러나 코로나 팬데믹 과정에서 보게 된 일부 미디어 모습은 우려를 자아내기에 충분했다. 자극적 헤드라인, 아니면 말고 식 가짜 뉴스, 의혹 전달에 치우친 기사, 거시적 관점을 빼고 흥미만 노린 가십성 기사, 본질적이지 않은 지엽적 사안에 집중하는 기사 등이 넘쳐났다.

기자와 관련 전문가들이 2012년 '감염병 보도 준칙', 2014년 '재난 보도 준칙'을 마련하였지만 이를 지키지 않는 기사들이 많았다. 코로나 유행 확산이 시작되던 2020년 4월 28일 한국기자협회, 방송기자협회, 한국과학기자협회 등이 모여 새로운 '감염병 보도 준칙'을 발표했다. 그러나 이런 보도 준칙이 얼마나 지켜졌는지는 의문이다.

개별 언론사들은 정치 성향에 따라 특정 사안을 '프레이밍'하는 관행을 팬데믹 과정 내내 계속했다.[25] 방역과 환자 치료 과정, 방역과 의료에 종사하는 인력들의 노력을 성실하게 담아낸 기사들도 많았으나 눈살을 찌푸리게 하는 기사들도 넘쳐났다. 때로는 이런 기사들이 방역 자체를 방해하기도 하였다.

팬데믹 초기 중국에서 환자 발생이 보고되자 어떤 기사들은 중국 봉쇄를 주장하면서 '우한 폐렴' 명칭을 고집했다. 이태원 클럽에서 집단 감염이 발생하자 어떤 신문은 기다렸다는 듯 성 소수자 혐오에 이를 이용하였다. 우한 지역에서 귀국한 교민들이 임시 수용 시설에 격리될 때 한 언론사는 시설 뒤편 울타리에 구멍이 뚫렸다고 보도한다. 마치 교도소에 구멍이 뚫려 이곳으로 죄수가 도주 가능하다는 분위기의 글이었다.

백신이 개발되고 접종이 시작되자 언론들이 백신 부작용을 과다하게 선전하여 백신 기피 분위기를 조장하기도 한다. 접종할 때도 비장한 마음으로 임해야 했다. 공포 조장은 방역에 부정 영향을 미치게 된다. 심리 방역은 언론이 담당할 중요한 역할인데 오히려 공포를 부추기고 불안을 조장하는 기사들이 넘쳐났다. 언론의 정치 성향에 따른 맹목적 정부 비판 또는 상업 이득을 노린 클릭 수 장사라는 비판이 뒤따랐다.

인포데믹은 인포메이션 information과 에피데믹 epidemic의 합성어로, 잘못된 정보가 미디어 들을 통해 급속하게 퍼져 나가는 현상을 가리킨다. 불확실성이 높은 신종 전염병 재난은 인포데믹의 좋은 토양이 된다. 코로나 기간에도 잘못된 정보가 넘쳐났다.

---

25 기모란 외 『멀티플 팬데믹』 이매진, 2020

경기도의 한 교회에서 예배당에 입장하는 모든 신도의 입에 분무기를 이용해 소금물을 살포하는 일이 벌어졌다. 결국 목사 부부 포함 40명이 확진 판정을 받았다. 이란에서는 코로나를 예방하겠다며 5천여 명이 소독용 알코올을 희석해 마셔 이 중 500여 명이 사망했다. 코로나바이러스가 5G 통신망을 타고 전파된다는 가짜 뉴스가 퍼지면서 영국 벨기에 등에서 기지국을 방화하는 사건이 발생하기도 한다.

MMR[26] 백신이 코로나바이러스 면역을 키운다는 근거 없는 소문이 돌면서 MMR 백신을 접종하려는 병원 방문자가 증가한다. 미국의 트럼프 대통령은 말라리아 치료제인 하이드록시클로로퀸을 아무 근거 없이 코로나 치료제로 선전하기도 하였다. 트럼프는 마스크의 효용성을 부정하며 공식 석상에서 마스크를 착용하지 않다가 코로나에 감염된다.

팬데믹 초기에 마스크 부족이 심화하자 정부는 약국을 통해 정해진 수량만큼만 팔게 하는 마스크 공적 판매제를 시행한다. 이를 두고 보수 일간지는 마스크 배급제라면서 사회주의 정책이라고 평가한다. 이처럼 실제 내용을 비틀어서 정부 비판에 동원하는 현상도 일종의 인포데믹이라 하겠다.[27]

---

26 Measles(홍역), Mumps(볼거리, 유행성 이하선염), Rubella(풍진)
27 안치용 『코로나 인문학』 김영사, 2021

23장 불평등의 심화

다양한 부문에서 불평등이 심해진다. 국가 간 불평등이 더해지고 국가 내 계층 성별 간 불평등도 확대된다. 가난할수록 코로나 감염과 사망 위험성이 높아진다. 경제 불평등과 이로 인한 양극화는 더욱 악화한다. 저소득층 소득 감소가 크게 나타나 소득 격차도 더 심해진다. 학교가 문을 닫으면서 교육 불평등도 발생한다. 팬데믹으로 인한 고립, 비대면 활성화, 온라인 수업 등으로 디지털 기술 중요성이 커지는 한편 디지털 불평등도 심해진다.

코로나 위험도의 차이

경제 약자는 감염병에 취약해 더 잘 걸리고 더 많이 사망한다. 전염병의 유행 확산 대응 과정에서 매우 불리하다. 1918년 스페인 독감 유행 당시 도시 빈민과 실업자 사망률이 가장 높았다. 실업률이 10% 상승하면 독감 사망률은 19.6% 증가했다. 2009년 신종플루 팬데믹 당시 영국 사망자 조사에서는 가장 빈곤한 소득 1분위 사망률이 고소득층 사망률의 3배 이상이었다.[28]

가난할수록 코로나에 걸릴 위험도 커진다. 고소득자는 보통 한 사람의 근무 공간 자체가 넓고 쾌적하므로 물리적 거리 두기가 가능하고 코로나에 감염될 위험도도 낮아진다.[29]

건강 불평등이 심한 미국은 백인보다 흑인의 코로나 감염률과 사망률이 높다. 흑인 사망률이 백인의 4배에 달한다는 보고가 나온다. 흑인은 인구 밀도가 높은 지역에 거주하며 큰 집에 살 가능성이 적고 의료 환경은 바닥이며 재택 근무 가능성도 적다.[30]

미국에는 공적 의료 보험이 없어 감염 시 고소득자가 신속히 치료받는다. 2020년 3월 마지막 주, 미국 이민자 가정에서 자란 LA 카운티의 17세 소년이 의료 보험 없다는 이유로 병원 응급 치료를 거부당하고 몇 시간 후 코로나로 사망한다.[31]

옥스팜 보고서에 따르면 방글라데시 사람들은 영국 거주 백인보다 코로나 사망 확률이 5배 높았다. 한 국가 내에서도 인종별 사망 확률이 달랐다. 브라질에서 흑인은 백인보다 코로나 사망 확률이 1.5배 더 높다. 보고서는 나이가 많은 사람보다 소득이 낮은 사람의 코로나 사망 가능성이 클 가능성도 밝힌다.[32]

28 정유진 「코로나19가 드러낸 '불평등 사회'」 『경향신문』 2020.6.29
29 이혜인 「'민간 역학조사관' 김종헌 교수 "백신·치료제 나와도 '종식' 불가능…코로나·독감 동시 유행 대비해야"」 『경향신문』 2020.6.29
30 말콤 글래드웰 외 『코로나 이후의 세상』 이승연 옮김, 모던아카이브, 2021
31 안드레아스 말름 『코로나, 기후, 오래된 비상사태』 우석영·장석준 옮김, 마농지, 2021
32 김효진 「팬데믹 기간 전 세계 99%가 소득 감소… 10대 부자 자산은 1배 증가」 『프레시안』 2022.1.17

소득 불평등의
심화

　　코로나 팬데믹으로 소득 불평등이 심화한다. 코로나로 대부분 계층의 소득이 감소하는데[33] 특히 저소득층의 소득 감소가 가장 크게 나타난다. 그 결과 소득 격차는 더 심해진다. 가난할수록 소득이 더 감소하는 현상이 팬데믹 기간의 소득 변화 양상이다. 소득은 감소하는 반면 부동산 값은 계속 상승하면서 자산 규모는 더 벌어졌고 주택 포기자들이 늘어났다.

　저소득층일수록 사회적 거리 두기와 봉쇄 정책에 의한 영향이 클 분야에 고용되기 쉽고 대면 접촉 정도가 높다. 일자리 중 고용 상태가 불안한 임시 일용직, 육아 부담이 큰 '유자녀 여성 가구' 가구주의 실직과 소득 감소가 뚜렷하다. 고용 자체가 줄기도 하고 기존 소득도 감소해서다. 특히 자영업 가구, 유자녀, 여성 가구의 소득 감소가 크다.[34] 고소득층은 코로나 팬데믹 기간에도 소득이 유지되거나 오히려 늘었는데 방역 조치 등으로 지출이 줄어 역대 최대 흑자를 기록한다.

　'가계 저축률'이 2020년도 11.9%로 외환 위기 직후인 1999년 13.2% 이후 21년 만에 가장 높았다. 저축은 주로 고소득층에서 발생한다.[35] 장기간 거리 두기로 자영업자 매출이 줄어 휴업이나 폐업률은 커지고 결국 소득 불평등은 더 심해진다. 미국도 각종 경제 위기를 겪으며 지난 20년 간 개인 저축률이 꾸준히 올라 7-8%대였다가 코로나로 2020년 33.6%까지 치솟았다.[36]

---

33 옥스팜 보고서는 세계 인구 99%는 소득 감소, 세계 10대 부자 자산은 700억 달러에서 1조 5000억 달러로 2배 이상 증가했다고 밝힘 (Oxfam, "Inequality Kills: The unparalleled action needed to combat unprecedented inequality in the wake of COVID-19", 17 Jan 2022)
34 연지안 「코로나 충격에 더 가난해진 빈곤 가구…소득 17%나 줄었다[더 벌어진 소득격차]」 『파이낸셜뉴스』 2021.5.10
35 전슬기 「코로나19 속 고소득층 최대 흑자…불평등 키우는 '역대급 저축률'」 『한겨레』 2021.9.23
36 전슬기, 같은 글, 2021

[그림 2] 불평등한 사망 Inequality Kills[37]

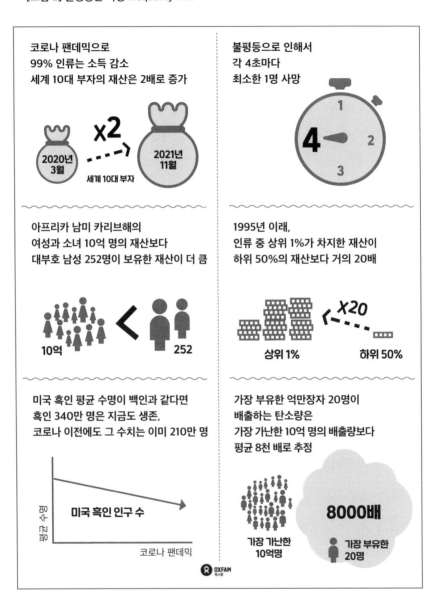

코로나 팬데믹으로
99% 인류는 소득 감소
세계 10대 부자의 재산은 2배로 증가

2020년 3월 ×2 2021년 11월
세계 10대 부자

불평등으로 인해서
각 4초마다
최소한 1명 사망

아프리카 남미 카리브해의
여성과 소녀 10억 명의 재산보다
대부호 남성 252명이 보유한 재산이 더 큼

10억 < 252

1995년 이래,
인류 중 상위 1%가 차지한 재산이
하위 50%의 재산보다 거의 20배

×20
상위 1%   하위 50%

미국 흑인 평균 수명이 백인과 같다면
흑인 340만 명은 지금도 생존,
코로나 이전에도 그 수치는 이미 210만 명

평균 수명
미국 흑인 인구 수
코로나 팬데믹

가장 부유한 억만장자 20명이
배출하는 탄소량은
가장 가난한 10억 명의 배출량보다
평균 8천 배로 추정

8000배
가장 가난한 10억명   가장 부유한 20명

OXFAM 옥스팜

---

37 Oxfam, "Inequality Kills: The unparalleled action needed to combat unprecedented inequality in the wake of COVID-19", 17 Jan. 2022

미국에서는 총기 사망 사건이 코로나 팬데믹 기간 더 늘어났다. 경기 침체와 사회 불안 가중이 총기 사건의 주요 원인이라고 한다. 미국 정부는 시민들의 보건 위험 노출을 막기 위해 2020년 9월 집세를 못 내는 세입자 강제 퇴거 유예의 연장 조치를 취한다.

코로나 팬데믹 기간 한국 기재부의 행태는 정부 지출 증대보다 감세를 선호하고, 수요(소비자)보다 공급(기업)을 지원하고, 서민보다 부자(임대인)를 우선하며, 사람보다 기업(사업자)을 중심에 두는 등 매우 신자유주의적이다. 무엇보다 기재부가 국가 채무를 빌미로 재난 지원금에 보이는 적대적 자세는 불평등 심화 요인으로 작용한다.[38]

교육 불평등
심화

불평등은 경제 측면을 넘어 사회 전반에 나타난다. 교육 불평등도 마찬가지다. '휴먼라이츠워치 Human Rights Watch' 보고서는 코로나 팬데믹으로 학교가 문을 닫으면서 많은 어린이가 학업에 접근할 기회를 박탈당하는 교육 불평등이 발생한다고 주장한다. 이 단체는 2020년 4월부터 1년 가까운 기간 60개 나라 470여 명의 학생, 학부모, 교사들을 인터뷰하여 기록했다.[39]

나이지리아에서 7명의 자녀를 두고 청소원으로 일하다 코로나 이후 실직한 한 여성은 자녀 교육을 위해 원격 수업을 하니 스마트폰을 구입하라는 선생님 연락을 받았으나 식구들 먹일 돈도 없는데 어떻게 가

38 김호균 「코로나 불평등: 'K방역'은 불평등 방역」 『월간 경실련』 2021년 1,2월호
39 Human Rights Watch, "Years Don't Wait for Them: Increased Inequalities in Children's Right to Education Due to the Covid-19 Pandemic", 2021.5.17

능하겠냐고 반문했다.

휴먼라이츠워치는 학생 수백만 명에게 휴교는 학업의 일시 중단이 아니라 갑작스러운 영구 중단이라는 결과를 낳으리라고 우려했다. 교육이 중단된 사이 돈벌이나 혼인, 출산에 내몰려 교육에 대한 꿈이 깨지고 수업을 따라가지 못할 가능성이 커졌다.

학교로 돌아오더라도 후유증이 장기간 계속되리라 보인다. 미국에서는 코로나 팬데믹으로 학생들의 학업 성취도가 전반적으로 감소하는데 흑인 등 특정 인종과 저소득층 학생들 타격이 더 크다. 팬데믹 이전보다 격차는 점점 더 벌어진다.

디지털 불평등
현황

팬데믹에 따른 고립, 비대면 활성화, 온라인 수업 등으로 디지털 기술이 더 중요해졌다. 디지털 격차는 소득에서뿐 아니라 나라, 지역, 성, 연령별로도 나타난다. 고소득층의 높은 인터넷 접근성은 학교 폐쇄에 따른 온라인 수업 접근성 차이를 일으켰다.

노인들은 당연히 디지털 접근성이 떨어진다. 코로나로 고립감이 심해지고 디지털 전환이 가속화하는 사회 환경에 적응하기도 어렵다. 고령층이 많은 농촌의 디지털 취약성도 드러난다. 장애인의 디지털 접근성은 비장애인에 비해 당연히 뒤처진다.

아프리카에서는 전반적으로 디지털 접근성이 낮은데 거기에 성별 격차가 더해진다. 이곳 남성의 인터넷 접근 가능성은 37%인데 여성은 20% 정도만 가능하다고 한다.

24장 팬데믹과
국제 협력의 실패

　팬데믹은 세계적인 전염병 확산에 공동 대응 필요성을 시사한다. 개별 국가 차원의 방역과 대응은 한계가 있을 수밖에 없다. 가난한 나라의 코로나 방역과 치료는 한계를 갖는데 이를 위한 국제 협력 체계는 제대로 작동하지 않는다. 팬데믹은 국내와 마찬가지로 국가 사이 불평등을 조장한다. 자국민 보호를 앞세운 자국 우선주의 앞에 국제 협력은 한계를 드러냈다. 국제 연대는 종말을 고했다. 이제 새로운 국제주의 전망을 세우고 확대해 나갈 필요성이 제기된다.

국경 폐쇄와
자국 중심주의

　　　코로나가 중국에서 정체 불명의 전염병으로 시작되자 세계 여러 나라는 우선 국경 봉쇄로 대응했다. 전염병이 창궐하는 나라로부터 입국자를 차단하기 시작한다. 그러나 세계화가 진행된 상황에서 국경 봉쇄로 해결할 수 없음을 확인하는 데 오랜 시간이 걸리지 않았다. 국경 봉쇄로 세계화는 일시 정지된다. 지구촌 전체가 혼란에 빠져든다. 인종 차별도 심해진다.

바다 위 선박에서 코로나 환자가 발생하면 입항을 거부당하기 일쑤였다. 다이아몬드 프린세스 호에서 코로나 환자가 다수 발생하자 일본 정부는 승선자들의 입항을 장기간 거부하여 코로나 전파를 방치한다는 비판에 직면해야 했다. 정박할 곳을 찾지 못해 2주나 바다를 떠돌던 웨스테르담 호가 캄보디아 정부 허가를 받아 시아누크빌 항에 입항해 승객들이 하선하게 된다. 이 사례는 국제 연대의 모범으로 평가되었다.

그래도 우리나라는 주요국 중에 국경을 폐쇄하지 않은 거의 유일한 국가였다. 국가 내 지역 봉쇄도 하지 않았다. 중국 우한에서 환자 발생이 급증할 때 중국 봉쇄를 외치는 여론이 일었으나 실행에 들어가지는 않았다.

가난한 나라의
현실

2020년 3월 아프리카 짐바브웨에서 서른 살 청년 조로로 마캄바Zororo Makamba가 코로나 진단 후 사흘 만에 사망한다. 아버지는 미디어 그룹을 운영하는 유력 인사였으나 짐바브웨의 의료 체계는 그를 코로나에서 구하지 못했다. 그가 제대로 된 치료를 못 받고 생을 마감한 짐바브웨 전체에서 산소 호흡기 수는 20대 미만이라 한다. 인구 2억 명이 넘는 나이지리아에는 산소 호흡기가 500대 미만이라 한다.[40]

---

40 안치용 『코로나 인문학』 김영사, 2021

가난한 나라의 코로나 방역과 치료는 한계가 크다. 체계적 방역 활동도 곤란하다. 진단 키트도 부족하여 진단 자체가 어렵다. 진단하더라도 제대로 된 치료를 시행하기 어렵다.

치료제도 절대 부족하고 산소 공급도 어렵다. 인공 호흡기나 에크모 같은 장비도 절대 부족하다. 제대로 훈련된 인력도 많지 않다. 코로나에 감염되면 사망할 위험이 선진국보다 훨씬 높다.

국제적 불평등의 강화

팬데믹은 국내와 마찬가지로 국가 사이 불평등을 조장할 가능성도 있다. 방역과 의료 인프라의 충실성에 따른 국가 간 불평등, 백신 확보에 따른 국가 사이 불평등을 우리는 목격한다.

국제 협력은 이런 불평등을 극복하고 공동선을 추구하는 과정이다. 실제 팬데믹 대응 과정은 협력보다 각자 도생이었다. 팬데믹 초기부터 국경 폐쇄가 주요 방역 정책으로 자리 잡는다. 외국에서 들어오는 입국자는 일정 기간 자가 격리를 시행하였다.

초기에 전 세계적으로 마스크 대란이 일자 마스크 가로채기 쟁탈전과 마스크 불평등이 생겨났다. 마찬가지로 가난한 나라는 진단 키트 확보가 쉽지 않았고 그만큼 진단이 늦어져 방역에 차질이 발생했다. 방역 물품, 치료 기기도 마찬가지다.

백신 생산과 분배 과정은 국제 협력 실패를 잘 드러낸다. 방역과 환자 치료는 국내 시스템이나 자원에 의존하겠지만 백신 공급은 국제 협력의 가늠자로 기능한다. 선진국들의 백신 독점은 국제 협력보다 자국 이기주의가 우선했음을 보여준다.

팬데믹 기간 부자 나라들은 평균적으로 국내총생산GDP의 20%를 재정 지원에 쏟아부었지만 가난한 나라들은 겨우 2%만 동원했다. 가난한 나라들은 더욱 가난해졌다. 2020년 한 해 동안 전 세계 1억 2천만 명이 새로 극빈층으로 전락하는데, 이 수치는 1997년 이후 처음이다.[41]

국제 협력의
파탄

팬데믹 보건 위기는 개별 국가 차원에서는 해결 불가능한 총체적이고 전 지구적 위기였다. 한 국가가 아무리 방역을 잘해도 전 세계에서 끝나기까지는 끝이 아니다. 백신 접종으로 집단 면역을 획득해도 다른 나라의 새 변이로 면역 효과가 떨어지기도 한다.

이를 증명하듯 오미크론 변이 바이러스는 백신 접종률이 낮은 아프리카에서 발생하여 전 세계로 퍼졌다. 글로벌 차원의 보건 협력을 위해 글로벌 보건 거버넌스의 신뢰성 회복이 절실한 과제다. 이 과정에서 세계보건기구의 역할이 중요하다.

그러나 미국 등은 거브러여수스 세계보건기구 사무총장이 팬데믹 초기 중국을 두둔하며 글로벌 위기를 초래했다고 비난한다. 미국 트럼프는 세계보건기구가 '중국 편향적'이라며 비난하다 결국 탈퇴를 통보한다.[42] 미국의 관계 단절 선언으로 팬데믹 시기 그래도 가장 중요한 글로벌 네트워크 신뢰가 손상된다.[43]

---

41 김재중 「"부국 백신 독점과 빈국 지원 거부 제 발등 찍을 것"…노벨 경제학상 수상자의 경고」『경향신문』 2021.7.30
42 2020년 4월 15일 예산 지원을 중단하고 5월 29일 탈퇴
43 트럼프 대통령은 초기부터 코로나바이러스에 '우한 바이러스' 이름을 붙여야 한다고 고집을 부리면서 팬데믹 대응에 대한 결속을 위해 모인 G7 공동성명에 동의를 거부할 정도 (말콤 글래드웰 외 『코로나 이후의 세상』 이승연 옮김, 모던아카이브, 2021)

글로벌 보건 거버넌스의 혼란은 팬데믹에 대한 효과적 대응을 어렵게 만들었다.[44] 팬데믹 초기 세계보건기구는 새로운 전염병에 대응하기 위해 '코로나 기술 접근 풀C-TAP'[45]을 주관한다. C-TAP은 지적 재산과 노하우를 공유함으로 백신과 의약품의 신속하고 광범위한 생산을 가능하게 하려는 의도였으나 이 또한 선진국과 제약사들로부터 무시당한다.[46]

미국이 극단적인 자국 중심주의로 가는 반면 빈 공백을 그래도 유럽연합이 채우는 듯했다. 유럽연합은 2021년 5월 18일 열린 세계보건기구 총회에 '코로나19 대응 결의안'을 제출하여 통과시킨다. 세계보건기구, 게이츠 재단과 공동 주관으로 코로나 대응을 위한 글로벌 협력체 'ACT-A'도 출범시켰다.

ACT-A는 코로나를 막기 위한 보건 기술(진단 기기, 치료제, 백신) 개발과 생산 그리고 이에 대한 공평한 접근을 촉진하는 역할을 맡았다.[47] 그러나 국제 협력은 그리 순탄하지 않았다. 선진국이 주도하는 국제 협력은 생색 내기에 그쳤다.

팬데믹 기간 각 나라는 자국민들을 보호하기 위해 자국 우선주의에 앞장선다. 마스크 쟁탈전도 백신 쟁탈전도 국제 협력이 아니라 자국 이익을 위해 움직였다. 선진국 사이 싸움이 더 치열했다. 힘없고 가난한 나라들은 사실 아무 행동도 못 했다.

코로나 팬데믹은 보건 위기에 그치지 않고 다양한 위기를 초래했다.

---

44 기모란 외 『멀티플 팬데믹』 이매진, 2020
45 Covid Technology Access Pool
46 민중건강운동 PHM 성명서 「코로나19 기술에 관한 긴급행동 요청」 2020.10.14
47 김선 「유럽연합, '국제공조'하자더니 백신 구매 경쟁」 『시사IN』 2020.7.27

일부 국가에서는 식량 위기도 나타났다.[48] 케냐 나이로비 외곽 슬럼가에서 식량 부족 문제로 시위가 발생했다. 유엔은 팬데믹으로 인도주의 지원을 받지 못해 극심한 고통을 겪는 국가들에 대해 제재 완화를 제안했으나 대부분 무시당했다. 주로 미국의 이해 관계 때문이었다.[49]

지금 세계화는 자본의 주도로 가난한 나라에 대한 약탈 성격이 강하다. 교통과 정보 통신의 발달로 세계화 흐름을 바꾸기는 어려우나 세계화의 성격을 변화시켜 진정한 의미의 국제 연대를 실현할 방안들을 모색해야 한다.

국제 연대
사례

팬데믹 기간 국제 연대 활동에서 돋보이는 나라는 쿠바다. 쿠바는 의료진이 부족한 나라들에 의료진을 파견하여 지원한다. 2020년 3월 이탈리아가 의료 붕괴에 직면하자 쿠바는 의료진 53명을 롬바르디아 지역의 병원에 파견한다.

이외도 자메이카, 그레나다, 니카라과, 안도라 등 의료 취약 국가들에도 의료진을 파견한다. 쿠바는 다른 카리브해 섬들부터 입항을 거절당한 유람선을 수용하기도 했다.

쿠바의 '의료 국제주의' 전통은 오래되었다. 이 가난한 국가가 2010년대 해외에 파견한 의료진 수는 G8 국가들보다도, 적십자사, 국경없는의사회와 유니세프를 모두 합친 수보다 많았다.[50]

---

48 안토리오 쿠테헤스 유엔 사무총장은 전 세계 인구의 10%, 8억 2천만 명이 굶주리는 중이며, 2020년 말까지 이 숫자가 2배로 늘어날 예정이라고 분석 (슬라보예 지젝, 이택광 『포스트 코로나 뉴노멀』 비전CNF, 2020)
49 말콤 글래드웰 외 『코로나 이후의 세상』 이승연 옮김, 모던아카이브, 2021
50 안드레아스 말름 『코로나, 기후, 오래된 비상사태』 우석영·장석준 옮김, 마농지, 2021

25장   언택트 시대와
의료 민영화

코로나 팬데믹으로 '비대면'이 강조되고 관련 사업들이 각광 받는다. 배송 업체들의 매출이 늘고 배달업이 성황을 이룬다. 재택근무가 확대되고 중단된 학교 수업은 온라인 수업으로 빠르게 대체되었다. 의료 분야에서도 원격 의료를 강조한다. 의료 민영화 관련 정책들이 다시 자주 논의되는 상황이다. 한국판 뉴딜 정책들이 발표되는데 이는 코로나 유행에 편승하여 디지털 관련 기존 업계 숙원 사업들을 열거한 데 불과했다.

팬데믹과
원격 의료

팬데믹 비대면 상황을 이용하여 그동안 지지부진하던 의료 민영화 정책 추진 움직임이 활발해졌다. 원격 의료에 대한 요구는 팬데믹 훨씬 이전부터 있었고 주로 IT와 전자 등 의료 산업 쪽에서 먼저 제안하였다.

현재도 의료진과 의료진 사이 원격 의료는 가능하다. 의료 산업계에서 주장하는 원격 의료는 의료진과 환자 사이의 직접적 원격 의료다. 여기는 많은 기술과 장비를 필요로 하기에 의료 산업계는 이를 통해 새로운 시장 개척과 수익 창출을 원한다. 그동안 원격 의료의 제일 반대자는 의료 수행의 주체인 의료계였다.

반대 이유는 여럿이다. 우선은 원격 의료가 기업의 이윤 추가 수단이 되어 의료의 산업화 영리화가 가속되리라는 우려에서다. 대형병원 중심 원격 의료가 의료계 양극화를 촉진하리라는 염려도 존재한다. 의료 속성상 언택트의 한계와 단점이 분명하다는 우려도 크다.

환자가 의료 기관을 방문하기 어려울 때는 의료진이 가정을 찾아가는 방문 의료가 더 적합하다는 의견도 나온다. 의료계와 시민 사회 단체 반대가 심해 제대로 추진되지 않던 원격 의료가 팬데믹을 계기로 다시 본격 거론되는 상황이다.

2020년 5월경 청와대 사회수석은 "코로나19 사태를 겪어 보니 전화 진료와 처방 등 긍정적인 원격 의료 실증 사례를 체험했다"며 원격 의료를 띄우는 발언을 한다. 이어서 비상경제중앙대책본부에서도 원격 의료 도입 적극 검토가 필요하다는 의견을 낸다.

이처럼 정부는 의료 산업계 이익을 충실히 대변한다. 정부의 원격 의료 추진 의지는 집요했다. 2021년 6월 총리실은 '원격 진료, 원격 조제, 약 배달'이 한 묶음인 '규제 챌린지'를 발표한다. 규제 철폐라는 기업 요구가 반영된다. 이외에도 신기술 활용 의료 기기 중복 허가 개선, 의료 기기 제조사 내 임상 시험 허용 등 보건 의료 분야 주제가 대거

포함되었다.[51]

정부는 원격 의료, 빅데이터 산업 육성책 등 의료 민영화 정책을 수시로 꺼내 든다. 공공 의료 기반이 허약한 우리나라는 코로나 환자 수가 어느 수준 이상 늘면 바로 수용 능력 한계를 드러낸다. 환자가 늘지 않도록 방역과 시민 의식으로 겨우 버텨왔다.

코로나 팬데믹에 대응하고 다음 팬데믹에 대비하려면 공공 의료를 중심으로 공공 인프라 구축이 무엇보다 중요함을 절감한다. 그러나 이러한 관점은 정책에 별로 반영되지 않는 듯하다. 공공 의료 육성책은 뒷전이고 의료 산업 육성책만 앞줄에 세운다.

한국판
뉴딜

정부는 코로나 1차 유행이 어느 정도 안정을 찾은 시기인 2020년 7월 14일 열린 '한국판 뉴딜 국민보고대회'에서 '한국판 뉴딜'을 제시한다. 디지털 뉴딜과 그린 뉴딜 두 축으로 구성되고 여기는 3대 프로젝트와 10대 중점 추진과제가 포함된다. 방역에 대한 자신감의 일환으로 나온 선언이기도 하다.[52]

의료 분야 과제로 선정한 것은 원격 의료와 빅데이터 사업이었다. 코로나 유행으로 환자들이 병원 방문을 꺼리므로 전화 진료 후 처방전 발급이 가능하도록 하는 내용이다. 메르스 유행 때도 일시로 적용한 적이 있다. 코로나 유행이 길어지면서 이러한 취약한 상황을 근거로 원격 의료 필요성을 다시 강력 제기한다.

---

51 곽성순 「총리실이 던진 '약 배달 허용'이 머리 아픈 복지부」 『청년의사』 2021.7.8
52 관계부처 합동 「'한국판 뉴딜' 종합계획 보도자료」 2020.7.14

원격 의료는 20여 년 간 정부가 꾸준하게 추진해 온 사업이다. 의료계와 시민 사회 단체의 강력한 저항으로 진척이 없다가 비대면이 강조되는 상황을 맞아 다시 거론된다.

의료계와 시민 사회 단체들의 반발이 심해지자 원격 의료를 비대면 의료라는 용어로 바꿔 사용하기 시작한다. 와중에 스마트워치를 이용한 심전도 검사 기기가 건강 보험으로 편입되고 강원도에서는 원격 의료 시범 사업을 시작한다.

정부가 제시하는 비대면 산업 육성에는 '스마트 의료 및 돌봄 인프라 구축'이 포함되었다. 여기서 디지털 기반의 스마트 병원 구축과 호흡기 전담 클리닉 설치는 코로나 팬데믹에 대응하는 정책의 연장선이다.

다음은 어르신 등 건강 취약 계층 12만 명 대상 IoT · AI 활용 디지털 돌봄[53]과 만성질환자 20만 명 대상 웨어러블 기기 보급과 질환 관리 정책이다. 후자는 고혈압, 당뇨 환자 등을 대상으로 일차 의료 만성 질환 관리를 진행한다는 계획이다.

10대 대표 사업 하나로 '스마트 의료 인프라'가 있는데 기존 추진하던 ICT 기반의 의료 민영화 정책들이 팬데믹 국면에서 '감염병 위험으로 의료진과 환자를 보호하기 위한다'는 명분으로 재등장한다. ICT를 활용한 재택 의료 건강 보험 수가 시범사업의 지속 확대도 포함된다.

'데이터 댐'은 빅데이터 사업이다. 보건 의료 포함 공공 데이터 14.2만 개를 신속 개방한다는 내용이 포함되었다. 진료 기록, 건강 보험 자료 등 개인의 민감 자료들을 강력한 보호 장치 없이 민간에 개방하여 상업 목적으로 이용할 가능성이 크다.

---

[53] IoT 센서와 AI 스피커를 보급해 맥박 혈당 활동 등을 감지하며 말벗과 인지 기능을 지원한다는 내용

1년이 지난 2021년 7월 정부는 이전 정책을 한 단계 발전시킨 '한국판 뉴딜2.0'을 발표한다. 디지털 뉴딜과 그린 뉴딜에 더해 휴먼 뉴딜을 추가한다. 휴먼 뉴딜은 고용 안전망과 사회 안전망의 확대 발전 개념이다. 한국판 뉴딜은 사람이 수행하는 돌봄 노동을 언택트 디지털 기술로 해결하겠다는 발상을 담는다.

사람을 대체하는 디지털 플랫폼과 원격 의료 등이 대안으로 등장한다. 급기야 한국판 뉴딜에 돌봄 로봇 개발 계획이 포함된다. 디지털 돌봄과 의료 플랫폼은 돌봄과 의료 시장화를 촉진한다. 배경에는 디지털 기술을 확보한 기업들의 이윤 동기가 작동한다.

민간 보험회사의
건강 관리 서비스 추진

코로나 3차 유행이 정점에 달해 의료 시스템 붕괴 우려가 크던 2020년 12월 16일, 금융위원회는 '보험업권 헬스 케어 서비스 활성화 추진 방안'을 발표한다. 민간 업체의 건강 관리 서비스 제도화는 이전부터 추진했으나 번번이 실패한 정책이다.

이명박 정부 당시 18대 국회에서도 '건강관리서비스법'이 발의되었으나 시민 사회 반발로 폐기되었다. 공공 의료에 대한 명확한 비전을 제시 못 하는 상황에서 민간 보험 회사의 돈벌이로 전락할 가능성이 큰 사업 모델을 정부가 나서 길을 트는 행위였다.

실제 정부는 민간 보험회사가 헬스 케어 전문 회사를 자회사로 갖게 하는 보험업법 시행령을 입법 예고했다. 이와 연계되는 '마이헬스웨이' 도입 방안도 내놓았다. 정부의 이 계획은 의료 기관에 쌓인 진료 기록, 상담 기록, 의료 영상 등의 진료 정보부터 웨어러블 기기를 통해 수집되는 개인 건강 정보와 건강보험공단과 심평원 등 공공 기관 정보까지 한 곳에 모아 '개인 주도 건강 관리'를 위해 활용한다는 내용이다. 이 개인 주도 건강 관리의 핵심이 바로 영리 회사의 건강 관리 서비스 상품이다.[54]

팬데믹과
의료 민영화

우리나라에서 의료 민영화 논의는 20년 이상의 역사를 가진다. 기업들이 보건 의료, 헬스 케어 분야의 수익 창출 가능성을 보고 이 분야에 진입하기 위해 끝없이 시도해 왔다. 의료 분야는 공공성이 강하고 생명과 직접 연관되므로 강력한 규제가 필요하다. 그래서 까다로운 여러 규제 장치들이 작동하게 된다.

기업 입장에서는 이런 진입 장벽이 거추장스러운 방해물일 뿐이다. 의료계와 시민 사회계는 기업들의 의료 민영화 시도에 강력하게 반발 반대해 왔다. 그래서 공방도 오랜 기간 이어졌다. 팬데믹은 의료 민영화 프로젝트를 추진할 좋은 기회를 제공한다. 한국판 뉴딜이라는 이름으로 다시 과거 정책들이 소환되었다.

공공성 기반이 약한 우리나라 의료에서 의료 민영화 정책들이 관철된다면 의료의 상업성과 수익성 경향이 더 강해진다. 이런 변화는 팬데믹 같은 재난에의 대응력을 약하게 만든다. 의료 이용 환자들에게 피해가 돌아가며 의료 취약층에는 고난 상황이 뒤따른다. 그래서 의료 민영화 반대는 인권 문제이기도 하다.

---

54 의료민영화 저지와 무상의료 실현을 위한 운동본부 「코로나19에 공공의료 확충 아닌 의료 민영화 웬 말?」기자회견문, 2021.3.16

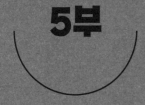

5부

기후 위기
그리고
코로나 이후

26장 생태 변화와 기후 위기

팬데믹이 한참일 때 지구 한 편에서는 극심한 기후 재난이 발생하여 이중 재난으로 고통을 받았다. 팬데믹 재난과 기후 재난은 뿌리가 서로 연결된다. 지구 온난화로 시작된 기후 변화가 생태계 변화를 초래하고 기후 재난과 팬데믹 재난이 발생한다. 계속된 팬데믹으로 인류 활동이 대체로 감소하자 지구 온난화 추세도 잠시 멈추는 듯했다. 하지만 일회용품 사용이 폭증하면서 환경 부담은 크게 늘어난다.

다양한
기후 재난

2021년 북반구 여름은 유난히 더웠다. 7월에는 과거 142년 동안 가장 더운 날을 기록했다. 북미와 유럽은 폭염에 시달렸다. 코로나 팬데믹의 기승 와중에 다양한 기후 재난이 이어졌다. 델타 변이 바이러스에 의해 다시 대유행기에 접어든 2021년 6-7월 북미 대륙에 폭염이 덮친다.

캐나다에서는 49.6도 신기록을 세우며 수백 명이 사망, 대형 산불도 여럿 발생한다. 미국 캘리포니아 주 데스밸리 지역은 54.4도를 기록, 수십 명이 폭염으로 사망한다. 오리건 주에서는 대형 산불로 잿가루 섞인 연기 기둥이 10km 상공까지 치솟는다.

독일 서부, 벨기에, 네덜란드에서도 1천 년 만의 집중 호우로 수백 명이 사망 혹은 실종된다. 비교적 인프라가 튼튼한 독일도 속수무책 당하면서 기후 위기 경각심이 고조된다. 비슷한 시기 중국 황하 중하류 지역에도 마찬가지로 1천 년에 한 번 수준 폭우가 내려 수재민 수백만 명이 발생한다. 정저우 시에서는 평소 1년 치 비가 3시간 만에 내리기도 했다.

우리나라도 폭염이 계속되었다. 2018년 여름 한 달 이상 폭염이 계속되어 기상 관측 이래 최악의 폭염으로 기록되었다. 많은 사람이 병원 신세를 지고 일부는 사망한다. 고령자 만성 질환자 저소득자들이 매우 큰 피해를 입었다.

통계청 자료로는 2018년 163명이 온열 질환으로 사망하는데 그 중 95%가 열사병이었다. 사망자 대부분 고령층이었다. 2019-2020년은 폭염 피해자가 감소하다가 코로나 4차 대유행이 한창인 2021년 여름 다시 폭염이 찾아온다.

인류는 전염병 재난과 기후 재난을 동시에 겪는 다중 재난에 직면한다. 극한의 기상 이변은 기후 변화의 일면이다. 기후 변화는 전 세계적 위기를 초래하고 이는 새 전염병 발생 확산에도 영향을 미친다.

사회학자 조효제는 기후 위기는 인권 문제라고 강조한다.[1] 마찬가지로 코로나 팬데믹도 인권 문제다. 팬데믹과 기후 위기는 결국 인권 위기로 귀결된다. 사회학자 브뤼노 라투르Bruno Latour는 코로나바이러스 위기를 앞으로 다가올 기후 변화에 대처하기 위한 '총연습'이라고 강조한다.[2] 세계은행은 팬데믹에 대한 투쟁이 바로 기후 변화에 대한 투쟁이라고 밝히기도 했다.

기후 위기의
건강 영향

기후 위기는 사람들 건강에 다양한 영향을 미친다. 앞서 보았듯 기후 재난이 발생하면서 그로 인해 다수의 인명 피해를 내거나 건강에 손상을 끼친다. 산불 피해 국가의 대표 격인 호주에서는 2019-2020년 전체 인구의 80%가 산불 매연 영향을 받았고 수백 명이 사망했다.

2019년 한 해 대기 오염으로 전 세계 330만 명이 사망했다고 추정된다. 홍수 가뭄 폭풍 등 재난 피해는 계속되었다. 온난화로 인한 폭염 증가로 노인 등 취약 계층의 열사병 위험이 커진다. 뎅기열, 말라리아, 콜레라 같은 전염성 질환도 증가한다.

전 세계 뎅기열 감염 위험은 1990년 이후 10년마다 두 배씩 증가한다. 기후 변화로 아프리카에서 건기에 비가 내려 모기가 창궐하고 뎅기열, 말라리아가 늘었다. 바다 수온 상승과 염분 증가로 콜레라 균 번식 환경이 되기도 하였다.[3]

1 조효제 『탄소 사회의 종말』 21세기북스, 2020
2 슬라보예 지젝 『팬데믹 패닉』 강우성 옮김, 북하우스, 2020
3 김윤나영 「세계인의 건강, 기후 위기로 '코드 레드'…전염병, 식량난까지」 『경향신문』 2021.10.21

기후 위기와
코로나 팬데믹

전 세계에서 발발하는 기후 재난의 배경으로 지구 온난화가 지목된다. 화석 연료 사용이 증가하면서 대기 중 이산화탄소가 급격히 증가하고 이로 인해 지구 온난화가 촉발되어 기후 위기로 귀결된다. 기후 위기는 인간이 초래한 인간의 위기로 지구 생태계 전반에 영향을 미친다.

온실 가스 배출에 의한 기후 위기가 생태계에 큰 변화를 일으킨다. 바이러스의 생태에도 변화가 발생하고 그 결과 인간에게 나쁜 영향을 초래한다. 온실 가스 배출이 누적되면서 박쥐가 선호하는 산림 서식지 확대를 촉진하게 된다. 중국 남부 지역이 핫스팟hot spot이라는 주장이 있다.

전 세계 박쥐는 약 3,000종에 이르는 다른 유형의 코로나바이러스를 가지는데 대부분 증상을 보이지 않는다고 한다. 중국 남부 지역에 서식하는 박쥐 종류가 증가하고 이에 따라 박쥐 매개 코로나바이러스도 증가한다. 이 중 하나가 이번 팬데믹을 일으켰다는 내용이다.[4]

'스톡홀름 패러다임'에 따르면 기후 환경이 급격하게 바뀔 때 병원체가 새로운 숙주를 찾아 쉽게 공략 가능한 '병원체의 기회 공간'이 열린다고 한다.[5] 코로나 팬데믹은 인간이 초래한 생태계 변화에 따라 동물에 기생하던 코로나바이러스가 인간에게 넘어와 문제를 일으키고 단기간에 전 지구를 덮친 큰 사건이다.

한편 기후 위기는 팬데믹에 비교하면 비교적 긴 시간에 서서히 우

---

4 이성규 「코로나19 팬데믹은 기후변화 때문?」 『The Science Times』 2021.2.8
5 조효제 『탄소사회의 종말』 21세기북스, 2020

리를 옥죈다. 기후 위기가 팬데믹 피해보다 더 크리라고 예상되며 영향도 단기간에 끝나지 않을 듯하다. 코로나 팬데믹이 기후 재난의 서곡에 불과하다고 말하는 이들도 존재한다. 무엇보다 두 재난의 뿌리는 동일하다는 사실이 확인 가능하다.

팬데믹은 즉각적이어서 이에 대한 반응도 즉각적이다. 시시각각 팬데믹 상황과 대응이 보도되고 모두 긴장감을 가지고 지켜보며 자기 행동을 점검한다. 반면 기후 위기는 서서히 다가온다. 극히 일부를 제외하고는 위기감을 갖지 못한다. 언론도 가끔 한 번씩 보도하는 정도이고 정치권 대응도 미적지근하다.

기후 위기에 대응하는 인권 운동이 필요하다. 화석 연료 기업의 활동과 정부의 무책임한 기후 정책을 '인권 유린 범죄' 관점에서 지적해야 한다. 공간상 전 세계, 시간상 미래 세대를 아우르는 노력과 다양한 시민 사회 분야 협력이 필요하다. 기후 환경 문제를 인권의 눈으로 바라보게 하는 교육도 필요하다.[6]

팬데믹의
환경 영향

사회적 거리 두기와 집에 머물기 운동으로 인해 인류 활동이 감소하자 잠시 환경은 휴식을 취했다. 공기가 맑아지고 하천이나 바다 수질이 좋아지는 듯했다. 팬데믹으로 산업 활동과 자동차 이동이 줄면서 대기 오염이 개선된다. 대기 오염 감소로 중국에서 많은 생명을 구했다고 보고된다. 어쩌면 코로나로 인한 사망자보다 대기 오염

---

6 조희제 「코로나, 기후위기, 그리고 인권」 『인권』 국가인권위원회, 2020.09

감소로 인한 생존자가 더 많을지도 모른다.

경제 전반 위축으로 에너지 소비가 급감했고 온실 가스 배출도 줄었다. 중국에서 2020년 초 2주 동안 전년 비교 온실 가스 배출이 약 25% 정도 감소했다.[7] 그러나 이는 재난에 의한 감소여서 팬데믹 후에는 오히려 온실 가스 배출 증가가 예측된다.

한편 기후 대응 정책과 파리협정을 이끌어 온 유럽 국가들에서 기후 대응 정책과 에너지 전환 정책에 대한 논의가 팬데믹 때문에 사라져 버린다. 2020년 11월 영국 개최 예정이던 유엔 기후 변화 당사국 총회 COP26도 1년 연기된다. 기후 위기에 대한 국제 대응 노력이 코로나로 불투명해져 버렸다.[8]

팬데믹 대응과 기후 위기 대응에는 공통점이 발견된다. 불필요한 산업 생산 감축과 이동 자제, 멈춤과 여유 유지는 바이러스 전파를 막는 동시에 온실 가스 배출을 줄인다.[9] 그러나 팬데믹 기간의 극단적 봉쇄와 거리 두기는 지속 가능하지 않다. 한편으로 소득 감소와 실업 증가 등 경제적 충격도 감내하기 어렵다.

세계은행은 팬데믹과의 투쟁이 바로 기후 변화에 대한 투쟁이라고 밝힌다. 기후 변화는 감염병 발생 위험을 높이고, 대기 오염은 바이러스 공기 전파를 일으켜 팬데믹을 악화시키며, 빙하와 동토층이 녹아 고대 질병이 부활하고, 기온 상승으로 바이러스가 인체의 면역 체계를 무력화시켜 변이를 일으킨다는 내용이다.[10]

---

7 2020년 2월경, 중국 대도시 대기 오염 개선으로 5세 이하 어린이 4,000명, 70세 이상 성인 7만 3,000명이 목숨을 구했다는 계산이 있음. 코로나로 잃은 목숨보다 공기 정화로 구제된 목숨이 약 20배 더 많다는 의미 (안드레아스 말름 『코로나, 기후, 오래된 비상사태』 우석영·장석준 옮김, 마농지, 2021)
8 황정아 외 『코로나 팬데믹과 한국의 길』 창비, 2021
9 황정아 외, 같은 책, 2021
10 천권필 「온난화와 팬데믹의 악순환…잠들었던 바이러스가 부활한다」 『중앙일보』 2020.10.1

일회용품
사용 증가

　　　　　인류 활동 감소로 팬데믹 초기에는 이산화탄소 배출량이 감소했다. 그러나 전염병 예방의 일환으로 일회용품의 사용이 폭발적으로 증가하여 앞선 개선 효과가 무색해졌다. 공기 감염 차단을 위해 마스크 착용이 필요한데 재사용도 감염이 우려되니 일회 사용을 권고한다. 매달 전 세계에서 1천억 개 이상의 마스크가 사용 후 버려진다고 추정된다.

　전염병은 공기뿐 아니라 접촉에 의해서도 전파된다. 환자가 접촉했거나 접촉 가능성이 있는 경우는 별도로 모아 폐기해야 한다. 원천적으로 재활용이 어려워진다. 이처럼 의료 기관들에서 엄청난 의료 폐기물이 나왔다.

　외식이 줄면서 배달 음식이 폭증했는데 여기서도 마찬가지로 일회용품 쓰레기가 늘어났다. 코로나 유행이 한참일 때 치러진 2020년 총선에서 투표자는 일회용 비닐 장갑을 사용해야 했다. 이때 사용하고 버려진 장갑이 63빌딩 7개 높이에 이른단다.

　코로나 감염 위험성 때문에 카페에서는 일회용 컵만 사용하라는 방역 지침이 내려졌다. 머그잔을 통한 코로나 전파를 예방하기 위해서였다. 이에 2018년 8월부터 어렵게 시행된 카페 내 일회용 컵 금지법이 단번에 중단되어 버렸다. 코로나와 환경 위기가 충돌하면서 당장 발등의 불을 끄려는 결정이 내려진 것이다.

　코로나 팬데믹은 환경을 생각해 일회용품 줄이는 운동에 상당한 타격을 주고 재활용 산업은 피폐해졌다. 눈에 보이지 않는 먼 영향을 걱정할 여유가 없는 듯했다. 눈앞의 전염병과 싸우기 위해 일회용품이 필요했고 그렇게 환경은 멍들어 갔다.

의료 부문에서 발생하는 탄소 배출량은 전 세계 탄소 배출량의 5% 정도에 해당한다. 우리나라 의료 체계는 민간 주도형으로 의료 행위를 많이 할수록 수익이 증가한다. 그만큼 결국 탄소 발생도 증가한다. 의료 부문에서 탄소 배출을 줄이면서 서비스 질을 저하시키지 않으려면 불필요한 검사와 치료를 줄여야 한다.

민간 주도에서 공공 주도로 의료 체계가 전환되어야 한다. 공공 의료 중심 팬데믹 대응이 필요함을 앞서 확인했다. 기후 위기 대응을 위해서도 공공이 주도하는 의료 체계 역할이 중요하다.

국가 주도형
그린 뉴딜

그린 뉴딜의 핵심은 신재생 에너지 산업으로 전환해 저탄소 경제 구조를 구축하고 고용과 투자를 이끌어내는 미래 경제 환경 준비다. 새로운 사회 경제 패러다임으로의 전환이기도 하다. 지속 가능한 발전을 유지하기 위함이고 그 핵심은 국가 주도다. 처음부터 수익을 낼 수 없으니 국가 재정이 투입되어야 한다.

그린 뉴딜은 기후 위기의 해결책인데 코로나 경제 충격을 이겨내는 해법으로도 제시된다. 영국 경제학자 그레이스 블레이클리Grace Blakeley는 저서 『코로나 크래시 The corona crash』[11]에서 코로나로 인한 장기간의 부정적 수요 충격에 대한 최적의 해법은 전 지구적 그린 뉴딜이며 이는 민주적으로 결정된 공적 우선 순위 중심의 거대한 국가

---

11 그레이스 블레이클리 『코로나 크래시』 장석준 옮김, 책세상, 2021

투자 꾸러미라 주장한다.

1차 유행이 다소 가라앉던 2020년 5월 정부는 한국판 뉴딜 사업을 제시한다. 처음엔 디지털 뉴딜뿐이었고 원격 의료, 빅데이터 등 보건 의료 관련 주제들이 포함되었다. 해묵은 의료 민영화 논란이 일자 후에 기후 위기 관련된 그린 뉴딜을 추가한다.[12]

정부 발표 내용은 그린 뉴딜이라 하기 어려울 정도로 약한 수준의 정책이었다. 온실 가스 감축을 위한 어떤 목표와 실행 방안도 포함되지 않았다고 환경 단체들은 비판한다. 대기업에 유리한 사업 구도를 조성하고 적정 관점 없이 정책만 나열한 듯했다.[13]

출발부터가 억지로 내몰리는 듯한 인상을 주기 충분했다. 구체 실행 계획이 미비하여 실천 의지도 의심받았다. 중요한 점은 계획이 아니라 이를 시행하려는 정책 의지다.

그래도 2020년 9월 말 국회가 사상 최초로 '기후 위기 비상 대응 촉구 결의안'을 발표하여 2050년까지 탄소 중립 목표를 달성하겠다는 의지를 표명한다. 10월 말에는 대통령이 국회 시정 연설에서 "국제 사회와 함께 기후 변화에 적극 대응해 2050년 탄소 중립을 목표로 나아가겠다"고 선언한다. 그러나 구체적 정책과 실천 의지에 대한 의구심은 여전히 남는다.

---

12 정부 제시 그린 뉴딜은 도시와 공간과 생활 인프라의 녹색 전환, 녹색 산업 혁신 생태계 구축, 저탄소와 분산형 에너지 확산 등 3분야뿐
13 조효제 『탄소 사회의 종말』 21세기북스, 2020

27장 코로나 이후 전망

코로나 팬데믹이 지나도 이전으로 돌아가기는 어렵다. 코로나 팬데믹은 '의학 비상 사태'에 국한되지 않는다. 우리 인류가 그동안 만들어 온 정치 사회 시스템이 한계에 봉착했음을 의미한다. 이제 대전환이 필요한 시점이다. 전환이 어떤 방식으로 진행될지는 불확실하다. 팬데믹이 기후 위기와 뿌리가 같다는 사실도 확실하다. 어쩌면 앞으로는 재난이 일상화될지도 모른다. 공공의 회복이 필요하고 국가의 윤리적이고 정의로운 역할이 요구된다.

위드 코로나의
희망과 절망

코로나 팬데믹이 예상보다 길어졌다. 몇 개월이면 끝나리라는 초기 예상을 비웃는다. 백신이 나오면 팬데믹이 끝나리라 예상했으나 바이러스는 변이를 통해 백신 위력을 외려 피해 나갔다.

희생 규모도 그만큼 커졌다. 팬데믹이 길어지면서 경제 피해가 늘어나고 교육과 돌봄 등 여러 분야에서 위기가 가중되어 일상 복귀 열망이 확산되었다. 코로나 백신 접종률이 증가하면서 위드 코로나를 요구하는 목소리도 커졌다.

그러나 위드 코로나는 희생을 전제로 하는 전략이다. 방역의 느슨함은 코로나 환자 증가를 동반할 것이며 사망자 증가도 예상된다. 앞서 보았듯 사회 약자와 소수자의 희생과 고통이 커진다.

우여곡절 끝에 우리나라는 1년 9개월 만인 2021년 11월 1일 '위드 코로나' 정책을 시행한다. 코로나 백신 접종 완료율은 70%를 넘었으나 하루 발생 환자가 2천 명대인 상황이었다. 다중 이용 시설 이용 제한을 완화하고 모임 인원도 확대한다.

그러나 상황은 녹록하지 않았다. 위드 코로나 정책 여파로 12월 들어 환자가 증가하고 의료 체계에 과부하가 걸려 다시 이전으로 후퇴하였다. 이제 인간과 바이러스 사이에 어떻게든 절충이 이루어지겠지만 또 새로운 바이러스가 인간계로 찾아오리라는 사실도 분명하다. 코로나와 더불어 살기는 바이러스와 함께 자연과 더불어 살아가는 방식을 의미한다.

팬데믹과
신자유주의

서구의 신자유주의 진전이 코로나 팬데믹 대응에 부정 영향을 미쳤다는 분석이 나온다. 금융 위기 이후 신자유주의 정책 강화로 공공 영역이 축소되고 시장의 가치가 극대화되면서 사회 자체가 팬데믹 같은 재난에 취약해졌다. 방임주의 의료의 대표인 미국은 말할

나위가 없다.

미국의 역사학자 티머시 스나이더 Timothy Snyder는 병상 일기에서 "자유라는 말이 우리를 병들고 힘없게 방치하는 상황들을 야기하는 이들 입에서 나온다면 그것은 위선이다. 만약 우리의 연방정부와 상업 의료 시스템이 우리를 병들게 한다면 그들은 우리를 자유롭지 못하게 만드는 것이다"라고 밝힌다.[14]

오랜 기간 보편 의료를 추구하던 유럽 국가들도 신자유주의 진전에 따라 공공 부문 필수 의료들의 후퇴로 팬데믹 기간 고전을 면치 못한다. 영국의 NHS도 신자유주의 진전으로 코로나 이전 5년 동안 10조 파운드(약 1조 5천억 원) 예산이 삭감되었다. 예산 삭감에 따라 인력이 줄고 최신 장비의 도입이 감소한다. 이는 영국에서 코로나 피해가 확대된 이유 중 하나로 꼽힌다.

이탈리아, 스페인이 팬데믹 과정에서 고전을 면치 못한 것도 보건 의료에 대한 재정 투자 축소와 관련 있다. 독일에서는 재원이 제대로 투입되어 상대적으로 피해가 적었다. 팬데믹 초기 이탈리아에서 환자가 급증하고 사망자가 속출해 관심을 모은 지역이 북부의 롬바르디아 주이다. '베르가모의 비극'이 발생했던 곳이다. 당시 현황은 우리나라에도 보도되면서 안타까움을 자아냈다.

밀라노가 주도인 롬바르디아 주는 이탈리아에서 가장 상공업이 발달한 지역으로 경제계의 입김이 세다. 정부 개입 최소화에 앞장선 곳이다. 공적 영역을 줄이고 시장 영역을 최대한 키우고자 했다. 신자유주의 정책이 가장 앞선 지역이기도 했다. 이런 흐름은 의료 분야에서

---

14 티머시 스나이더 『치료 받을 권리』 강우성 옮김, 엘리, 2021

도 나타났다. 1998년부터 의료 민영화를 추진하는데 시장 논리를 끌어들여 민간 주도 의료를 키운다. 그러다 보니 민간병원 비중이 50%까지로 늘어나면서 의료 불평등도 심화했다. 의료 민영화가 진행된 대표 지역으로 꼽힌다.

이런 현실과 분위기가 코로나 유행에 대한 대응을 어렵게 만든다. 코로나에 대응하는 공적 자원이 부족하기도 했으나 경제를 우선하는 지역 분위기는 초기 코로나 대응에 실패하는 중요한 요인으로 작용한다. 코로나로 봉쇄 조치가 취해질 당시에도 경제를 내세워 회사나 공장 가동을 허용했다.[15]

코로나 팬데믹은 신자유주의 정책에 경종을 울린다. 당장의 팬데믹 그리고 앞으로 닥칠 팬데믹에 대처하기 위해서는 보건 의료를 비롯한 공공 투자에 적극 나서야 한다. 신자유주의 궤도 수정이 필요한 까닭이다. 이전에는 상상도 못했던 직접적인 국가 개입이 팬데믹 기간에 이루어졌다. 스페인은 모든 민간 의료 시설을 단번에 국유화했고, 영국은 철도 체계를 사실상 국유화했으며, 이탈리아는 국가의 대표 항공사인 알리탈리아를 인수했다.[16]

지젝은 "코로나 팬데믹이 전 세계 자본주의 시스템에 지대한 충격을 가해 더 이상 우리가 지금껏 걸어온 방식대로 지속할 수 없으며 근본적인 변화가 필요하다는 신호"라고 주장한다.[17]

전 세계가 감염병 위기에 처한 지금 시장에 모든 것을 맡기는 신자유주의 발상은 위험하며 대신 국가의 적절한 개입이 필요하다. 정부 역할

15 문정주 「이탈리아 의료 비극은 작은 정부 큰 시장 탓」 『시사IN』 2020.7.9
16 안드레아스 말름 『코로나, 기후, 오래된 비상사태』 우석영·장석준 옮김, 마농지, 2021
17 슬라보예 지젝 『팬데믹 패닉』 강우성 옮김, 북하우스, 2020

의 중요성을 인정하고 정부를 제어하는 동시에 신뢰할 필요가 있다.[18]

재난 자본주의와
경제 정책의 전환

'재난 자본주의'는 허리케인 카트리나 이후에 워싱턴의 싱크 탱크들이 모여서 더욱 친시장적 해법을 만들고 강제하면서 벌어진 일들을 지칭하며 등장한 개념이다. 시민들이 충격과 혼란에 빠진 사이 자본과 국가에 의해 공공 부문이 민영화되거나 규제를 완화한다. 재난 극복을 위해 일시적으로 도입된 예외 조치가 고착화한다.[19]

한국 정부는 코로나로 혼란스러운 틈을 타 그동안 지지부진하던 디지털 관련 사업을 진행하기 위해 규제 완화 등이 핵심인 정책을 제시한다. 이에 대한 비판이 강하게 일자 청와대가 나서 그린 뉴딜 추가를 긴급하게 지시한다. 그래서 구색 맞추기 위해 그린 뉴딜이 한국판 뉴딜 안으로 들어가기는 하지만 내용상 이명박 정부 시절 녹색 성장 전략에서 크게 벗어나지 않는 수준이었다.

하지만 그린 뉴딜과 녹색 성장은 출발선이 다르다. 기후 위기와 경제 위기의 원인이 동일하고 그래서 해법도 동일하다는 인식이 필요하다. 이어서 패러다임 자체가 큰 틀에서 전환되어야 함이 그린 뉴딜의 방향이다.

생소한 이슈였던 기본 소득 문제가 코로나 팬데믹 와중에 성큼 우리에게 다가왔다. 사회적 거리 두기로 경제 활동이 둔화되고 소득 감소자가 늘면서 소비자인 국민에 대해 직접 지원 필요성이 제기되었다.

---

18 슬라보예 지젝, 이택광 『포스트 코로나 뉴노멀』 비전CNF, 2020
19 황정아 외 『코로나 팬데믹과 한국의 길』 창비, 2021

일부 지방자치제가 시작한 전체 대상 지원에서 전 국민 대상 재난 지원금으로 확대되었다. 경제 효과가 나타나면서 기본 소득 논의에 불을 댕기게 된다.

돌봄 패러다임의
대전환

코로나 팬데믹을 거치면서 돌봄 중요성이 어느 때보다 절실하다. 환자 진료를 담당하는 의료인부터 요양 시설이나 장애인 시설에서 일하는 돌봄 노동자들, 어린이 보호 시설에 근무하는 교사들까지. 이외에도 돌봄 분야 종사자들이 많다. 코로나 팬데믹으로 인한 돌봄 공백은 우리의 일상을 뒤흔들었다.

코로나가 그 중요성을 일깨웠고 포스트 코로나 시대 과제로 우리에게 남겨 놓았다. 돌봄 공백으로 혼란을 겪거나 큰 변화를 맞아야 했던 사람들에게는 기존 돌봄 패러다임의 변화가 다음 재난 또는 팬데믹에 대응하는 중요한 한 가지 과제다. 개인이나 가정에만 맡기는 돌봄이 아니라 공동체가 같이 떠맡아 이루어가는 돌봄 체계 구상이 꼭 필요하다.

각 가구와 공동체의 복지와 삶을 유지하기 위해 수행되는 비임금 노동과 젠더화한 돌봄 노동의 가치를 인정함이 필요하다는 주장에도 귀 기울여야 한다. 돌봄을 뒷받침하기 위한 기반 시설 확보와 개선을 추진해야 한다. 가정은 그저 비생산적 소비 공간이 아니라 삶의 생산 및 재생산이 이루어지는 장소다. '돌봄 가득한 사회'를 위해 돌봄 경제를 새롭게 구축할 필요성이 제기되며 그 수단의 하나로 보편 돌봄 소득에 대한 요구도 나온다.[20]

---

20 황정아 외, 같은 책, 2021

돌봄 책임을 민주주의적으로 분배하는 돌봄 민주주의가 필요하다. 보건 의료와 복지 요양 교육 등 돌봄 분야는 삶의 질을 높이고 양질의 일자리도 많이 만들어 경제에 기여한다. 돌봄을 통한 뉴딜 즉 돌봄 뉴 딜의 전망도 만들어야 한다. 돌봄은 미래 재난과 새로운 팬데믹에 대 응해 안전판을 제공하리라고 본다.

돌봄 패러다임의 전환은 사회 약자와 소수자를 포용해야 한다. 우리 는 코로나 팬데믹을 겪으며 소수자와 약자가 재난에 더 취약하다는 사 실을 실감했다. 전염병뿐 아니라 홍수, 지진 등의 자연 재해나 외환 위 기 같은 경제 재난에서도 마찬가지다.

재난 대비 정책에서는 소수자와 약자에 대한 특별한 배려가 필요하 다. 장애인이 이용하기 쉬운 교통은 노인과 비장애인에게도 도움된다. 장애인들의 재난 대비책은 비장애인들에게도 좋은 대비책이다. 약자 와 소수자를 위한 돌봄은 모두를 위한 돌봄이다.

아픈 사람에 대한 혐오와 차별도 중단되어야 한다. 확진자나 접촉자 에 대한 혐오 분위기는 그들을 가해자로 취급하는 관점에서 나온다. 이들은 공공의 이익을 위해 병원에 강제 입원당하고 강제 격리된다. 범죄를 저질러서가 아니라 다른 사람을 위해, 혹시 모를 피해를 막기 위해 강제로 입원 또는 자가 격리당한다.

어찌 보면 2차 피해고 희생이다. 이들은 혐오 대상이 아니라 마찬가 지로 돌봄 대상이다. 팬데믹 기간 상병 수당, 유급 병가, 백신 휴가의 도입 논의가 활발해졌다.[21] 피해에 대한 보상인 셈이다. 아픈 사람들에 대한 배려는 사회를 더 안전하게 만든다.

---

21 OECD 국가 중 법정 유급 휴가와 상병 수당 둘 다 없는 나라는 우리나라와 미국뿐

인권 기반 방역 패러다임으로 전환

전염병 전파를 차단하기 위해 환자의 동선을 추적하고 확인하지 못한 접촉자를 찾기 위해 동선을 공개했다. 이 과정에서 인권 침해 논란이 일었고 많은 우려도 나왔다. 방역이 인권과 병립될지 회의가 일기도 했다. 방역 정책의 수립과 실행은 그만큼 섬세하게 이루어져야 한다. 인권도 반드시 고려되어야 한다. 방역 지침을 도입할 때는 '인권 영향 평가'를 시행해야 한다. 방역 자체가 인권과 충돌 가능성이 많은 분야이므로 방역 당국은 자체 인권 지침을 미리 준비해야 한다.

사회 약자와 소수자가 겪어야 했던 팬데믹은 더 고통스러웠다. 이들을 차별하지 않는 방역이 훨씬 더 효과적임이 이번에 확인되기도 하였다. 불법 체류 노동자나 성 소수자 감염이 문제가 되었을 때 이들에 대한 혐오와 차별이 오히려 방역을 어렵게 했다. 이런 경험을 정리하여 차별 없는 방역이 이루어질 토대를 마련해야 한다. 아이러니하지만 바이러스는 누구도 차별하지 않았다. 미국 대통령도 영국 수상도 이를 피하지 못했다.

비장애인들을 기준으로 마련한 방역 지침들을 장애인에게 그대로 적용하기 어려운 경우가 많다. 그만큼 현장 혼란은 가중되었다. 방역 지침 마련과 적용에 인권 전문가의 참여가 필요하다. 인권에 대한 배려가 방역을 어렵게 한다는 선입견을 극복해야 한다. 약자와 소수자에게도 효과적으로 작동하는 방역 시스템은 그만큼 효율성이 극대화된 방식으로 작동한다.

글로벌정치경제연구소장인 홍기빈은 사회 방역 시스템 준비를 주장한다. 건강과 보건은 개인 차원 문제가 아니라 사회 구성원 이 함께 연대해 배려하고 아끼는 차원에서 건설해야 함을 인식해야 한다. 사회가 바이러스 때문에 무너지기도 하지만 우울증이나 실업 때문에 무너지기도 한다. 장기간 실업에 처한 사람이나 우울증에 걸린 사람을 도와야 한다. 이것이 사회 방역이다.[22]

코로나 이후 의료와
기후 위기

2020년 4월 말 대구 경북 중심의 1차 유행이 어느 정도 가라앉자 전국에서 코로나 환자 발생이 소강 상태에 든다. 유행을 성공적으로 방어한 K방역에 고무되는 분위가 팽배했다. 방역 성공에 도취되어 청와대나 정부도 덩달아 우리나라 의료 특히 공공 의료도 튼튼하다고 생각하는 듯했다.

방역과 의료에 대한 명확한 구분이나 인식이 없었다. 그러더니 갑자기 경제 방역이 필요하다면서 한국판 뉴딜을 제시한다. 이는 기존 기업들의 숙원 사업들을 그대로 옮겨 놓은 내용이었다. 원격 의료, 빅데이터 등 의료 민영화 관련 사업들이 포함되었다.

사실 팬데믹 기간 코로나 방역과 치료에 가장 큰 역할을 담당한 것은 보건소와 공공병원이다. 환자 급증 시기에는 공공 병상이 부족하여 제대로 된 진료에 공백이 생기기 일쑤였다. 그동안 공공병원에 투자를 게을리하여 중환자 진료 능력이 크게 부족하다는 점도 드러났다.

현재 10% 안팎에 그치는 공공 병상을 제대로 확충해야 앞으로 다가

---

22 최재천 외 『코로나 사피엔스』 인플루엔셜, 2020

올 새로운 재난에 대처 가능하다. 코로나 팬데믹 대응 과정에서 공공 의료의 중요성과 확충 필요성이 확인되었음에도 이에 대한 강력한 정책 의지가 보이지 않는다.

의료 공급에서 공공의 책임은 방기하고 민간 부문에 떠넘김으로써 지금 같은 기형적 의료 서비스 공급 체계가 구성된다든지, 재난 상황에서도 기업 이익을 대변하여 의료 민영화 정책을 강력히 추동하면서 공공 의료 지원에는 소극적인 이유는 보건 의료 정책을 장악한 신자유주의 노선의 연장선이기 때문이다.

이렇게는 팬데믹 같은 재난에 효과적으로 대응하기 힘들다는 사실을 이번에 확인하였다. 보건 의료 분야에서도 전면적 방향 전환, 패러다임 전환이 절실하게 필요하다. 공공의 회복이 필요한 시기다. 코로나 이후 세계에서는 국가의 윤리적이고 정의로운 역할이 그 어느 때보다 강하게 요구된다.[23]

팬데믹 위기와 기후 위기를 분리해서 사고하기는 어렵다. 드러나는 양상과 대응 방식에서 차이를 보이기는 하지만 둘 다 우리가 직면하는 거대한 재앙으로 그 뿌리는 동일하다. 발생한 팬데믹에 대한 구체적 대응도 중요하지만 팬데믹을 예방하기 위해 기후 위기에 대한 적극 대응도 필요하다.

기후 위기 해결만으로 미래의 팬데믹 자체를 완전히 막을 수는 없지만 중요한 잠재 요인 한 가지 해결은 가능하다. 기후 위기 극복은 복잡하고 다양한 문제를 내포하지만 포기하면 안 될 인류의 과제다.

---

23 박병준 외 『코로나 블루, 철학의 위안』 지식공작소, 2020

참고한 책들

김석현 외『코로나19, 동향과 전망』지식공작소, 2020

김수련 외『포스트코로나 사회』글항아리, 2020

백영경 외『마스크가 말해주는 것들』돌베개, 2020

최재천 외『코로나 사피엔스』인플루엔셜, 2020

이재갑, 강양구『우리는 바이러스와 살아간다』생각의힘, 2020

기모란 외『멀티플 팬데믹』이매진, 2020

박병준 외『코로나 블루, 철학의 위안』지식공작소, 2020

안드레스 솔라노『열병의 나날들』시공사, 2020

조효제『탄소 사회의 종말』21세기북스, 2020

김경애 외『코로나 시대, 학교의 재탄생』학이시습, 2020

슬라보예 지젝, 이택광『포스트 코로나 뉴노멀』비전CNF, 2020

슬라보예 지젝『팬데믹 패닉』강우성 옮김, 북하우스, 2020

조르조 아감벤『얼굴 없는 인간』박문정 옮김, 효형출판, 2021

티머시 스나이더『치료 받을 권리』강우성 옮김, 엘리, 2021

브뤼노 라투르『나는 어디에 있는가?』김예령 옮김, 이음, 2021

서창록『나는 감염되었다』문학동네, 2021

미류 외『마스크가 답하지 못한 질문들』창비, 2021

황정아 외『코로나 팬데믹과 한국의 길』창비, 2021

안치용『코로나 인문학』김영사, 2021

이재호『당신이 아프면 우리도 아픕니다』이데아, 2021

더 케어 컬렉티브『돌봄 선언』정소영 옮김, 니케북스, 2021

말콤 글래드웰 외『코로나 이후의 세상』이승연 옮김, 모던아카이브, 2021

그레이스 블레이클리『코로나 크래시』장석준 옮김, 책세상, 2021

안드레아스 말름『코로나, 기후, 오래된 비상사태』우석영 · 장석준 옮김, 마농지, 2021

팬데믹 인권

지은이 백재중

초판 1쇄 발행 2022년 4월 16일

만든이 조원경 황자혜 박재원 김상훈

펴낸이 백재중 펴낸곳 건강미디어협동조합

등록 2014년 3월 7일 제2014-23호 주소 서울시 사가정로49길 53

전화 010-4749-4511 팩스 02-6974-1026 전자우편 healthmediacoop@gmail.com

값 16,000원 ISBN 979-11-87387-23-7 03300